Antigo
Testamento

Dados Internacionais de Catalogação na Publicação (CIP)
(Câmara Brasileira do Livro, SP, Brasil)

Ska, Jean-Louis
　　Antigo Testamento : 1. Introdução / Jean-Louis Ska ; tradução de Silvana Cobucci Leite. – Petrópolis, RJ : Vozes, 2018.

　　Título original : Antico Testamento : 1. Introduzione.
　　ISBN 978-85-326-5750-3

　　1. Bíblia. A.T. – Estudo e ensino 2. Bíblia. A.T. – Introduções 3. Teologia – Estudo e ensino I. Título.

18-13302　　　　　　　　　　　　　　　　　　　　　　　　　CDD-221.61

Índices para catálogo sistemático:
1. Antigo Testamento : Introduções　　221.61

JEAN-LOUIS SKA

ANTIGO
TESTAMENTO

1. INTRODUÇÃO

Tradução de Silvana Cobucci Leite

Petrópolis

© 2015 Centro editoriale dehoniano
via Scipione Dal Ferro, 4 – 40138 Bologna
www.dehoniano.it
EDB
Collana: Fondamento

Título do original em italiano: *Antico Testamento. 1. Introduzione*, by Jean-Louis Ska.

Direitos de publicação em língua portuguesa – Brasil:
2018, Editora Vozes Ltda.
Rua Frei Luís, 100
25689-900 Petrópolis, RJ
www.vozes.com.br
Brasil

Todos os direitos reservados. Nenhuma parte desta obra poderá ser reproduzida ou transmitida por qualquer forma e/ou quaisquer meios (eletrônico ou mecânico, incluindo fotocópia e gravação) ou arquivada em qualquer sistema ou banco de dados sem permissão escrita da editora.

CONSELHO EDITORIAL

Diretor
Gilberto Gonçalves Garcia

Editores
Aline dos Santos Carneiro
Edrian Josué Pasini
Marilac Loraine Oleniki
Welder Lancieri Marchini

Conselheiros
Francisco Morás
Ludovico Garmus
Teobaldo Heidemann
Volney J. Berkenbrock

Secretário executivo
João Batista Kreuch

Editoração: Fernando Sergio Olivetti da Rocha
Diagramação: Sheilandre Desenv. Gráfico
Revisão gráfica: Nilton Braz da Rocha / Nivaldo S. Menezes
Capa: SGDesign
Ilustração de capa: Expulsão de Adão e Eva do Paraíso (1791) – Benjamin West

ISBN 978-85-326-5750-3 (Brasil)
ISBN 978-88-10-43202-0 (Itália)

Editado conforme o novo acordo ortográfico.

Este livro foi composto e impresso pela Editora Vozes Ltda.

Sumário

Abreviaturas dos livros bíblicos, 7

Introdução – A biblioteca de Israel, 9

1 Narrativa e exegese bíblica, 11

2 Literatura clássica e poética hebraica, 24

3 As características da narrativa antiga, 39

4 Cinco princípios para ler o Antigo Testamento, 54

5 Dificuldades e contradições, 69

6 Formação do cânone, 83

7 O Pentateuco, 110

8 Os livros históricos, 123

9 Os escritos sapienciais e poéticos, 141

10 Os livros proféticos, 169

11 Teologia do Antigo Testamento, 184

12 Antropologia do Antigo Testamento, 196

Quadro cronológico, 205

A terra do Antigo Testamento, 207

Mapas, 209

Glossário, 215

Índice, 221

Abreviaturas dos livros bíblicos

Ab: Abdias
Ag: Ageu
Am: Amós
Ap: Apocalipse
At: Atos dos Apóstolos
Br: Baruc
Cl: Carta aos Colossenses
1-2Cor: Primeira e segunda cartas aos Coríntios
1-2Cr: Primeiro e segundo livros das Crônicas
Ct: Cântico dos Cânticos
Dn: Daniel
Dt: Deuteronômio
Ef: Carta aos Efésios
Esd: Esdras
Est: Ester
Ex: Êxodo
Ez: Ezequiel
Fl: Carta aos Filipenses
Fm: Carta a Filêmon
Gl: Carta aos Gálatas
Gn: Gênesis
Hab: Habacuc
Hb: Carta aos Hebreus
Is: Isaías
Jd: Carta de Judas
Jl: Joel
Jn: Jonas
Jó: Livro de Jó
Jo: Evangelho de João
1-2-3Jo: Primeira, segunda e terceira cartas de João
Jr: Jeremias
Js: Josué
Jt: Judite

Jz: Juízes
Lc: Evangelho de Lucas
Lm: Lamentações
Lv: Levítico
Mc: Evangelho de Marcos
1-2Mc: Primeiro e segundo livros dos Macabeus
Ml: Malaquias
Mq: Miqueias
Mt: Evangelho de Mateus
Na: Naum
Ne: Neemias
Nm: Números
Os: Oseias
1-2Pd: Primeira e segunda cartas de Pedro
Pr: Provérbios
Qo: Qohelet (Eclesiastes)
Rm: Carta aos Romanos
1-2Rs: Primeiro e segundo livros dos Reis
Rt: Rute
Sb: Sabedoria
Sf: Sofonias
Sl: Salmos
1-2Sm: Primeiro e segundo livros de Samuel
Sr: Sirácida (Eclesiástico)
Tb: Tobias
Tg: Carta de Tiago
1-2Tm: Primeira e segunda cartas a Timóteo
1-2Ts: Primeira e segunda cartas aos Tessalonicenses
Tt: Carta a Tito
Zc: Zacarias

Introdução
A biblioteca de Israel

A Bíblia apresenta-se mais como um conjunto de livros do que como um livro. A palavra "Bíblia" vem do grego *biblia*, o plural de *biblion*, que significa "livro". A Bíblia é, portanto, mais uma biblioteca do que um livro, e esta biblioteca teve e ainda tem uma função especial que a diferencia de outras literaturas. Se tivesse que caracterizar a Bíblia de maneira mais precisa, eu diria que é necessário usar ao menos três tipos de analogias.

Do ponto de vista jurídico, a Bíblia é semelhante às constituições das nossas democracias, porque a primeira parte – chamada "Lei" (*Torah*) pelos judeus – contém os ordenamentos judiciários fundamentais do povo de Israel. Trata-se de coletâneas de leis e não de uma verdadeira constituição ou de "códigos de leis" propriamente ditos. Contudo, a analogia se sustenta, uma vez que essas "leis" correspondem ao "direito" do povo de Israel. Esta é a parte mais imponente do Antigo Testamento.

Do ponto de vista historiográfico, a Bíblia se apresenta como um grande afresco histórico que começa com a criação do mundo, continua com as várias vicissitudes do povo de Israel e, no Novo Testamento, com os momentos essenciais da "fundação do cristianismo", e se encerra com o "fim do mundo" nas visões do Apocalipse. Sob esse aspecto, a Bíblia percorre as grandes etapas de uma "história do universo" do início ao fim. Esta história é certamente muito diferente das nossas, quer no que diz respeito ao enfoque geral, quer pelas escolhas metodológicas. Não obstante, a Bíblia pretende oferecer uma interpretação própria da história do universo.

De um ponto de vista mais estritamente literário, a Bíblia nada mais é do que a "biblioteca nacional" do povo de Israel, "biblioteca" à qual os cristãos acrescentaram seus livros como "sequência" da primeira parte, ou seja, do Antigo Testamento. Esta "biblioteca" contém o essencial da produção literária do povo de Israel e da primeira comunidade cristã. Nela encontramos: direito, crônicas históricas, obras líricas como os Salmos e o Cântico dos Cânticos, tradições e relatos populares, outros mais elaborados, provérbios, reflexões de sabedoria, "oráculos proféticos", isto é, reflexões decisivas sobre o destino de Israel pronunciadas por personagens famosos em circunstâncias particularmente críticas, alguns "romances" (ou algumas "novelas") como o livro de Jonas, o livro de Rute ou o livro de Ester etc. O Novo Testamento contém quatro relatos da "vida" de Jesus Cristo (os evangelhos), um relato dos primórdios da comunidade cristã (os Atos dos Apóstolos), as cartas de alguns grandes personagens da primeira comunidade cristã, como Paulo, Tiago, Pedro, Judas e João e, enfim, o Apocalipse, uma obra *sui generis* em virtude da presença de numerosas "visões". Nesta "biblioteca nacional" foram incluídos, evidentemente, apenas os livros bem-aceitos por parte das comunidades, que reuniram as obras mais relevantes de sua produção literária. E, como veremos a seguir, cada comunidade se caracteriza também por uma coletânea de livros diferentes, ou seja, por outro "cânone" literário.

1
Narrativa e exegese bíblica

No fim da Parábola do Filho Pródigo, o pai diz ao filho mais velho que se recusa a participar do banquete pelo retorno do irmão: "Filho, tu estás sempre comigo e tudo o que é meu é teu também! No entanto, era preciso festejar e ficar alegre, porque esse teu irmão estava morto e voltou à vida, estava perdido e foi encontrado" (Lc 15,30s.). A parábola termina com essa frase, antes que o filho mais velho tenha podido responder. Não sabemos, portanto, se ele cedeu às razões do pai. Mas se o filho mais velho não responde, quem escreverá a conclusão que não se encontra no Evangelho?

As narrativas bíblicas contêm não poucos aspectos surpreendentes, semelhantes a esse. Restam muitas lacunas a serem preenchidas e perguntas sem resposta. Assim, o relato das Bodas de Caná fala dos convidados, mas não diz quem eram os noivos. No batismo de Jesus, os céus se abrem e o Espírito desce na forma de pomba. De acordo com Mc 1,10 (cf. Mt 4,15), apenas Jesus "viu". Então, como pode o evangelista falar sobre isso, se aquela visão estava reservada ao Salvador? No Antigo Testamento, só para citar um exemplo, Deus envia Elias para pronunciar um oráculo de condenação contra Acab após o assassinato de Nabot. No relato, porém, Elias não pronuncia o oráculo diante do rei. Passa-se imediatamente à reação deste último (1Rs 21,17-20).

Esse tipo de problemas é característico de um método exegético denominado "narratologia", que assinala nos textos os pontos de interrogação, as lacunas ou as elipses que interrompem o fio do relato. Por outro lado, e este é um ponto essencial, tal método demonstra que esses indícios são solicitações dirigidas ao leitor. Cabe a ele responder a tais perguntas. Sem a resposta dele, o texto fica incompleto. Em outros termos, o relato exige uma contribuição ativa do leitor para se tornar realmente aquilo que é. Certamente, tal contribuição não é arbitrária e a narratologia estabelecerá suas regras, mas ainda assim a parte do leitor é indispensável. Os relatos permanecem adormecidos até que o leitor venha despertá-los de seu sono.

Pretendo agora apresentar sucintamente este método, descrevendo suas origens, respondendo a algumas perguntas e fixando algumas de suas coordenadas.

Bíblia e literatura

A narratologia, o estudo narrativo dos relatos, deve ser correlacionada com os recentes desenvolvimentos dos estudos no campo da linguística e da crítica literária. A exegese bíblica beneficiou-se de sua relação através de algumas análises que examinaram a Bíblia antes de tudo como um fenômeno literário.

A comparação entre a Bíblia e as literaturas profanas não data de ontem. Santo Agostinho já preconizava a leitura dos autores pagãos para compreender melhor o texto bíblico. Sem pretender ser exaustivo, quero citar apenas alguns exemplos mais recentes que influenciaram a exegese destes últimos anos. O primeiro nome é o de Erich Auerbach, cujo primeiro capítulo de sua obra *Mimesis* ficou famoso. Nele, ele compara o estilo de Gn 22 com o do livro XIX da *Odisseia*[1]. O que pode haver em comum entre o sacrifício de Isaac e o relato em que Euricleia reconhece Ulisses por uma antiga cicatriz? Auerbach não trata do conteúdo, mas da maneira de apresentar a ação dramática. Se Homero é prolixo, o escritor bíblico é sóbrio. Homero tende a apresentar tudo em primeiro plano, o escritor bíblico deixa muitas coisas como pano de fundo. Auerbach insiste ainda em outras diferenças. Por exemplo, a "verdade" do relato não é a mesma; a Bíblia não conhece a distinção dos gêneros própria da literatura clássica, pois seus heróis trágicos podem provir dos setores mais humildes da sociedade.

Se esse capítulo da obra de Auerbach é famoso, outro é certamente muito instrutivo, ainda que menos conhecido. Trata-se do segundo capítulo, dedicado a *Fortunata*, heroína de Petrônio. Desta vez Auerbach compara a maneira como escrevem os escritores latinos Petrônio e Tácito com o relato da negação de Pedro no Evangelho de Marcos. De novo, ele insiste na diferença de estilo que se baseia numa maneira distinta de conceber a realidade e de representá-la no relato. E Auerbach identifica na Bíblia uma das fontes do realismo da literatura contemporânea.

---

1 AUERBACH, E. *Mimesis* – Il realismo nella letteratura occidentale. 2 vols. Turim: Einaudi, 1956, I, cap. 1: "La cicatrice d'Ulisse" [A cicatriz de Ulisses] [trad. bras.: *Mimesis* – A representação da realidade na literatura ocidental. São Paulo: Perspectiva, 2015 [trad. J. Guinsburg].

Outros autores seguirão seu exemplo. Robertson, por exemplo, confronta Ex 1–15 com a tragédia de Eurípides, *As bacantes*, numa introdução ao enfoque literário dos textos bíblicos destinada ao grande público[2]. Alter contrapõe duas cenas de luto, uma bíblica (Davi fica sabendo da morte do filho: 2Sm 12,19-24), a outra extraída da *Ilíada* (Príamo pede a Aquiles o corpo do filho Heitor: XXIV, 471-690)[3]: Homero consegue introduzir a clareza e a lógica até nos mais obscuros recessos da alma dos próprios heróis, enquanto os personagens bíblicos permanecem sempre misteriosos e suas reações são imprevisíveis. Por fim, Sternberg será ainda mais audacioso ao encontrar em *A volta do parafuso* de Henry James um paralelo com a história do assassinato de Urias (2Sm 11)[4]. A ambiguidade é a mesma em ambos os casos. Ninguém sabe se a heroína de James vê realmente os fantasmas ou se se trata de uma alucinação. Ninguém pode dizer se Urias intuiu que Davi seduzira sua mulher. Poderíamos continuar a citar exemplos. No entanto, o estudo literário da Bíblia não se limita a meras comparações. Vários críticos literários aplicaram à Bíblia métodos provenientes do estudo da literatura contemporânea[5]. Mais ou menos simultaneamente, alguns exegetas já tinham tentado fazer o mesmo[6]. Aqui pretendo falar dos que se inspiraram nos estudos críticos de origem anglo-saxã, enquanto a nossa apresentação não incluirá a semiótica de origem russa e francesa, que exigiria um exame à parte.

As escolas certamente são numerosas e as divergências notáveis, e estamos longe de querer minimizá-las. No entanto, elas convergem em relação a um ponto essencial: o sentido de um relato é o resultado de um processo de leitura. Isso significa que é impossível separar o sentido de um texto em geral e de uma narrativa em particular do "drama da leitura", para empregar o vocabulário de Sternberg. Os métodos da exegese clássica, ou seja, histórico-crítica, tendem a considerar o texto antes de tudo como um documento

---

2 ROBERTSON, D. *The Old Testament and the Literary Critic*. Filadélfia: Fortress Press, 1977, p. 16-32.

3 ALTER, R. *The Art of Biblical Narrative*. Nova York: Basic Books, 1981, p. 126-130.

4 STERNBERG, M. *The Poetics of Biblical Narratives* – Ideological Literature and the Drama of Reading. Bloomington: Indiana University Press, 1985, p. 186-229.

5 Entre os mais conhecidos, devemos citar R. Alter, F. Kermode e M. Sternberg. Cf. tb. KERMODE, F. *The Genesis of Secrecy*. Cambridge: Harvard University Press, 1979.

6 Citamos, de maneira um tanto esparsa, L. Alonso Schökel, S. Bar-Efrat, A. Berlin, G.W. Coats, C. Conroy, R.C. Culley, J.P. Fokkelman, D.M. Gunn, J.Licht, B.O. Long, S.E. McEvenue etc.

que fala do passado. O intérprete serve-se do texto para alcançar o mundo que se esconde atrás do texto. A exegese literária influenciada pela chamada *Nouvelle Critique* vê no texto não mais um documento que leva a um além de si mesmo, mas um monumento que merece plena atenção em si mesmo. Cada texto é um todo coerente cujas estruturas expressivas devem ser identificadas, sem nenhuma referência nem ao universo do autor, nem ao do leitor, nem ao mundo externo. O texto é um universo fechado em si mesmo.

Para o método narrativo, o texto é um evento vivido pelo leitor. Mas tal leitura não é arbitrária? E a comparação com a literatura moderna, com a literatura da ficção, não é perigosa? Não é falsa, afinal? São objeções sérias, ligadas entre si, que merecem uma resposta circunstanciada.

O grande código do imaginário ocidental

O homem vive não direta ou nuamente na natureza como os animais, mas no interior de um universo mitológico, um corpo de conceitos e de crenças desenvolvido a partir de seus interesses existenciais. Grande parte desse universo é conservada inconscientemente, e isso significa que nossas imaginações podem reconhecer alguns de seus elementos sem compreender no nível consciente o que é aquilo que reconhecemos. Praticamente tudo o que podemos vislumbrar desse corpo de interesse é socialmente condicionado e culturalmente herdado. Sob a herança cultural deve existir uma herança psicológica comum, do contrário não compreenderíamos aquelas formas de cultura e imaginação que se situam fora da nossa tradição. Mas duvido da nossa capacidade de alcançar diretamente essa herança comum, ultrapassando as qualidades distintivas de nossa cultura específica. Uma das funções práticas da crítica – termo com que indico a organização consciente de uma tradição cultural – é, creio, a de nos tornar mais conscientes de nosso condicionamento mitológico.

A Bíblia é claramente um elemento de destaque da nossa tradição imaginativa, independentemente do que pensamos crer a respeito dela.

HERMAN NORTHROP FRYE. *Il grande codice* – La Bibbia e la letteratura. Turim: Einaudi, 1986, p. 12 [trad. ital. G. Rizzoni] [tít. orig.: *The Great Code* – The Bible and Literature, 1981] [trad. bras. *O código dos códigos*: A Bíblia na literatura. São Paulo: Boitempo, 2004 [trad. F. Aguiar]].

Os princípios da leitura ativa

Antes de tudo, é óbvio que a leitura narrativa não elimina as outras abordagens. Assim, Alter e Sternberg insistem, ambos a seu modo, na necessidade de incluir no estudo os principais resultados da exegese histórico-crítica, entre os quais o fato de que os textos bíblicos quase sempre são compósitos. No entanto – eles retomam aqui uma ideia norteadora de muitos exegetas –, é necessário estudar os princípios adotados pelos últimos redatores, que deram ao texto bíblico a sua forma final.

O processo de leitura não é simples. Tem o dever de respeitar as convenções que o texto fornece ao leitor. Se o texto provém de outra época, é necessário encontrar as convenções que pertencem àquela época para interpretá-lo corretamente. O princípio encontra-se no *De doctrina christiana*, de Santo Agostinho. Se o relato do sacrifício de Isaac deixa o leitor na ignorância dos sentimentos de Abraão, não é porque o narrador desconhece a psicologia ou porque queira que o leitor "psicologize", tentando adivinhar as reações de Abraão. Ao contrário, parece que aquele texto, segundo as regras da época, se limite unicamente aos aspectos que levam à ação. Ele descreve todas as decisões de Abraão, mas não os processos mentais que puderam levar a elas.

Do mesmo modo, o método narrativo tem o dever de respeitar a estrutura linguística e estilística dos relatos. Justamente partindo de um exame preciso e rigoroso dos diversos elementos do estilo e da forma é possível determinar a direção tomada por um relato. Nesse sentido, o método narrativo quase sempre se distancia das escolas que tendem a sobrepor aos textos esquemas preestabelecidos. Eles podem ser válidos e o são com muita frequência. Mas sua aplicação só pode fazer surgir do texto um sentido tão genérico quanto os próprios esquemas. O método narrativo é mais pragmático, pois prefere atuar por indução. Por outro lado, ele não se limita a um estudo meramente estilístico. Numa narrativa, o estilo fornece indicações que revelam o movimento do texto e permitem acompanhar o traçado dos "percursos narrativos" ou das "transformações".

Um exemplo esclarecerá este último ponto. O relato da visão de Jacó em Betel (Gn 28,10-22) contém certo número de repetições que são evidentes, mesmo à primeira leitura de uma tradução, por pouco fiel que seja. Assim, a palavra "lugar" (em hebraico *māqôm*) aparece três vezes no vers. 11, no início do relato: "Jacó chegou por acaso a certo *lugar*, ali pernoitou porque o sol já se havia posto. Tomou por travesseiro uma das pedras do *lugar* e se deitou naquele *lugar*". Essa mesma palavra retorna nos vers. 16, 17 e 19. Assim, também a palavra "pedra" (em hebraico '*eben*) encontra-se uma vez no mesmo vers. 11, depois nos vers. 18 e 22. A raiz hebraica (*nṣb*) "elevar-se" está presente nas seguintes expressões: "*se elevava*" (vers. 12), "o Senhor *se postou* junto dele (ou sobre a escada)"[7] (vers. 13), precisamente como na palavra "estela" (vers. 18 e 22). Tais indícios estilísticos poderiam levar a estruturar o relato em diversas partes. A palavra "pedra", por exemplo, forma uma inclusão que delimita bem o início e o fim da passagem.

A análise narrativa, ao contrário, insistirá mais em outros fenômenos. A palavra "lugar", para começar pelo elemento mais importante, aparece pela primeira vez pronunciada pelo narrador, mas não o caracteriza de nenhuma maneira. O "lugar" onde Jacó passa a noite continua indeterminado. Quando a palavra reaparece é pronunciada por Jacó (vers. 16-17), e é ele quem especifica de qual lugar se trata ("na verdade, neste lugar está o Senhor"; "quão temível é este lugar; não é outra coisa senão a casa de Deus e a porta do céu"). Enfim, o "lugar" recebe um nome no vers. 19 ("Betel", que significa "casa de Deus"). É precisamente Jacó quem lhe dá esse nome. Desse modo, o lugar anônimo apresentado pelo narrador torna-se o objeto de uma descoberta essencial por parte de Jacó. Por outro lado, o leitor (judeu) do relato, se conhece Betel, (re)descobre o significado de tal lugar com seu ancestral. Assim, essa repetição da palavra "lugar" organiza a descoberta de Jacó.

Quanto à pedra, ela se torna uma "estela": na sua estrutura vertical, portanto, perpetuará a recordação das outras experiências de verticalidade da fugaz visão de Jacó, ou seja, a escada "erguida" e o Senhor "que se mantém 'ereto' sobre a escada (ou perto do patriarca)". Esta imagem da verticalidade contrasta com a posição de Jacó "deitado" (vers. 11) no início do relato. A repetição do verbo "tomar" com a palavra "pedra" nos vers. 11 e 18 não faz senão confirmar a evolução do relato. Na primeira vez, a pedra se torna um travesseiro ("tomou por travesseiro uma das pedras do lugar"), na segunda, uma estela ("tomou a pedra que lhe servira de travesseiro, erigiu-a em estela"). Também aqui, as várias menções da pedra assumem um significado quando são ligadas às diversas etapas da experiência de Jacó.

---

7 O texto hebraico é ambíguo e as duas traduções são possíveis. No entanto, como a última palavra da frase anterior é a escada, é lícito dar preferência à tradução "sobre a escada".

Estas poucas observações são suficientes para mostrar como este método leva em conta antes de tudo as transformações e o progresso do relato. Em tal leitura, o aspecto dinâmico é primordial.

Exegese e hermenêutica

Convém deixar clara, desde o princípio, uma tripla distinção no interior do trabalho de interpretação dos textos literários. Fazemos essa distinção para dar à hermenêutica o lugar que lhe cabe, para defini-la na sua posição em relação aos outros níveis próprios da interpretação, da compreensão e da explicação dos textos literários.

Em primeiro lugar, a *exegese*: o exercício da compreensão e interpretação de um texto.

Depois, o *método exegético*: a maneira de proceder sistematicamente sobre um texto, com o objetivo de compreendê-lo.

E, por último, a *hermenêutica*: a teoria sobre a ação de compreender e interpretar textos.

É como se nos encontrássemos diante de um edifício que apresenta vários andares. No primeiro se desenvolve uma atividade diversificada, complexa, repleta de múltiplas relações e correspondências. Pouco mais acima, tem-se uma visão diferente do que acontece abaixo; de fato, desta posição se tem condições de explicar o que ocorre no andar inferior: quais elementos existem, como estão organizados, como se relacionam uns com os outros, como funcionam etc. Mas existe também um terceiro andar, mais elevado, situado de maneira a oferecer um olhar amplo e global sobre o conjunto do edifício. É o lugar onde se produz a reflexão sobre os grandes princípios da arquitetura: gravidade, peso, consistência etc.

SCHÖKEL, L.A. & BRAVO ARAGÓN, J.M. *Appunti di ermeneutica – Comprendere e interpretare i testi biblici e letterari*. Bolonha: EDB, 2014, p. 9-10 [trad. G. Zucchi].

Relato bíblico e ficção

Uma das maiores objeções feitas à aplicação do método narrativo consiste em negar a possibilidade de estudar os relatos bíblicos servindo-se dos padrões provenientes de um gênero literário totalmente diferente, o da moderna ficção. Podem-se dar três respostas a essa objeção.

Antes de tudo, existe uma afinidade entre as narrativas bíblicas e a literatura de ficção pelo simples fato de que ambas pertencem ao gênero narrativo. Isso significa que uma parte essencial da revelação cristã não se apresenta sob a forma de dogmas claramente definidos ou de demonstrações sucintas. A Bíblia não contém tratados de teologia. Tampouco optou, para o Pentateuco ou para os evangelhos, por enunciar a mensagem revelada na forma de máximas de uma sabedoria atemporal. Existem, é verdade, livros sapienciais na Bíblia, e o pensamento sapiencial influenciou o Novo Testamento, mas os grandes momentos da revelação foram transmitidos sob forma narrativa. Isso tem sua importância. De fato, um dos elementos essenciais do gênero narrativo é sua dimensão temporal. A sucessão dos elementos num relato está ligada a uma cronologia, não a uma dedução como num tratado filosófico ou teológico, ou a estruturas da linguagem como na poesia, ou a regras de retórica persuasiva como num discurso. O relato se desenvolve no tempo e seu leitor reconstrói aquela experiência no tempo da própria leitura. Aqui reencontramos, no plano da forma literária, uma dimensão essencial da revelação bíblica, ou seja, sua inserção na história e no tempo. A história da salvação se torna uma história que o povo dos fiéis transmite de geração em geração no seio da Igreja.

Em segundo lugar, a Bíblia é uma das fontes da literatura ocidental[8]. E Auerbach demonstrou que seu realismo deriva em grande parte das narrativas bíblicas. Tal realismo é diferente daquele da literatura clássica que diferenciava mais os gêneros (tragédia e comédia). O fato de todo o drama da existência poder também ser vivido por pessoas simples e não apenas por personagens pertencentes a classes privilegiadas é um dos aspectos peculiares das narrativas bíblicas. Para Scholes e Kellogg, o fato de Deus poder intervir repentinamente para mudar o curso dos acontecimentos ou a trajetória de um personagem confere um tom extremamente moderno aos relatos bíblicos. Também o romance moderno conhece forças obscuras que conferem um andamento surpreendente ao enredo. Elas não têm um nome como na Bíblia, mas seu papel é muito semelhante.

---

8 Entre outras, é a tese de E. Auerbach. Cf. a nota 1. Cf. Tb. SCHOLES, R. & KELLOGG, R. *La natura della narrativa*. Bolonha: Il Mulino, 1970.

Poderíamos prolongar a lista de tais fenômenos, falando, por exemplo, da importância do diálogo, da preocupação pelo detalhe concreto, da relutância do narrador em intervir na narrativa, dos diversos níveis da narrativa ou das estratégias sutis que envolvem cada vez mais o leitor na construção do sentido. O essencial, porém, era demonstrar que, por vias muitas vezes indiretas, a Bíblia exerceu não pouca influência no estilo da literatura ocidental; além do mais, e é impossível ignorar isso, forneceu uma fonte imensa de argumentos, de imagens, de expressões literárias e de enredos[9]. Neste sentido, uma análise literária da Bíblia apenas reconhece nas narrativas bíblicas a origem de certas técnicas que fazem parte do nosso patrimônio. Sem dúvida, é preciso acrescentar que toda comparação tem como principal objetivo ressaltar melhor a individualidade do fenômeno analisado e que, no caso concreto da Bíblia, suas peculiaridades podem se destacar melhor num confronto com a literatura da ficção, seja qual for sua origem ou sua época.

A terceira resposta à objeção contra o método narrativo vem de uma comparação com o tipo de resposta que a Bíblia ou o romance ficcional esperam dos próprios leitores. Sem entrar numa discussão técnica demais, é evidente que os dois tipos de literatura empregam registros um pouco diferentes. Se as semelhanças são numerosas no âmbito das técnicas narrativas, a diferença é bem evidente quando se comparam as respectivas finalidades. Talvez não seja muito simples definir em poucas palavras a resposta que um romance espera do próprio leitor. Falar do simples prazer da leitura é muito restritivo, porque uma leitura atenta exige certo esforço; alguns romances são até muito exigentes desse ponto de vista. Correndo o risco de permanecer muito no genérico, eu diria que um romance convida o leitor a descobrir uma nova parte da realidade humana. O romance contém uma visão das coisas apresentadas de tal maneira que o leitor possa reconstruí-la usando todas as próprias faculdades intelectuais e espirituais. Cada relato do gênero ficção é como um mapa que permite que o leitor se aventure nos territórios sempre novos da experiência humana.

Também a narrativa bíblica convida o leitor a percorrer um campo de experiência. O fato de o tipo de experiência ser primeiramente religioso com certeza tem sua importância, mas talvez não seja o essencial, pois existem

---

9 Cf. FRYE, N. *Il grande codice* – La Bibbia e la letteratura. Turim: Einaudi, 1986. Cf. tb. RAVASI, G. "'Ciò che abbiamo udito... lo narreremo' (Sl 78,3-4). Narrazione ed esegesi". *Rivista Biblica*, 37 (1989), p. 343-350.

também romances religiosos. Mais do que o conteúdo da experiência, o que importa na narrativa bíblica é o tipo de resposta que põe em jogo a liberdade de escolha do leitor. A verdade que a Bíblia apresenta não é apenas uma parte da verdade sobre a vida ou sobre o destino humano, mas uma escolha que afeta a existência do seu virtual leitor. Certamente, o leitor não é obrigado a escolher, e todos os leitores da Bíblia não se convertem ao judaísmo ou ao cristianismo. Esse aspecto também faz parte das características mais importantes da Bíblia. De fato, ela respeita ao máximo a liberdade do seu leitor, diferentemente de muitas literaturas ideológicas. Mas a Bíblia permite entender qual é a aposta da leitura. Há problemas essenciais da existência, do destino de um povo e de todos os seus membros no Antigo Testamento (com a sua dimensão universal), e de toda a humanidade no Novo Testamento. Como afirma Auerbach, a Bíblia não apresenta uma verdade, mas "a verdade".

No entanto, a Bíblia atua com muita discrição. A escolha da forma narrativa, em vez das formas literárias mais ideológicas, como os discursos de propaganda ou as controvérsias políticas, deriva de uma pedagogia que merece toda a nossa atenção. Dois exemplos, o primeiro tomado do Antigo e o outro do Novo Testamento, permitem-nos ilustrar melhor essa ideia.

No livro do Deuteronômio, no final do Pentateuco, Moisés se dirige a Israel para lhe dizer:

> Vê, eu hoje coloco diante de ti a vida e o bem, ou a morte e o mal; pois hoje te ordeno que ames o Senhor, teu Deus, marches por seus caminhos, observes seus mandamentos, suas ordens e suas normas, para que vivas e te multipliques [...]. Tomo hoje como testemunhas contra vós o céu e a terra: eu te coloquei diante da vida e da morte, da bênção e da maldição. Escolhe, portanto, a vida, para que vivas, tu e a tua posteridade, amando o Senhor, teu Deus, obedecendo à sua voz e mantendo-te unido a Ele. [...] (Dt 30,15-16.19-20).

Para interpretar bem esse texto é necessário distinguir dois níveis narrativos. O primeiro, que diz respeito à situação do relato, apresenta-nos um discurso de Moisés ao povo de Israel. Ele lhe propõe uma escolha crucial que compromete toda a sua existência de povo. O "tu" do relato é o povo de Israel que se prepara para atravessar o Jordão, de acordo com a situação descrita no cap. 1 do Deuteronômio. Trata-se, portanto, de uma geração bem determinada de Israel chamada a fazer uma escolha. No entanto, outro nível emerge mais claramente quando o leitor toma consciência do fato de que as leis, os mandamentos e os costumes de que fala o texto fazem parte do relato que ele acabou de ler. Também ele pôde aprender a conhecer os "caminhos do Senhor" e "ouviu sua voz". Se Moisés expôs ao Israel do deserto o conteúdo da vontade divina, o leitor foi informado sobre essa vontade. E se aquela palavra divina colocou o Israel do deserto diante de uma escolha vital, o leitor, que também é considerado um membro do povo de Israel, se vê diante de uma situação análoga e pode comparar a própria reação com a do povo do deserto. De fato, existe analogia entre a situação do povo do deserto e a do leitor do Deuteronômio, uma vez que o conteúdo da audição ou da leitura é substancialmente o mesmo. Para um cristão, certamente, não é a mesma coisa. Mas a "voz" que se dirige a ele, por meio da Bíblia, é sempre a voz de Deus.

O apelo à resposta livre do leitor é feito, portanto, de maneira indireta. Ele é confrontado com um apelo que se dirige não diretamente a ele, mas a seus ancestrais. Até um leitor agnóstico de hoje não pode deixar de perceber ali um apelo indireto a uma escolha que depende do absoluto. Poderá dizer que não lhe diz respeito pessoalmente, mas não poderá negar o valor da aposta não apenas para o Israel do deserto, mas também para o leitor "virtual". Concluindo, o texto do Deuteronômio revela uma grande pedagogia quando apresenta as exigências do Absoluto através de uma narrativa objetiva.

Tomemos o nosso segundo exemplo do Evangelho de João, certamente mais bem conhecido. Jesus diz aos dois discípulos de João Batista que o seguiram: "Vinde e vede" (ou "vereis") (Jo 1,39). O Evangelho é muito discreto sobre a continuação do episódio. O que os discípulos viram? De que falaram com Jesus? "Eles foram, viram onde morava e ficaram com Ele aquele dia. Era por volta das quatro horas da tarde" (Jo 1,39). É difícil ser mais sucinto. Por outro lado, o relato só diz o nome de um dos dois discípulos, André. O outro continua anônimo. Eis, portanto, um encontro cujo conteúdo permanece enigmático e onde o nome de um dos dois discípulos é um mistério. Sem querer fazer uma longa demonstração, parece verossímil que aquele discípulo reapareça no final do Evangelho. Ele é indicado com a bem conhecida expressão "o discípulo que Jesus amava" (13,23; 19,26-27; 20,2-10; 21,7.20). Ora, aquele discípulo parece dotado de um dom particular de "visão" quase todas as vezes em que se encontra presente no cenário. Depois da crucifixão de Jesus, o Evangelho nos diz que "quem viu dá testemunho e seu testemunho é verdadeiro" (19,35). Ao saber do sepulcro vazio, o mesmo discípulo "viu e acreditou" (20,8). É o único discípulo dos evangelhos que acreditou tendo visto apenas o sepulcro vazio e sem ter o benefício de nenhuma aparição. No cap. 21 é aquele discípulo que primeiro reconhece o Senhor em pé na orla do mar (21,7). O Evangelho fundamenta-se no seu testemunho (21,24). Neste sentido, o Evangelho de João narra a própria origem. Em grande parte, é o relato do nascimento do texto evangélico.

A identidade daquele discípulo pode suscitar dificuldades e certamente seria necessária uma sólida argumentação para provar que em todo texto citado trata-se do mesmo personagem. Isso é factível, mas não é essa a nossa intenção. Do ponto de vista narrativo, o Evangelho traça um percurso para seu leitor. Quem deseja acompanhar Jesus encontra um itinerário traçado. Um lugar lhe é reservado, o do discípulo anônimo que aceita ir e ver, depois o do "discípulo que Jesus amava". O testemunho é apresentado de maneira que quem "ler" o Evangelho possa, por sua vez, "ver", colocando-se, por assim dizer, nas vestes daquele discípulo sem nome, e percorrer todo o caminho que leva à fé, e da fé ao testemunho. Não é colocado, portanto, diante de fatos nus e crus que ele seria obrigado a aceitar, mas recebe como que um convite para fazer um percurso. Depois, ele tirará dele suas conclusões pessoais. A convicção pode nascer indubitavelmente da força e da pertinência dos argumentos ou do prestígio da testemunha, mas nascerá antes de tudo da experiência feita pelo leitor que realmente quiser seguir os sinais postos para ele no relato evangélico. É a estratégia adotada por um escrito cuja finalidade explícita é gerar a fé. Tal objetivo se situa, portanto, além de uma simples experiência estética. Certamente, nenhum método exegético pode substituir o Evangelho e levar diretamente a um ato de fé, mas pode descrever suas articulações e seus percursos, encaminhando para a compreensão do estilo próprio dos relatos bíblicos.

A importância do ponto de vista

Em primeiro lugar, o conceito de ponto de vista leva a perceber o caráter construído, escolhido, orientado, livre de toda informação que o relato transmite ao leitor sobre a história contada (a *fábula*). O relato não apenas não é uma enumeração neutra de fatos, mas a escolha do ou dos pontos de vista programa a leitura que o narrador espera do seu leitor.

Em segundo lugar, o conceito de ponto de vista permite diagnosticar com acuidade a direção narrativa adotada pelo narrador na distribuição das fontes de informação ao longo do relato. Dispomos agora de um verdadeiro *scanner* da gestão narrativa da informação.

Enfim, a alternância dos pontos de vista ao longo do relato permite compreender melhor como o narrador orquestra um confronto ou uma concorrência de visões do evento, com o objetivo de fazer surgir a que privilegiará. Alguns relatos se apresentam precisamente como um confronto de pontos de vista, uma espécie de fórum hermenêutico, do qual uma interpretação (ou um ponto de vista) surgirá no final. MARGUERAT, D. *Il punto di vista* – Sguardo e prospettiva nei racconti dei vangeli. Bolonha: EDB, 2015, p. 57-58 [ed. bras.: *O ponto de vista* – Olhar e perspectiva nos relatos dos evangelhos. São Paulo: Edições Loyola, 2017].

───

///////////////////////////////// **PARA APROFUNDAR** /////////////////////////////////

BRUEGGEMANN, W. *Introduzione all'Antico Testamento* – Il canone e l'immaginazione cristiana. Turim: Claudiana, 2004 [Strumenti 21].

CHARPENTIER, É. *Per leggere l'Antico Testamento*. Roma: Borla, 1982.

CORSANI, B. *Come interpretare un testo biblico*. Turim: Claudiana, 2014 [Piccola Collana Moderna 90].

MANNUCCI, V. *Bibbia come parola di Dio* – Introduzione generale alla Sacra Scrittura. 5. ed. Bréscia: Queriniana, 1985 [Strumenti 17].

MARGUERAT, D.; BOURQUIN, Y. & DURRER, M. *Per leggere i racconti biblici* – La Bibbia si racconta. Iniziazione all'analisi narrativa. Roma: Borla, 2001 [ed. bras.: *Para ler as narrativas bíblicas*: Iniciação à análise narrativa. São Paulo: Loyola, 2009 [trad. Margarida Oliva]].

MERLO, P. (org.). *L'Antico Testamento* – Introduzione storico-letteraria. Roma: Carocci, 2008.

NOBILE, M. *Introduzione all'Antico Testamento* – La letteratura veterotestamentaria. Bolonha: EDB, 1995 [2. ed., 2011].

SKA, J.-L. *"I nostri padri ci hanno raccontato"* – Introduzione all'analisi dei racconti dell'Antico Testamento. Bolonha: EDB, 2012 [Collana Biblica].

_____. *L'Antico Testamento spiegato a chi ne sa poco o niente* (Guida alla Bibbia). Cinisello Balsamo (MI): San Paolo, 2011.

ZAPPELLA, L. *Manuale di analisi narrativa biblica*. Turim: Claudiana, 2014 [Strumenti 65].

2

LITERATURA CLÁSSICA E POÉTICA HEBRAICA

"Nos poemas homéricos os acontecimentos importantes e famosos ocorrem muito mais exclusiva e claramente [do que no Antigo Testamento] entre os membros da aristocracia." Esta citação extraída do livro de Auerbach, *Mimesis*, fornece um excelente ponto de partida para uma reflexão sobre a estética e a poesia hebraica. Em poucas palavras, as diferenças essenciais que distinguem a literatura clássica da literatura bíblica são três. Primeiro, no mundo clássico greco-romano os heróis pertencem às camadas altas da sociedade, ou seja, à aristocracia. A beleza é, portanto, um privilégio da nobreza. Segundo, as ações geralmente são excepcionais: proezas militares, gestos heroicos, aventuras extraordinárias, amores inesquecíveis, banquetes suntuosos e assembleias solenes. Nunca ou quase nunca se fala dos problemas da vida cotidiana como, por exemplo, problemas econômicos ou sociais, de assuntos domésticos ou materiais. Um rei, numa tragédia clássica, jamais pergunta: "Que horas são?" ou "O que teremos no jantar?" Essas banalidades não interessam os grandes deste mundo, pelo menos não os grandes personagens que aparecem nas cenas da tragédia e da epopeia clássica. Enfim, o estilo da tragédia clássica tende ao sublime e evita qualquer possível traço irônico. Não se pode rir de um homem ou de uma mulher da nobreza. A atmosfera é séria, ou melhor, grave. Não é permitido um sorriso, muito menos uma risada. Para usar uma linguagem mais técnica, a literatura antiga conhece a famosa "distinção dos estilos". O estilo elevado ou sublime é reservado à epopeia e à tragédia, enquanto o estilo humilde é o da comédia, da sátira e das narrativas idílicas.

Aristocracia e realismo familiar

Nos poemas homéricos, os acontecimentos grandiosos e elevados ocorrem mais exclusiva e inconfundivelmente entre os membros da aristocracia. A grandiosidade do caráter heroico deles é muito mais pura do que a dos personagens do Antigo Testamento, os quais podem decair muito mais em dignidade; pense-se, por exemplo, em Adão, em Noé, em Davi, em Jó; e enfim, em Homero, o realismo familiar, a representação da vida cotidiana, permanece sempre no idílico e no pacífico, ao passo que, nos relatos do Antigo Testamento, o sublime, o trágico e o problemático desde o início assumem forma no âmbito familiar e cotidiano. As coisas que ocorrem entre Caim e Abel, entre Noé e seus filhos, entre Abraão e Sara e Hagar, entre Rebeca, Jacó, Esaú etc. são impensáveis no estilo homérico.

AUERBACH, E. *Mimesis* – Il realismo nella letteratura occidentale. Turim: Einaudi, 1956, p. 27 [trad. A. Romagnoli] [tít. orig.: *Mimesis, Dargestellte Wirklichkeit in der abendländischen Literatur*].

No mundo antigo, portanto, a beleza e as belas-artes eram antes de tudo um privilégio da classe dominante, ou seja, das cortes da realeza ou da aristocracia. O motivo é simples: só as cortes dos reis e dos príncipes podiam permitir-se o luxo de manter uma classe de escritores e de artistas. De fato, estes últimos não contribuem para a produção de bens de primeira necessidade e devem necessariamente depender de outras pessoas que lhes fornecem os meios de subsistência. Na Antiguidade, portanto, só os poderosos e os ricos tinham condições de favorecer as belas-artes, que dependiam quase totalmente de sua generosidade. Este sistema era o do "mecenato", derivado do nome de Mecenas, um funcionário atuante na corte do Imperador César Otaviano Augusto.

Esta simples observação sobre a origem da arte na Antiguidade tem mais de uma consequência. Em primeiro lugar, a arte muitas vezes tem como objetivo exaltar as qualidades de quem a subvenciona. Em alguns casos, trata-se de verdadeira "propaganda régia" ou de "propaganda de classe", o que não impede que as obras de arte possam ter um real valor estético. O ponto mais importante, porém, é outro.

Algumas características da arte antiga estão ligadas ao âmbito de corte na qual nasceu, em particular aquelas que se podem denominar a sua natureza "heroica" e seu espírito de classe. E é em relação a esse ponto que a Bíblia se diferencia do mundo clássico greco-romano.

A recusa do estilo épico

Neste estudo sobre o estilo épico e a busca da beleza, vamos partir de um fato à primeira vista surpreendente: não há na Bíblia feitos comparáveis às grandes epopeias da Antiguidade, seja a epopeia de Gilgamesh na Mesopotâmia[10], seja à *Ilíada* e à *Odisseia* na Grécia, ou ainda à *Eneida*, de Virgílio. Não encontramos nem sequer feitos semelhantes às epopeias menos desenvolvidas encontradas em Ugarit, uma antiga cidade fenícia. Israel legou-nos importantes escritos sobre seu passado, sem dúvida, mas o estilo escolhido não é o épico. A diferença mais evidente é a forma: o relato bíblico adota um estilo prosaico, próximo do de muitas narrativas populares, bem diferente do poético das epopeias de todos os tempos. Em segundo lugar, em Israel não existem – ou só raramente, em alguns trechos isolados – o culto e a exaltação do herói. É inútil buscar na Bíblia o equivalente de Gilgamesh ou de Enkidu, menos ainda de Aquiles, Heitor ou Ulisses.

Alguém poderá pensar em Davi, o primeiro grande rei de Israel. Mas Davi não é um herói clássico. Sua maior proeza, a vitória contra Golias (1Sm 17), é o oposto de uma proeza épica. Davi vence com a astúcia e não graças ao seu conhecimento da arte marcial. Ele efetivamente não usa as armas de Saul (1Sm 17,38-39), mas prefere enfrentar o gigante Golias com armas pouco convencionais: um cajado e uma funda (1Sm 17,40). A vitória de Davi é, portanto, uma vitória da inteligência contra a força bruta, uma típica revanche do menor contra o maior e o mais forte. Os dois adversários não podiam ser mais diferentes, assim como o eram as suas armas. O que é uma simples funda diante de uma lança, cujo cabo era "como o cilindro de um tear e sua ponta pesava seiscentos siclos de ferro"? (1Sm 7,8; seiscentos siclos equivalem a quase sete quilos). Davi, diferentemente de tantos heróis clássicos, não tem armas de qualidade particular. O futuro rei de Israel é, portanto, um anti-herói e a narrativa é uma antiepopeia. No relato de 1Sm 17 o herói épico é antes Golias,

---

10 Para o texto de Gilgamesh, cf. MAIER, J. (org.). *Gilgamesh*: A Reader. Wauconda: Bulchazy-Carducci, 1997. • TOURNAY, R.-J. & SHAFFER, A. *L'épopée de Gilgamesh*. Paris: Le Cerf, 1994. • *L'Antico Testamento e le culture del tempo* – Testi scelti. Roma: Borla, 1990, p. 313-392 [trad. C. Valentino].

agigantado a ponto de se tornar uma verdadeira caricatura e ser ridicularizado. Em outras palavras, o relato de 1Sm 17 é uma paródia da epopeia.

Outros relatos referentes a Davi impedem a inclusão do rei de Israel entre os grandes heróis épicos. Por exemplo, seu adultério com Betsabé e o modo como faz eliminar o seu rival Urias (2Sm 11) são feitos indignos de um verdadeiro herói. A rebelião de seu filho Absalão (2Sm 15–18) e, em especial, a reação do rei ao saber da morte do filho (2Sm 18) são obras-primas da arte narrativa bíblica. Esses capítulos, por outro lado, demonstram também a fragilidade de um rei incapaz de resolver o problema da sucessão ao trono. O Primeiro Livro dos Reis (1Rs 1,1-10), que descreve sem meios-termos a impotência do Rei Davi, é outro exemplo da mesma tendência típica da literatura bíblica, pouco disposta a exaltar os seus grandes personagens, mas que raramente perde a oportunidade de revelar suas fraquezas. A ascensão de Salomão ao trono é, para quem lê atentamente o texto, uma última humilhação para Davi, que na realidade não decide nada e não percebe que se tornou instrumento de um complô tramado por Betsabé, Natan e Banaías (1Rs 1,11-40). Esses traços são efetivamente incompatíveis com a figura de um herói clássico.

Sempre em relação ao reino de Davi, 2Sm 23,8-39 parece ser uma exceção. Trata-se, porém, apenas de uma lista de proezas, não de um longo poema de estilo elevado e sublime que descreve ações audaciosas e excepcionais com fartura de detalhes e numa linguagem poética selecionada.

Outra aparente exceção, a de Jonatã em 1Sm 14,1-15, descreve num estilo sóbrio uma vitória obtida graças à astúcia. O tom da narrativa nada tem de homérico e, de qualquer modo, faltam as longas descrições das batalhas repletas de detalhes, como acontece, por exemplo, na *Ilíada*.

O livro dos Juízes poderia conter alguns trechos épicos e, à primeira vista, uma leitura rápida e superficial poderia levar a pensar que é o que ocorre, mas uma leitura mais rigorosa obriga a dizer que as proezas descritas não podem ser classificadas entre os feitos épicos. Contento-me com alguns exemplos. O primeiro "herói" do livro poderia ser Eúd (Jz 3,12-30). O personagem, porém, não realiza nenhum ato de bravura excepcional ao eliminar o rei inimigo, Eglon, rei de Moab. Eúd solicita uma audiência particular e, quando se encontra sozinho com o rei, mata-o à traição com um punhal de duplo gume, que maneja com a mão esquerda porque é canhoto (Jz 3,20-22). Depois, Eúd foge passando pelo "banheiro" do rei, ao menos pelo que podemos compreender de um texto difícil (3,23-25). Seria difícil imaginar detalhes tão triviais numa obra épica tradicional.

Outro exemplo da atitude singular da Bíblia em comparação com a literatura heroica é Jz 4-5, que narra a vitória de Israel contra Sísara, general de Jabin, rei cananeu de Hasor. Nesse caso temos duas versões do episódio, o relato em prosa de Jz 4 e o poema de Jz 5. O relato é em prosa e o poema não é um relato. Nesse ponto a Bíblia já se distancia da literatura épica clássica. Além disso, a vitória é obtida graças a duas mulheres, Débora e Jael. O chefe do exército de Israel, Barac ("Relâmpago"), que, segundo as convenções literárias, deveria ser o herói da narrativa, não corresponde de modo algum ao retrato épico clássico. É convocado por uma mulher, Débora ("Abelha"; Jz 4,6-7), e, como se não bastasse, pede a Débora que o acompanhe durante a campanha. Caberá também a Débora dar o sinal do ataque decisivo, embora certamente essa decisão deveria ter sido tomada por Barac. Uma mulher toma a iniciativa da campanha e, assim como foi previsto por Débora, outra mulher, Jael, mata o general inimigo, Sísara, enquanto ele dormia. Toda a honra da campanha e da vitória é recebida por duas mulheres, algo certamente impensável no gênero literário da epopeia. Sísara, de fato, é derrotado e morre humilhado, enquanto se apresentava com o exército mais poderoso, mas Barac, o pretenso vencedor, também se vê desacreditado. Não realiza nenhuma das proezas que um leitor poderia esperar de um herói épico e sequer é capaz de desferir o golpe de misericórdia em seu inimigo. Não assistimos ao duelo entre os dois chefes inimigos, assim como certamente ocorreria na *Ilíada*. Sísara e Barac não são heróis épicos, e sim caricaturas desse ideal.

Nem mesmo o canto de Débora e Barac (Jz 5) é um trecho "épico" porque não descreve a batalha e não exalta de modo algum as virtudes guerreiras dos combatentes. Ao contrário, bendiz YHWH por sua ajuda, agradece às tribos que participaram da campanha e amaldiçoa aquelas que rejeitaram sua assistência, louva Jael por sua bravura e, por fim, descreve o sofrimento dos derrotados. A única verdadeira proeza exaltada pelo canto é a de Jael que, graças à sua esperteza, consegue eliminar o general inimigo, fincando-lhe um malho na têmpora enquanto estava adormecido após uma fuga extenuante. Certamente estamos distantes dos poemas de Homero ou de Virgílio, ou ainda da epopeia de Gilgamesh.

Gedeão (Jz 6-8) insere-se na categoria dos "libertadores" de Israel que vencem graças a sua sagacidade. Com apenas trezentos homens, consegue derrotar toda uma milícia de madianitas sem nem sequer combater. À noite semeia o pânico no acampamento inimigo agitando tochas, tocando trompas e quebrando cântaros de barro (Jz 7,16-22). A ideia é genial, mas ainda assim estamos distantes dos relatos épicos, tanto pelo conteúdo como pelo estilo.

Jefté (Jz 11) dificilmente pode ser considerado um "herói" da literatura antiga, não obstante a sua vitória contra os amonitas (11,32-33), por dois motivos. Primeiro, é filho de uma prostituta (11,1), e esse fato já bastaria para desqualificá-lo em qualquer sociedade de tipo heroico. Segundo, o relato insiste pouco na sua vitória (11,32-33) e muito nas discussões com os anciãos de Galaad (11,4-11) e os amonitas (11,12-28) e em seu trágico voto (11,29-40) por causa do qual deve sacrificar a filha (11,34-40).

Poderíamos pensar em Sansão (Jz 13–16) como possível "herói épico". De fato, Sansão poderia ser comparado a Gilgamesh, Hércules ou outros heróis tradicionais em virtude de sua força excepcional e de suas proezas realizadas sozinho contra exércitos numericamente superiores. No entanto, é preciso acrescentar imediatamente que Sansão é um herói mais picaresco que efetivamente épico. Embora suas proezas sejam impressionantes, Sansão não defende a honra da pátria ou de sua nobre família. Ele busca antes se vingar por ter sido enganado (14,19), se não obtém o que deseja (15,3) ou porque os filisteus queimaram sua ex-mulher e seu sogro (15,6). O resto é apenas consequência dessas ações (15,10-17). Estamos no mundo das rixas pessoais, não naquele das valorosas ações de um Aquiles ou de um Rolando de Roncesvales. Enfim, suas numerosas aventuras amorosas (14,1-20; 15,1-8; 16,1-3.4-21) certamente não são dignas de um herói épico de grande envergadura. Enfatizam a fraqueza de Sansão, não o sentimento de honra, que na literatura clássica é a típica expressão de um coração nobre. O Hércules bíblico, aliás, acaba nas mãos dos filisteus porque se deixa enganar por Dalila, e o grande herói é vencido não por outro bravo melhor do que ele, e sim por uma mulher mais esperta do que ele. O fim trágico de Sansão, quando faz o templo do deus Dagon desabar sobre si mesmo e sobre os filisteus ali reunidos (16,22-31), é difícil de apreciar do ponto de vista literário. Sansão talvez consiga se redimir, ao menos em parte, mas certamente não se trata de um triunfo. Para finalizar, o último dos juízes é uma figura ambígua que corresponde pouco aos padrões da literatura épica clássica.

O único livro que, em certa medida, corresponde ao ideal épico é o livro de Josué, e o tempo de Josué é o único momento da história de Israel que pode ser caracterizado como "época áurea". Israel é fiel ao seu Senhor, Israel é vitorioso – com exceção de uma única ocasião (Js 7) – e tudo se desenvolve segundo o plano de Deus.

Uma leitura atenta revela, contudo, alguns aspectos que se integram com mais dificuldade no mundo da epopeia. A tomada de Jericó, por exemplo, se parece mais com uma liturgia do que com uma batalha propriamente dita (Js 6). A vitória contra Hai deve-se menos a proezas de um exército bem-organizado que à esperteza estratégica de Josué (Js 8). A batalha de Gabaon é vencida graças a uma intervenção miraculosa de Deus, que lança do céu uma chuva de granizo excepcional (Js 10,11). De qualquer modo, as qualidades evidenciadas e celebradas no livro de Josué não são as tradicionais do mundo da epopeia, e sim as da fidelidade a Deus e da observância da sua Lei (cf. 1,6-8; 23,1-16; 24,31).

Um último exemplo comprovará, se ainda fosse necessário, tudo o que se disse até agora sobre a pouca inclinação da Bíblia pelo estilo épico. Pensamos numa narrativa muito tardia que pertence ao mesmo gênero literário da paródia, ou seja, a história de Judite. Também neste caso, o herói épico não é Judite e sim Holofernes, e este é alvo de zombaria porque uma simples e frágil viúva consegue, graças à sua astúcia, cortar-lhe a cabeça. O fraco derrota o forte, a astúcia triunfa sobre a força, a inteligência prevalece sobre as virtudes guerreiras. O relato é oposto ao que um relato épico clássico propõe aos seus leitores.

Não encontramos narrativas épicas nem sequer nos livros dos Macabeus, muito tardios e escritos na época helenística. Nesses livros o estilo dos relatos de batalha é mais bíblico do que grego.

O dilúvio na epopeia de Gilgamesh (por volta do século XIX a.C.)
Homem de Shurrupak, filho de Ubaru-Tutu! Põe abaixo tua casa e constrói um barco. Abandona a riqueza e, em vez disso, busca o que dá alento. Despreza tuas posses, deixa viver tudo o que respira. Conserva no barco a semente de todas as criaturas vivas. As medidas do barco que construirás devem ser proporcionais entre si: o comprimento, a largura e a altura devem ser idênticas. Assim como Apsu, ele mesmo vos forneceu um teto de proteção. Sua base era grande como um campo, dez vezes doze cúbitos tinham as suas paredes, dez vezes doze cúbitos da base ao início do limite do seu teto. [...] Carreguei nele tudo o que tinha comigo; todo o ouro e todas as coisas vivas que eu tinha. Fiz subir a bordo toda a minha família e meus parentes; os animais do campo e todos os artesãos. [...] Quan-

do chegou o sétimo dia, soltei uma pomba e deixei que se fosse. A pomba voou para longe, mas não encontrando um lugar para pousar, retornou. Então soltei uma andorinha, que voou para longe; mas não encontrando um lugar para pousar, retornou. Em seguida soltei um corvo. Ele voltou e não retornou; viu que as águas tinham baixado. *L'Antico Testamento e le culture del tempo* – Testi scelti. Roma: Borla, 1990 [trad. C. Valentino].

O estilo rude da Bíblia

Não encontramos, portanto, uma verdadeira "epopeia" bíblica e a Bíblia não conhece nenhuma "época heroica", ou grandes heróis. Por quais motivos? Certamente há diversas explicações; uma, porém, me parece essencial: a história de Israel não é uma "história gloriosa". A monarquia, o *Sitz-im-Leben* natural da epopeia, foi um fracasso. O Reino do Norte foi expulso pelos exércitos assírios em 721 a.C. e o do sul, pelos exércitos babilônicos em 586 a.C. A história militar de Israel é mais uma história de amargas derrotas do que de vitórias. Os momentos gloriosos são raros e de curta duração e pertencem a um passado remoto e quase "mítico", o da conquista por parte de Josué ou do início do reino unido sob Davi. De qualquer modo, este distante passado está em forte contraste com o triste presente dos escritores e dos destinatários dessas narrativas.

Por outro lado, Israel jamais fundou um verdadeiro império, não pode vangloriar-se de conquistas importantes ou de campanhas militares em países longínquos. Grande parte das guerras citadas na Bíblia são guerras defensivas. De fato, Josué conquista a terra onde Israel se estabelecerá. Davi, em seguida, se aventurará nos territórios contíguos: Moab, Assíria, Edom (2Sm 8), Amom e Aram (2Sm 10–12). Contudo, não podemos comparar esses feitos aos de alguns faraós do Egito e dos grandes conquistadores da Mesopotâmia.

Israel, portanto, dificilmente poderia elaborar uma literatura épica ou heroica. Tinha demasiada consciência de ser uma pequena nação sem passado glorioso e sem exército forte, nação que depois se tornou província de grandes impérios estrangeiros. Os tempos de relativa paz e de prosperidade econômica foram curtos demais, os recursos materiais e humanos muito escassos, as energias muito dispersas para poder desenvolver uma cultura semelhante à dos grandes impérios vizinhos. Além disso, esses tempos foram julgados negativamente pelas gerações posteriores porque conduziram o país à ruína. Nos livros de Samuel e dos Reis a história de Israel foi relida de maneira extremamente severa.

"A nobreza de Israel sobre tuas colinas foi abatida! Como tombaram os heróis?" (2Sm 1,19.25.27). Estas palavras cantadas por Davi após a derrota de Saul e Jonatã no Monte Gelboé podem ser aplicadas a muitas batalhas perdidas por Israel durante sua história. Tantos heróis tombaram, poucos se salvaram. Os cantos de vitória são raros e as lamentações depois das derrotas, numerosas. Esse fato também explica a ausência, na Bíblia, de uma verdadeira literatura épica.

Dizer, como alguns autores, que uma narrativa épica é uma "narrativa tradicional que honra os heróis de um povo" é uma definição válida, mas pouco precisa. Revela-se de pouca utilidade na classificação e na análise das narrativas antigas. Pode-se também estender o conceito para composições que usam temas e fórmulas tradicionais, nas quais interagem deuses e homens, que descrevem eventos de uma era considerada normativa e gloriosa e ilustram eventos "nacionais", celebrados nos santuários durante as grandes peregrinações porque formam a consciência e a identidade de uma nação. Novamente, a definição carece de alguma precisão e não permite perceber uma diferença importante entre literatura heroica e literatura popular, diferença ressaltada por Auerbach. A literatura popular frequentemente se desenvolve em contraposição com a literatura épica e heroica. Vimos que esse era o caso na Bíblia, e esse é também o caso, por exemplo, no famoso *Roman de Renard*, da literatura francesa.

Por fim, é preciso lembrar que o mundo antigo conhecia bem a distinção entre os diversos tipos de estilo. A comparação com a literatura homérica, por exemplo, deveria levar isso mais em conta[11]. Existe até todo um tratado (fragmentário) sobre o tema, o *De sublimitate* atribuído a Dionísio Longino (ou Pseudo-Longino)[12]. Para esse autor, as principais fontes da sublimidade

---

11 A comparação entre a Bíblia e Homero, p. ex., está na base da reflexão de CROSS, F.M. "The Epic Tradition of Early Israel: Epic Narrative and the Reconstruction of Early Israelite Institutions". In: FRIEDMAN, R.E. (org.). *The Poet and the Historian*: Essay in Literary and Historical Biblical Criticism. Chico (CA): Scholars Press, 1983, p. 14-18.

12 O título grego é *Peri hupsous*. Indicamos PSEUDO-LONGINO. *Del Sublime*. Milão: Rizzoli, 1991 [org. F. Donadi]. • *Da Longino a Longino – I luoghi del sublime*. Palermo: Æsthetica, 1987 [org. L. Russo]. Longino cita o início do Gênesis em IX,9.

são cinco (VIII,1). Duas são inatas e naturais: "a capacidade de conceber pensamentos elevados" e "a veemência e o entusiasmo da paixão". Três são fontes passíveis de ser adquiridas: o conhecimento das figuras de estilo (arte retórica), a nobreza da expressão que compreende a escolha das palavras e o uso acurado dos tropos e, enfim, uma qualidade que resume todas as anteriores, a organização de um discurso que demonstre ser digno e de estilo elevado (VIII,1). No início de todas essas qualidades, porém, Longino coloca o talento oratório. Sempre de Longino é esta famosa definição do sublime: "O sublime é o eco de uma grande alma" (IX,2). Note-se a presença da noção de "grandeza" nessa definição. Mais adiante, Longino associa o sublime ao extraordinário (XXXV,5) e ao sobre-humano (XXXVI,3). Em contrapartida, o próprio autor faz um julgamento negativo de muitas partes da *Odisseia*. Homero, na sua velhice – porque, de acordo com Longino, Homero escreveu a *Odisseia* com muita idade –, já não tem a força necessária para manter numa obra inteira um estilo igualmente "sublime". Por exemplo, Longino não aprecia as cenas familiares ao final da *Odisseia* em que Homero descreve o que acontece na casa de Ulisses (IX,15). Ou então critica algumas descrições de Heródoto porque misturam certos elementos nobres a outros demasiado triviais, ou ainda Teopompo quando se rebaixa a descrever o conteúdo de uma cozinha (XLIII,1-4). O pecado, na verdade, é misturar elementos que pertencem a diversos registros. Infelizmente, não sabemos o que Longino diria de tantas cenas bíblicas do livro do Gênesis ou dos evangelhos.

A obra de Longino certamente é tardia – em geral os autores tendem a situar o escrito no I século d.C. –, mas traduz bem o espírito da época. Para voltar à Bíblia, podemos nos perguntar se ela corresponde ao ideal traçado por nosso autor. Seu estilo obedece aos padrões desse tipo? Encontramos nela uma busca do "sublime" como preconizado por Longino?

Orígenes, por exemplo, é muito claro a esse respeito: não encontramos na Bíblia o estilo refinado e "sublime" da literatura clássica. O conteúdo das Escrituras é sem dúvida nobre e elevado, mas não a forma: "o esplendor do ensinamento bíblico está oculto por um estilo pobre e humilde" (*De principiis* [4.1.7]).

Também Santo Agostinho expressa suas dúvidas sobre as qualidades literárias da Bíblia nas suas *Confissões* quando, totalmente imbuído de literatura clássica, tentava se reconciliar com o estilo rude da Bíblia e com a rusticidade de alguns de seus personagens. A reação de Santo Agostinho é típica e ratifica nossa opinião de que o estilo bíblico segue, na maioria dos casos, outros padrões em relação aos comuns da literatura clássica. Agostinho, cuja primeira obra (perdida) se intitulava, não por acaso, *Sobre o belo e o conveniente*, não pôde deixar de se deparar com grandes dificuldades ao ler a Bíblia. O quadro traçado por Longino em seu opúsculo representativo da mentalidade clássica ajuda a compreender com mais exatidão a natureza de tais dificuldades. De fato, a Bíblia não exalta o suficiente a "nobreza da alma", especialmente nos personagens do Antigo Testamento, e seu estilo é demasiado bruto e "trivial", demasiado "popular", diríamos hoje. Por esse motivo, Agostinho classifica a Bíblia entre as obras que pertencem ao *sermo humilis* – o "estilo humilde" – e não ao estilo elevado – *sermo sublimis* –, quando diz, por exemplo, acerca do seu primeiro encontro com a Bíblia: "E eis que descubro uma coisa [...] de humilde acesso", que não era digna de ser comparada com a obra de Cícero (*Confissões* III, v. 9). E logo acrescenta: "Minha presunção detestava aquele estilo simples e minha sagacidade não penetrava sua profundidade". Encontramos alusões à mesma distinção dos estilos quando Agostinho mostra várias vezes que a Escritura expressa pensamentos sublimes (*sermo sublimis*) numa linguagem simples (*sermo humilis*): *De doctrina christiana* 4,18,37; *Carta a Volusiano*, CXXXVII 18; *De trinitate* I,1,2. A reação de Agostinho testemunha uma mentalidade profundamente arraigada na cultura antiga e de acordo com a qual é difícil falar de "epopeia bíblica" e de "estilo épico" na Bíblia. O relato das origens de Israel não pode, portanto, ser comparado às obras épicas de outras culturas antigas sem acrescentar importantes qualificações[13].

A técnica cênica

A técnica narrativa da Bíblia hebraica é fundamentalmente cênica: uma história contada segundo essas convenções artísticas é uma unidade independente relativamente curta, claramente delimitada por um começo e por um fim; e constituída por uma sucessão de cenas, introduzidas e ligadas por fragmentos, geralmente irrelevantes, de narrativa linear. Estão presentes exposições, ou cenas introdutórias, e cenas que servem de ponto culminante, que geralmente

---

13 Sobre a estética moderna, deve-se citar a obra importante do escritor irlandês E. Burke (1729-1797) (*Inchiesta sul Bello e il Sublime*. Palermo: Æsthetica, 1985 [org. G. Sertoli e G. Miglietta]), que assinala a passagem da estética clássica à romântica.

se encontram ao final dos relatos e são seguidas por um breve e simples epílogo em tom menor. Algumas sequências cênicas são bastante simples, algumas estruturalmente muito elaboradas; o estilo cênico focaliza a atenção do leitor nos eventos mais dramáticos e significativos, tem como consequência uma escassez de descrições e de comentários e leva a uma caracterização indireta através dos discursos e das ações. Por esse motivo, a elaboração mimética e a penetração psicológica são fluidas e elegantes, não pesadas e desajeitadas. Grande parte do impacto dramático dessas histórias e da vivacidade que todos percebem nelas, grande parte de sua aparente brevidade e de sua verdadeira organização, são consequência de seu estilo fundamentalmente cênico.

LICHT, J. *La narrazione nella Bibbia*. Bréscia: Paideia, 1992, p. 62 [trad. Carmen dell'Aversano].

"O Senhor é um guerreiro"

Qual é então o passado glorioso de Israel? De que se pode vangloriar, se não pode cantar conquistas de soberanos famosos ou façanhas inauditas de heróis incomparáveis? Um dos caminhos escolhidos pela literatura bíblica é a "teológica" ou "mística", ou seja, que o único verdadeiro "herói" da história de Israel não deve ser buscado entre os membros do povo porque se trata de YHWH, o Deus de Israel. A escolha da Bíblia não é exatamente uma inovação porque temos diversos casos semelhantes nas literaturas do antigo Oriente Próximo, em particular na Mesopotâmia. Os reis mesopotâmicos, assim como os faraós, costumam atribuir as vitórias aos seus deuses. No entanto, Israel se distingue em relação a um ponto particular: a figura do herói divino ofusca e eclipsa quase completamente os heróis humanos, diferentemente do que acontece nas literaturas do antigo Oriente Próximo. Basta reler algumas páginas do livro de Josué, ou então Jz 6–7, a história de Gedeão, ou ainda 1Sm 17, o já mencionado duelo entre Davi e Golias, para nos convencer da particularidade da literatura bíblica. Na história de Gedeão, por exemplo, Deus insiste em reduzir o exército porque "Israel poderia orgulhar-se contra mim [YHWH] e dizer: 'Foi a minha própria mão que me salvou'" (Jz 7,2). Antes de enfrentar Golias, Davi diz a Saul: "O Senhor, que me salvou das garras do leão e das unhas do urso, há de me salvar também da mão daquele filisteu" (1Sm 17,37). Exemplos desse tipo são abundantes e provavelmente é preciso buscar nessa mentalidade a razão pela qual a Bíblia é incapaz de descrever uma verdadeira batalha. Os relatos são sempre de uma extrema concisão, o que surpreende o leitor acostumado ao estilo homérico. A glória da vitória é de Deus, não dos homens. Israel tem uma consciência aguda da sua inferioridade numérica e estratégica. Suas vitórias são raras e, em muitos casos, fruto de uma "feliz conjunção de circunstâncias", como diríamos hoje. Esse é o teor de tantas narrativas bíblicas que, em outras civilizações, pertencem ao gênero literário da epopeia.

Em suma, o mundo bíblico é teocêntrico e teológico. É por esse motivo que seus "relatos épicos" exaltam um único e verdadeiro "herói", YHWH, o Senhor dos exércitos, o único guerreiro capaz de ajudar "o menor de todos os povos" (Dt 7,7) e de libertá-lo de seus inimigos. Existem indubitavelmente muitos matizes e facetas no campo das narrativas bíblicas de batalha e seria pretensioso querer aplicar a todas uma única regra, do Êxodo ao Segundo Livro dos Macabeus. De qualquer modo, trata-se quase sempre de uma regra geral, e os inúmeros relatos bíblicos de batalhas são em sua maioria variações sobre esse tema ou, no máximo, exceções a uma norma bem conhecida de todos em Israel.

A "guerra santa"

A expressão "guerra santa" traduz o *jihad* islâmico; não é atestada na Bíblia, onde aparece três vezes a expressão "guerras do Senhor" (Nm 21,14; 1Sm 18,17; 25,28) e a designação de Deus como "guerreiro" (p. ex., Ex 15,3). Esta imagem, hoje certamente perturbadora, é mais corrente no antigo Oriente Próximo [...].

Em um célebre livro (*Der Heilige Krieg im alten Israel*. Zurique, 1951), Gerhard von Rad chegou à conclusão de que na época dos juízes existia uma instituição da "guerra santa" (seria mais correto dizer "sacral"), que compreendia aspectos rituais e ideológicos e reunia as tribos da anfictionia israelita quando uma delas era ameaçada por um inimigo externo. Para sustentar sua tese, o autor se baseia em textos como Ex 14 (travessia do mar), Js 10 (batalha de Ayalon), Jz 7 (contra os amonitas) ou 1Sm 7 (contra os filisteus).

Mas os pontos fracos da tese são notáveis: além de pressupor uma liga sacral (anfictionia) das tribos de Israel reunidas em torno de um santuário central (Siquém, depois Silo) anterior à época monárquica – algo que hoje praticamente ninguém afirma –, ela se baseia em dados de natureza diferente ou geralmente redigidos mais tarde. Por isso, outros autores remeteram essa instituição a uma data muito mais tardia, ao século VII a.C. (Josias). Assim, podemos legitimamente nos perguntar se tal instituição de fato existiu. Um exame crítico mostra que a teorização da "guerra sacral" não é anterior ao Deuteronômio e deve muito à ideologia assíria da época (expansionismo do Império Assírio nos séculos VIII-VII a.C.); então se tratava de contrapor o poder do "YHWH guerreiro" ao de "Assur guerreiro".

PHILIPPE ABADIE. *Insoliti eroi* – Teologia e storia nel libro dei Giudici. Bolonha: EDB, 2013, p. 16-17 [trad. R. Fabbri].

PARA APROFUNDAR

ALONSO SCHÖKEL, L. *Manuale di poetica ebraica*. Bréscia: Queriniana, 1989.

AUERBACH, E. *Mimesi* – Il realismo nella letteratura occidentale. Turim: Einaudi, 1956 [Piccola Biblioteca Einaudi 35,1-2].

BOTTÉRO, J. & KRAMER, S.N. *Uomini e dei della Mesopotamia*: alle origini della mitologia. Turim: Einaudi, 1992.

CIMOSA, M. *L'ambiente storico-culturale delle Scritture Ebraiche*. Bolonha: EDB, 2000 [La Bibbia nella Nostra Storia].

CONROY, C. "Hebrew Epic: Historical Notes and Critical Reflections". *Bib* 61, 1980, p. 1-30.

GEORGE, A.R. et al. *The Babylonian Gilgamesh Epic* – Introduction, Critical Edition and Cuneiform Texts. 2 vols. Oxford: Oxford University Press, 2007.

L'Antico Testamento e le culture del tempo – Testi scelti. Roma: Borla, 1990 [trad. Carlo Valentino] [Studi e Ricerche Bibliche].

McCALL, H. *Miti mesopotamici*. Milão: Mondadori, 1995.

NEPI, A. *Dal fondale alla ribalta* – La funzione dei personaggi secondari nelle narrazioni della Bibbia Ebraica. Bolonha: EDB, 2015.

NIDITCH, S. "The Challenge of Israelite Epic". In: FOLEY, J.M. (org.). *A Companion to Ancient Epic*. Oxford-Malden (MA): Blackwell, 2005, p. 277-287.

PETTINATO, G. *La saga di Gilgamesh*. Milão: Rusconi, 1992.

SANDARS, N.K. (org.). *L'Epopea di Gilgamesh*. Milão: Adelphi, 1994.

TALMON, S. The "'Comparative Method' in Biblical Interpretation – Principles and Problems". In: ZIMMERLI, W. (org.). *Supplements to Vetus Testamentum 29* – International Organization for the Study of Old Testament: Congress Volume 9. Brill: Leiden 1979, p. 320-356.

3

As características da narrativa antiga

No mundo em que a Bíblia foi escrita, as coisas que tinham valor eram as coisas antigas. Isso parece uma obviedade, mas tem importância fundamental para entender as Escrituras. Tomo um primeiro exemplo do Novo Testamento.

Quando, na Carta aos Gálatas, Paulo quer mostrar a superioridade da justificação pela fé sobre a justificação pelas obras da Lei, diz que a fé precede a Lei porque Abraão veio antes de Moisés. Tanto para Paulo como para seus destinatários, a precedência cronológica implica uma qualidade superior: o que é mais antigo tem mais valor (Gl 3,17-19).

Na Carta aos Romanos, Paulo faz um raciocínio semelhante a respeito da circuncisão. Ele quer mostrar que, pela fé, Abraão é pai dos circuncisos e dos incircuncisos. Em outras palavras, de acordo com Paulo, a fé abre a porta da salvação também para os pagãos incircuncisos e a Lei não pode ser um empecilho. O argumento é o seguinte: quando Abraão acreditou na promessa divina e sua fé lhe foi imputada como justiça (Gn 15,6), o patriarca ainda não era circuncidado. A circuncisão só acontece em Gn 17. Por isso, segundo Paulo, Abraão é pai também de todos os incircuncisos que como ele serão justificados pela fé.

A maneira de argumentar pode surpreender o leitor moderno. Para o leitor antigo, ao contrário, esse tipo de raciocínio era totalmente normal. Quando Jesus diz, em Jo 8,58: "Antes que Abraão nascesse, eu sou", invoca o mesmo princípio: existia antes de Abraão e, portanto, é superior a ele.

Para a Carta aos Hebreus, o sacerdócio de Cristo é superior ao de Levi, porque é mais antigo na medida em que remonta a Melquisedec, que viveu muito antes de Levi.

No Antigo Testamento há numerosas aplicações desta "lei da antiguidade" ou da precedência. Todas as genealogias da Bíblia querem provar a mesma coisa: a origem antiga das famílias e das instituições. Em outro âmbito, quando Jeremias diz que foi escolhido por Deus antes de ter sido concebido (Jr 1,5), afirma que sua vocação vem de Deus, não da sua ambição pessoal ou de qualquer motivo humano. A consagração é mais antiga do que sua concepção e, portanto, sua origem não é humana.

Na mesma linha, o valor dos santuários depende de sua antiguidade. O templo e o culto de Betel se remetem a Jacó (Gn 28,10-22). Jerusalém, de modo velado, se remete a Abraão (Gn 22,1-19; cf. 22,14). Por esse motivo, o culto de Jerusalém é superior ao de Betel. Uma pequena nota inserida no texto de Nm 13,22, em que é visível uma pitada de chauvinismo: "Hebron foi construída sete anos antes de Tânis, do Egito", quer mostrar a superioridade de Hebron sobre a grande cidade egípcia.

O direito de primogenitura também se insere nessa categoria e, em virtude desse direito, a sabedoria reivindica uma superioridade sobre todas as criaturas por ter sido "gerada" antes (Pr 8,22).

Até a afirmação de YHWH no Dêutero-Isaías: "Sou o primeiro e o último", reflete essa lei (Is 41,4; 44,6).

No Pentateuco a situação não é diferente e a lei da antiguidade permite explicar vários fenômenos. Por exemplo, a construção da tenda do encontro e as instituições cultuais remontam ao período da permanência no deserto, ou seja, a uma época que é muito anterior ao templo de Salomão. O objetivo é mostrar o valor dessas instituições. O templo construído por Salomão foi destruído pelo exército babilônico em 586 a.C. No entanto, de acordo com os textos do Pentateuco, o culto era mais antigo do que a monarquia e, portanto, não foi anulado pela catástrofe do exílio.

O mesmo vale para todas as outras instituições religiosas ou civis de Israel. Segundo a Bíblia atual, o essencial da "constituição" jurídica de Israel provém da época mosaica e não da monarquia davídica.

Depois do fracasso da monarquia, deseja-se encontrar outro alicerce para reconstruir a comunidade de Israel: uma base mais sólida, ou seja, mais antiga. Por esse motivo, passou-se de Davi para Moisés. Se Moisés é anterior à monarquia, esta última está submetida à Lei de Moisés e será julgada por ela.

Assim pensam os autores da "história deuteronomista". Para a narrativa sacerdotal, era importante mostrar a ligação entre a história de Israel e a criação do mundo. Para a mesma narrativa sacerdotal, as alianças com Noé e Abraão são superiores à do Sinai, por serem mais antigas.

O que vale para o culto vale, *a fortiori*, para os relatos do Gênesis sobre a criação do mundo e sobre os patriarcas. Por que faz a fé de Israel remontar à criação e aos primeiros antepassados do povo? Por que não começar com Moisés? A resposta está no contexto pós-exílico, quando o Pentateuco foi composto na sua forma final. Israel vive agora entre outras nações que o dominam e em contato com outras culturas que já não pode ignorar. Nesse contexto, as narrativas de Gn 1–11, especialmente os primeiros relatos da criação, têm como objetivo demonstrar que o Deus de Israel não tem nada a invejar às divindades das outras nações.

Para quem lê a Bíblia hoje, especialmente num mundo cristão ou num mundo monoteísta, as afirmações da Bíblia parecem óbvias. Mas não foi o que ocorreu nos séculos turbulentos do período exílico e pós-exílico, quando Israel viveu a experiência mais dramática da sua existência, ou seja, quando correu o risco de ser apagado do mapa.

Israel, e antes de tudo seus chefes religiosos e sua *intelligentsia*, tiveram de responder ao terrível desafio das nações que tinham conseguido conquistar o país, destruindo tudo o que tinha de mais sagrado: suas instituições religiosas e políticas, o templo e a monarquia.

Era indispensável poder demonstrar que o Deus de Israel não era inferior às poderosas divindades dos vencedores. Como a superioridade depende em grande parte da antiguidade, era preciso demonstrar que o Deus de Israel era muito antigo. Nesse contexto, compreende-se melhor a oportunidade de ter algumas narrativas sobre a criação do mundo, nas quais o único artesão do universo é o Deus de Israel.

O que afirmo sobre a fé num Deus criador poderia ser mal-interpretado. De fato, uma pergunta surge imediatamente: Israel "inventou" um Deus criador para poder "salvar as aparências" diante dos povos da Mesopotâmia que tinham relatos semelhantes, por exemplo o de Enuma Elish?

Nesse caso, é preciso distinguir dois aspectos diferentes. De um lado, existe a fé de Israel com todas as suas potencialidades. De outro lado, temos as exigências da história. A fé de Israel se expressa não num mundo abstrato e distante das experiências traumáticas da história. Ao contrário, sempre se expressou respondendo aos desafios dos acontecimentos. Por exemplo, é um dado de fato que a fé num único Deus, criador do universo, se exprime pela primeira vez de modo unívoco e sem ambiguidades no Dêutero-Isaías

(Is 40–55). Há alguns elementos dessa fé em outros textos, mais antigos. Contudo, antes da época pós-exílica, não tinha sido necessário expressar desse modo a fé num único Deus, criador do universo. Trata-se de um aprofundamento da fé e não de uma "invenção". Israel reconheceu no seu Deus o único criador do universo, não inventou um novo "deus".

Era indispensável afirmar que o Deus de Israel era o criador do universo e não apenas uma divindade local, porque precisamente como "divindade local" YHWH fracassara na missão que deveria ter cumprido: salvar o seu povo dos próprios inimigos. O Deus de Israel torna-se, assim, o Deus do universo que governa todas as nações. O Profeta Jeremias, por exemplo, afirma que YHWH declarou guerra ao seu povo. Ele conduz o exército dos babilônios contra a sua cidade, contra Jerusalém. Se Deus guiou o exército dos inimigos, é Ele quem decide a derrota deles e introduz Ciro no cenário internacional para permitir que seu povo retorne à sua terra, como afirma o Dêutero-Isaías.

Sempre para o Dêutero-Isaías, o Deus de Israel é o Deus do universo porque é o primeiro e o último. Para YHWH, o fato de ser o primeiro – de ter existido antes de tudo – é essencial, uma vez que assim afirma a sua transcendência.

Os relatos de Gn 1–11 sobre a origem do mundo e das nações se situam no mesmo âmbito. Em forma narrativa, defendem teses teológicas muito importantes. O universo não está nas mãos de quaisquer potências e não é governado pelos grandes deste mundo. Não é tampouco a obra das divindades dos outros povos. O mundo foi criado pelo Deus de Israel e só Ele pode exercer o poder sobre a criação.

No que diz respeito aos patriarcas, o raciocínio é análogo, mas o contexto é exclusivamente israelita. As narrativas patriarcais querem inculcar no Israel pós-exílico uma convicção fundamental: o Deus do êxodo e o Deus dos patriarcas é um único Deus. Quando Deus aparece pela primeira vez a Moisés, revela a sua identidade deste modo: "Eu sou o Deus de teu pai, o Deus de Abraão, o Deus de Isaac e o Deus de Jacó" (Ex 3,6). Esta afirmação não deixa nenhuma dúvida sobre a ligação entre a religião dos patriarcas e a do êxodo.

O Deus que se revela a Moisés não é diferente do Deus dos patriarcas. Portanto, o Deus de Moisés não é uma invenção ou uma descoberta do homem. Não é uma religião "recente", mais recente do que a dos patriarcas que, sendo anterior, poderia reivindicar sua superioridade. Por que afirmar com tanta força a identidade entre o Deus do êxodo e o Deus dos patriarcas?

Uma vez mais, a resposta vem de alguns dados do período pós-exílico. Quando a comunidade de Israel se reconstruiu, um grupo se destacou: os exilados que retornavam da Babilônia. Eram econômica, cultural e politicamente mais poderosos. Surgiu um conflito entre o "povo do país" e os que voltavam do exílio. Provavelmente o conflito tinha raízes mais antigas. Já durante o exílio o povo que permanecera em Israel pretendera ser o único herdeiro da terra e apoiava as suas pretensões na figura de Abraão:

> Os habitantes daquelas ruínas [as ruínas de Jerusalém e de Judá depois da deportação] que se encontram na terra de Israel estão dizendo: "Abraão estava só quando recebeu a posse da terra. Nós, que somos muitos, receberemos a terra como propriedade" (Ez 33,24).

Os deportados, ao contrário, apoiavam-se sobretudo na figura de Moisés e na experiência do êxodo e do novo êxodo para defender seus direitos. Sem entrar em detalhes, podemos dizer que o livro do Gênesis quer responder a algumas críticas e aplacar as polêmicas. Israel tem apenas um Deus. O Deus dos patriarcas é o Deus do êxodo, e o Deus do êxodo cumpre as promessas feitas aos patriarcas.

Para voltar ao tema precedente, podemos ver bem que os textos do Pentateuco querem demonstrar a antiguidade das tradições de Israel: Israel é mais antigo do que a monarquia e a conquista do país. O Deus do êxodo é o Deus dos patriarcas. O Deus de Israel é o criador do universo. Essa antiguidade é essencial para demonstrar o valor das tradições perante as nações. No interior do povo, trata-se mais de reconciliar e de unir os vários componentes do Israel pós-exílico.

TRANSLITERAÇÃO DO HEBRAICO E DO GREGO

Hebraico

Nome	Sinal hebraico	Transliteração	Valor numérico
Alef	א	'	1
Beth	ב בּ	v-b	2
Ghimel	ג גּ	g	3
Daleth	ד דּ	d	4
He	ה	h	5
Waw	ו	w	6
Zain	ז	z	7

Heth	ח	ḥ	8
Teth	ט	ṭ	9
Yod	י	y/j	10
Kaf	ך כ כ	k	20
Lamed	ל	l	30
Mem	ם מ	m	40
Nun	ן נ	n	50
Samekh	ס	s	60
'ayin	ע	'	70
Pe	ף פ פ	f-p	80
Sade	ץ צ	ṣ	90
Qof	ק	q	100
Resh	ר	r	200
Sin	שׂ	ś	300
Shin	שׁ	š	300
Taw	ת ת	t	400

Grego

Nome	Maiúscula	Minúscula	Transliteração
Alfa	A	α	a
Beta	B	ß	b
Gama	Γ	γ	g
Delta	Δ	δ	d
Épsilo	E	ε	e
Zeta	Z	ζ	z
Eta	H	η	ē
Teta	Θ	θ	th
Iota	I	ι	i
Capa	K	κ	c
lambda	Λ	λ	l
miu	M	μ	m
niu	N	ν	n
csi	X	ξ	x
ômicron	O	o	o
pi	Π	π	p
ro	P	ρ	r
sigma	Σ	σ ς	s
tau	T	τ	t
ípsilon	Y	υ	y- ü
fi	Φ	φ	f

qui	X	χ	ch
psi	Ψ	ψ	ps
ômega	Ω	ω	ō

O kaf, mem, nun, pe e sade em hebraico e o sigma minúsculo em grego têm duas formas: uma quando a letra aparece no início ou no corpo da palavra, uma quando se encontra no fim. O sin e o shin em hebraico, por sua vez, são duas consoantes diferentes, mas nos antigos manuscritos são escritos de maneira idêntica. Os espíritos suave e áspero e o iota subscrito em grego não são transliterados, enquanto os acentos são normalmente indicados sobre a vogal correspondente.

A lei da conservação: não se elimina nada

A segunda lei é uma consequência da primeira: se o que é antigo tem tal valor, é impossível eliminá-lo. Se uma tradição é antiga, será conservada, mesmo que esteja superada. Uma lei não poderá ser abolida, ainda que já não seja aplicável. A sociedade antiga é fundamentalmente conservadora. Não se elimina, se corrige e se interpreta. Existem numerosos exemplos dessa técnica no Antigo Testamento e particularmente no Pentateuco.

O exemplo mais evidente é o dos três códigos de leis. O código deuteronômico (Dt 12–26) apresenta-se no seu conjunto como uma revisão do código da aliança (Ex 21–23). A lei de santidade (Lv 17–26) retoma e prolonga o trabalho de reinterpretação e atualização em vários pontos.

A maioria dos exegetas defende essa teoria. Mas, mesmo sem admitir uma teoria evolucionista do direito bíblico, continua surpreendente encontrar três códigos diferentes, todos os quais tratam de uma série de casos semelhantes de maneiras distintas. A Bíblia quis conservar os três códigos e outras leis, embora se contradigam sobre vários pontos. Todas as leis, porém, foram promulgadas pelo mesmo Senhor no mesmo Monte Sinai (o Horeb) e transmitidas pelo mesmo Moisés.

Do ponto de vista formal, não existe nenhuma diferença essencial entre os três códigos. Para poder saber qual lei vigora num caso concreto, portanto, não se pode prescindir de um exercício de exegese.

Nas narrativas assiste-se a um fenômeno idêntico. As diversas versões de um evento são justapostas, mas não harmonizadas. Por exemplo, há duas versões da aliança de YHWH com Abraão, uma em Gn 15 e a outra em Gn 17, e a Bíblia conservou as duas.

Há três versões do episódio da mulher/irmã. O segundo episódio, Gn 20, é considerado por muitos exegetas, e com base em bons argumentos, uma versão "revista e corrigida" (Gn 12,10-20). No entanto, ainda encontramos na Bíblia a primeira versão. Poderíamos muito bem imaginar que a segunda tivesse substituído a primeira. Mesmo nos poucos casos em que temos num único relato duas versões combinadas de um único evento, como em Gn 6-9; Ex 14; Nm 13-14, a versão mais recente não tomou o lugar da mais antiga.

Em Gn 1-3 seguem-se duas narrativas da criação. Teria sido mais simples suprimir uma delas. Também aqui – e em detrimento da coerência do todo – os últimos redatores e editores da Bíblia preferiram colocar seus leitores diante de uma "duplicata" bem evidente.

Sempre que possível, a Bíblia quis conservar tudo o que tinha sido transmitido pela tradição.

Esta regra, porém, parece muito mais rígida nas últimas fases do processo de transmissão. Nas primeiras fases de composição, os redatores e editores se sentem mais livres para reformular um texto antigo no próprio estilo e segundo seus próprios critérios. No caso do Pentateuco, o desejo de reunir tudo o que a tradição transmitira se tornou muito patente no período do segundo templo. O item a seguir explica por que isso ocorreu.

A lei da continuidade e da atualidade

Se é verdade que o mundo antigo é conservador, também é verdade que a tradição conserva apenas aquilo que tem valor para o presente.

No Pentateuco – e isso vale, *mutatis mutandis*, para o resto da Bíblia – se entrecruzam dois desejos. De um lado, procura-se estabelecer uma ligação com o passado remoto e, de outro, deseja-se demonstrar que as tradições conservam seu valor para o presente.

Israel não conservou suas tradições antigas para poder admirá-las na vitrine de um museu. O interesse pelo passado está sempre ligado às preocupações pelo presente. O livro do Pentateuco que mais insiste nesse aspecto é o Deuteronômio. Uma passagem característica encontra-se no cap. 5, que introduz a narrativa da teofania do Sinai: "Não foi com os nossos pais que YHWH fez esta aliança, e sim conosco, que hoje estamos aqui todos vivos" (5,3).

Não obstante algumas dificuldades de interpretação, particularmente no que diz respeito à identificação dos "pais" e daqueles que falam na primeira pessoa do plural ("nós"), a intenção do texto é bem clara: a aliança não pertence ao passado, e sim ao presente. A predileção do Deuteronômio pela palavra "hoje" é um dos tantos sinais da sua vontade de "atualização".

A preocupação pela validade do passado aflora também em várias passagens do Dêutero-Isaías. Uma passagem famosa diz: "Não vos recordeis do passado, nem cuideis das coisas antigas. Eis que eu faço uma coisa nova. Isto já germina. Não percebeis?" (Is 43,18-19).

A ideia presente neste oráculo parece contradizer o que dissemos anteriormente. Como YHWH pode pedir para esquecer as coisas antigas se apenas elas têm um verdadeiro valor? O problema, neste contexto, é diferente.

A tentação, para o Israel pós-exílico, era a saudade de um passado remoto, mas sem incidência sobre o presente. Acreditava-se que YHWH agira, mas se esquecera de seu povo: "Dizia Sião: 'YHWH abandonou-me, o Senhor se esqueceu de mim" (Is 49,14). Em palavras simples, a fé de Israel era uma coisa do passado. No presente, depois do exílio, o Deus de Israel já não agia. Por isso, era preciso encontrar outros caminhos. O Pentateuco quer demonstrar a validade das antigas tradições para a comunidade pós-exílica. Há muitos sinais desta vontade.

Os numerosos acréscimos tardios que foram apontados por vários autores, recentes e menos recentes, pretendem dar aos textos mais antigos um valor novo e mais atual. Mais importante ainda, a reinterpretação das leis antigas por parte dos códigos mais recentes é um sinal evidente da necessidade de adaptar o direito a algumas situações novas. Isso vale tanto para os escravos como para a questão do empréstimo ou para a celebração das festas. Os exemplos são abundantes e não é necessário insistir nesse aspecto. O desejo de atualizar aparece de quando em quando num pequeno detalhe, em outros casos num longo acréscimo, em outros ainda numa nova versão dos fatos que assume seu lugar ao lado de outra, mais antiga.

Em Gn 18,6 uma única palavra foi acrescentada para dar ao texto um toque ligeiramente diferente. Abraão pede a Sara que prepare bolos para seus três hóspedes e lhe diz para apanhar um pouco de "farinha" (*qemaḥ*). Um redator tardio acrescentou, ao lado desta palavra, outra, mais precisa: "flor de farinha" (*sōlet*).

47

O texto hebraico está sobrecarregado: ao menos uma das duas palavras é redundante. A segunda palavra, "flor de farinha" (*sōlet*), é provavelmente secundária. Ela aparece sobretudo nas leis cultuais.

Um redator quis esclarecer que a farinha utilizada para a preparação dos bolos devia ser a empregada no culto, portanto uma farinha ritualmente aceitável.

Para esse redator não havia nenhuma dúvida de que YHWH estava presente entre os hóspedes e, portanto, que a refeição devia corresponder às regras que a Lei prevê para as ofertas rituais. O acréscimo redacional atualiza a narrativa porque Abraão obedece às prescrições cultuais pós-exílicas e, assim, torna-se para os leitores desta época um fiel observante da Lei e um modelo a ser seguido (cf. Gn 18,19; 22,18; 26,5).

O que se verifica no caso de um ínfimo detalhe vale *a fortiori* para trechos mais importantes. Vimos qual era a função de alguns acréscimos tardios como Gn 12,1-4a ou Ex 19,3b-8. Gn 12,1-4a faz de Abraão o antepassado de todos aqueles que deixam a Mesopotâmia para se estabelecer na terra prometida. Textos como Gn 28,13-15 e 31,3 fazem de Jacó o modelo dos exilados que voltam para casa.

O Deuteronômio, nos seus vários estratos, "atualiza" as antigas tradições e as reinterpreta para poder dar as respostas adequadas para as perguntas surgidas depois das invasões assírias, depois da queda de Jerusalém e no momento da reconstrução.

A narrativa sacerdotal procura convencer seus destinatários da validade das antigas tradições. Relê, corrige, reinterpreta e atualiza a história das origens, as promessas feitas aos patriarcas, a história do êxodo, a legislação do Sinai e a permanência de Israel no deserto para estabelecer uma nova ligação entre passado e presente após a ruptura do exílio. Essa observação ficaria obscura em alguns pontos e, por outro lado, nem todos os exegetas compartilham as mesmas convicções acerca do Deuteronômio e da narrativa sacerdotal. No entanto, são bem poucos os que não admitem a presença nos textos de elementos de reinterpretação e de atualização.

O conjunto do Pentateuco obedece ao mesmo imperativo. Em seus vários componentes, o Pentateuco constitui o alicerce sobre o qual o Israel pós-exílico se reconstruiu. Os dois pilares que sustentaram a construção foram a Lei e o templo. A insistência na Lei está presente sobretudo no Deuteronômio e na tradição que dele deriva. O culto do templo é indubitavelmente um dos principais temas da tradição sacerdotal.

O Pentateuco no seu todo fornece a base histórica e jurídica que permite autenticar e legitimar essas duas instituições. Israel tornou-se povo quando YHWH, por intermédio de Moisés, deu-lhe uma lei e instituiu o seu culto. Se essas instituições eram válidas antes da monarquia, ainda devem ser válidas depois de seu desaparecimento. O retorno ao passado mosaico é acompanhado, portanto, por um movimento em direção às necessidades do presente. É preciso voltar a Moisés porque a situação atual, depois do exílio, corresponde àquela que antecedia a monarquia.

Depois do exílio, o problema da terra também se intensifica. Valia a pena deixar a Babilônia ou o Egito para retornar a Israel? Qual era o plano divino para o seu povo? Os relatos do Gênesis respondem que as promessas patriarcais não perderam nada de sua atualidade. São promessas unilaterais, sem condições, ligadas a um juramento divino (cf. Gn 15 e 17), que nada pode abolir.

O relato do Gênesis, que termina com a descida de Jacó ao Egito com toda a família, contém dois elementos que insistem no fato de que esta permanência no Egito deve ser provisória. Deus aparece a Jacó para lhe prometer que o fará "subir" de novo para terra prometida (Gn 46,1-5a) e, antes de morrer, José afirma que Deus visitará o seu povo e o reconduzirá para a terra prometida a Abraão, Isaac e Jacó (Gn 50,24).

Assim termina também o Pentateuco: do alto do Monte Nebo, Moisés pode ver todo o país que Deus jurou dar aos três patriarcas. Moisés não entrará nele, mas tudo está pronto para permitir que o povo atravesse o Jordão guiado por Josué.

A grande preocupação desses textos é mostrar a atualidade das promessas feitas aos patriarcas. É difícil encontrar no Pentateuco um interesse puramente "arqueológico" por um passado remoto. O passado é narrado porque "funda" o presente.

A lei da economia: escreve-se apenas o necessário

É difícil para o leitor moderno imaginar a dificuldade concreta que representava a escrita no mundo antigo. Eram poucas as pessoas que sabiam escrever. O material era caro. Todo o trabalho era feito a mão. Por exemplo, se escrevesse hoje toda a *Torah*, um escriba levaria mais ou menos um ano e precisaria costurar cerca de 62 peles de animais. O preço atual de tal manuscrito seria de dezenas de milhares de euros. Não é difícil imaginar que o preço na Antiguidade devia ser muito mais elevado.

Escrever um pergaminho exigia muito tempo e era muito custoso. O espaço devia ser aproveitado ao máximo. Quem olha de perto os manuscritos antigos percebe que as margens e os espaços entre as linhas são reduzidos. Era preciso utilizar o pergaminho ao máximo para não desperdiçar um espaço precioso.

Não obstante, comparados aos manuscritos provenientes de outras áreas culturais, como a Grécia, por exemplo, os manuscritos da Bíblia são diferentes. Em geral, as margens são mais amplas, bem como o espaço entre as linhas, e os escribas costumam separar as palavras. É difícil dizer se esses costumes eram antigos. Os primeiros manuscritos importantes de que dispomos remontam ao período de Qumran. Como podemos imaginar a confecção dos manuscritos dos períodos precedentes? Na falta de dados, podemos construir apenas hipóteses.

A produção de manuscritos exigia algumas condições econômicas particulares. Embora o sistema alfabético fosse mais simples do que os caracteres cuneiformes da Mesopotâmia e os hieróglifos egípcios, a atividade do escriba continuava difícil porque tinha de aprender não apenas o alfabeto, mas também as fórmulas e o estilo próprios dos documentos a serem redigidos. Sobretudo na época pré-exílica, o escriba era um oficial da corte mais do que um simples "secretário".

De fato, poder dedicar o tempo necessário à atividade de escrever era um luxo que só uma sociedade abastada podia se permitir. Significava que nessa sociedade algumas pessoas podiam viver sem participar da produção de bens de primeira necessidade para eles e para suas famílias.

Segundo alguns estudos recentes, só nos séculos VIII e VII a.C. foram atingidas em Israel, em particular em Jerusalém, as condições econômicas necessárias para permitir o desenvolvimento de tal atividade literária.

Essa tese obriga a abandonar a ideia, muito difundida, de que já na época de Davi e de Salomão pudesse existir em Israel uma corte real na qual se desenvolvia uma atividade literária de alto nível.

Os dados arqueológicos e epigráficos, e os estudos recentes sobre a escrita em Judá, não corroboram a hipótese de um javista teólogo na corte de Salomão, ou a do esclarecimento (*Aufklärung*) que reinava na corte por volta do século X a.C. Naquele momento, Jerusalém não era uma cidade em condições de abrigar uma classe de escribas profissionais.

Apenas dois séculos mais tarde e, talvez, antes em Samaria do que em Jerusalém, o desenvolvimento econômico e cultural atingiu o nível necessário para poder assistir ao nascimento da atividade literária. Então surgiram os primeiros "profetas escritores", como Amós e Oseias no Norte, depois Isaías e Miqueias no Sul.

O mais antigo texto bíblico descoberto até agora em Israel encontra-se em dois pequenos pergaminhos de prata encontrados em 1979 no Vale da Geena, em Jerusalém (Keteph Hinnom, ao lado da Igreja escocesa de Santo André). Eles contêm as bênçãos sacerdotais de Nm 6,24-26.

Segundo os especialistas, os pergaminhos remontam ao final do século VII ou ao início do século VI a.C. Estes são apenas alguns dos dados mais importantes com base nos quais pensamos que as fontes escritas mais antigas do Pentateuco ou da Bíblia dificilmente possam remontar a uma época anterior ao século VIII a.C. Contudo, não se pode excluir *a priori* a existência de alguns documentos anteriores. Apesar disso, os especialistas no tema não encorajam esta hipótese.

Os dados materiais podem fornecer critérios para avaliar outras teorias sobre o Pentateuco? É difícil dar uma resposta unívoca. Com base nos dados atuais, certamente é possível pensar que no início existiam trechos curtos: um documento longo dificilmente pode estar entre as primeiras obras de uma corporação de escribas que acabara de aprender o seu ofício. No início, escrevia-se na pedra (cf. Dt 27,2-3), em rolos de metal, conchas (ostra) ou em papiros que eram importados do Egito. Depois do exílio, difundiu-se o uso do pergaminho (velino). Também aqui se pode dizer, com certo grau de probabilidade, que a partir deste momento se torna mais fácil escrever documentos mais longos.

Os dados favorecem, portanto, as teorias que representam a formação do Pentateuco como uma evolução que parte de pequenas unidades para chegar a blocos mais importantes.

Em outras palavras, no início teríamos "fragmentos" antes de ter "documentos". Insisto, porém, no fato de que esses dados não são suficientes para dirimir a questão.

Outras teorias, ao contrário, dificilmente são corroboradas pelas observações acima citadas. Por exemplo, não é verossímil que os escribas ou os redatores tenham tido a possibilidade de inserir um grande número de acréscimos. Se levamos em conta o problema econômico e técnico, um rolo era muito precioso e era conservado até que não fosse mais possível utilizá-lo porque a escrita já não era legível ou o material se deteriorara ou por qualquer outro motivo. Isso significa que as possibilidades de mudar o texto, de corrigi-lo ou de fazer acréscimos não eram frequentes.

Por outro lado, sobretudo nos rolos antigos, as margens não deviam ser muito amplas e, portanto, deixavam um espaço reduzido para a inserção de alguma palavra. A esse primeiro problema se acrescenta outro, muito diferente. O Pentateuco era um texto sagrado, e para mudá-lo era necessária uma autoridade particular que só intervinha por motivos sérios.

Apesar disso, alguns autores supõem até sete, oito ou mais camadas redacionais num único texto, mas basta dar uma olhada nos manuscritos de Qumran para ver que não existe nada de semelhante.

É preciso acrescentar que os rolos em circulação não deviam ser numerosos. Com exceção das instituições oficiais como o templo, qual indivíduo tinha os meios financeiros para obter ou encomendar a redação dos custosos rolos? A multiplicação dos rolos é um fenômeno mais recente.

Certamente, a destruição do templo em 70 d.C. teve uma influência notável sobre a difusão das Escrituras nas comunidades judaicas dispersas. Como o templo desaparecera, restava apenas a Lei para fornecer uma base à vida religiosa.

De acordo com o Talmude, foram encontrados três manuscritos da *Torah* no Templo de Jerusalém no momento da sua destruição por parte do exército romano liderado por Tito. Não sabemos quantos existiam em outros lugares. A pequena comunidade de Qumran, as comunidades de Alexandria no Egito, onde se traduziu a Bíblia para o grego (a chamada Bíblia dos Setenta ou Septuaginta), ou de Babilônia dispunham de livros sagrados. Quantas cópias da Lei estavam em circulação na época persa? É provável que apenas as grandes comunidades urbanas possuíam os custosos rolos da Lei. Somente nas cidades de certa importância podiam ser encontradas as condições econômicas e culturais necessárias para poder adquirir e utilizar as Escrituras. Além disso, o uso público dos rolos exigia certa organização de tipo religioso, que é mais fácil encontrar nos grandes centros do que nos pequenos vilarejos isolados.

///////////////////////////PARA APROFUNDAR///////////////////////////////

CARR, D.M. *Writing on the Tablet of the Heart*: Origins of Scripture and Literature. Oxford: University Press, 2005.

DAVIES, P.R. & RÖMER, T. (orgs.). *Writing the Bible*: Scribes, Scribalism and Script. Durham: Acumen, 2013 [BibleWorld].

DU TOIT, J.S. *Textual Memory*: Ancient Archives, Libraries and the Hebrew Bible. Sheffield: Phoenix, 2011 [Social World of Biblical Antiquity 2/6].

JAMIESON-DRAKE, D.W. *Scribes and Schools in Monarchic Judah*: A Socio-Archaeological Approach. Sheffield: Jsot Press, 1991 [Jsots 109].

LEMAIRE, A. *Le scuole e la formazione della Bibbia nell'Israele antico*. Bréscia: Paideia, 1981 [Studi Biblici 57].

MATSO, S.; NAJMAN, H. & SCHULLER, E. (orgs.). *The Dead Sea Scrolls*: Transmission of Traditions and Production of Texts. Leiden: Brill, 2010 [Studies in the Texts of the Judaean Desert of Judah 92].

MILLARD, A. *Reading and Writing in the Time of Jesus*. Sheffield: Academic Press, 2001 [The Biblical Seminar].

SCHNIEDEWIND, W.M. *Come la Bibbia divenne un libro* – La testualizzazione dell'antico Israele. Bréscia: Queriniana, 2008.

TOV, E. *Scribal Practices and Approaches Reflected in the Texts Found in the Judean Desert*. Leiden-Boston (MA): Brill, 2004 [Studies in the Texts of the Desert of Judah 54].

VAN DER TOORN, K. *Scribal Culture and the Making of the Hebrew Bible*. Cambridge (MA): Harvard University Press, 2007.

4

CINCO PRINCÍPIOS PARA LER O ANTIGO TESTAMENTO

Para explorar a riqueza de um livro antigo, mas sempre novo, difícil, ao mesmo tempo apaixonante, há alguns importantes princípios de leitura. Selecionei cinco que me parecem úteis e essenciais.

A verdade é sinfônica (Hans Urs von Balthasar)

O primeiro princípio foi enunciado por um grande teólogo suíço, Hans Urs von Balthasar, no título de um livro de sua autoria sobre pluralismo cristão. O pensamento que Urs von Balthasar desenvolve acerca do cristianismo aplica-se de forma particularmente feliz também ao Antigo Testamento. Em poucas palavras, o Antigo Testamento é mais diversificado que o Novo, e isso por uma razão simples. O Novo Testamento cobre um período limitado no tempo, apenas um século, e trata de um único evento importante, o evento Jesus Cristo, com a sua posteridade imediata, ou seja, a pregação do seu Evangelho por parte dos primeiros discípulos. É, portanto, um texto bastante unificado e homogêneo, não obstante as diferenças apontadas pelos especialistas.

Não é o que ocorre com o Antigo Testamento, cujos escritos estão distribuídos por um período de aproximadamente mil anos. De um modo ou de outro, todos tratam do povo de Israel, mas nem sempre diretamente. Temos tradições sobre a criação do universo, que precedem a vocação de Abraão e o nascimento de Israel. Temos reflexões dos sábios que pertencem a um patrimônio comum a todo o antigo Oriente Próximo e não são propriamente típicas de Israel. Temos também muitos gêneros literários: narrativas, leis, histórias, romances, poesias, orações, provérbios, reflexões sobre a atualidade, como nos profetas, ou sobre a existência humana, como nos escritos sapienciais.

No entanto, a variedade não se limita apenas aos diversos tipos de livros que encontramos naquela que podemos chamar a "biblioteca nacional do antigo Israel". Para dar apenas um exemplo, mas bastante convincente, o Deus do Antigo Testamento tem muitas faces e – seja-me permitida esta imagem – tem também muitos estados de espírito. Um grande exegeta inglês, John Barton, publicou uma contribuição precisamente sobre os lados mais obscuros do Deus do Antigo Testamento: "The Dark Side of God in the Old Testament"[14]. Outros autores, desde os Padres da Igreja, tentaram compreender os aspectos às vezes desconcertantes do Deus do Antigo Testamento. A frase que provavelmente pode nos escandalizar mais encontra-se na segunda parte de Isaías (Is 40–55) e recita: "Formo a luz, crio as trevas, dou felicidade, crio o mal; eu, o Senhor, sou aquele que faz todas estas coisas" (Is 45,7).

O texto utiliza duas antíteses bem conhecidas: "luz" e "trevas", "bem" e "mal", para depois atribuir sua origem ao próprio Deus. Além disso, o verbo escolhido para falar da origem dos elementos negativos, ou seja, as trevas e o mal, é o verbo "criar" que aparece, por exemplo, no início do primeiro capítulo do Gênesis: "no início Deus criou o céu e a terra" (Gn 1,1). Parece, portanto, que o texto insiste no fato de que precisamente os elementos negativos da criação devem ser atribuídos à ação criadora de Deus. No Segundo-Isaías pretende-se afirmar que não existem limites para o poder de Deus. No entanto, permanece – ao menos para o leitor moderno – uma impressão de desconforto: Deus é, de acordo com esse texto, responsável pelo mal no mundo e Ele mesmo reivindica sua paternidade.

Gostaria de citar outro texto, muito diferente, para mostrar que o Antigo Testamento pode falar de inúmeras maneiras do mesmo Deus. Retiro a citação de um oráculo do Profeta Oseias:

> Não darei vazão ao ardor da minha cólera, não tornarei a destruir Efraim, porque eu sou Deus, e não homem, no meio de ti eu sou o Santo, e não hei de vir com furor (Os 11,9).

Nesse texto, Deus promete não destruir novamente Efraim, ou seja, o Reino do Norte. A razão invocada por Deus para justificar a sua atitude está ligada à sua natureza divina: "eu sou Deus, e não um homem, no meio de ti eu sou o Santo". Em outras palavras, o fato de não querer destruir é uma característica própria de Deus e o distingue dos homens. Os 11,9 é um dos textos bíblicos que mais insiste na distância que separa Deus do mundo hu-

---

14 BARTON, J. "The Dark Side of God in the Old Testament". In: DELL, K. (org.). *Ethical and Unethical in the Old Testament*: God and Humans in Dialogue. Nova York: T. & T. Clark, 2010, p. 122-134.

mano. Deus não reage como um homem, e não podemos nos basear em nossas reações para falar de Deus de modo apropriado. Neste caso, o livro de Oseias propõe algo parecido com a *via negationis* da teologia e da mística. Outro texto do Segundo-Isaías, bastante conhecido, fala do mesmo modo:

> Meus pensamentos não são os vossos pensamentos, nem vossos caminhos são os meus, diz o Senhor. Assim como são altos os céus acima da terra, mais altos são os meus caminhos acima dos vossos, e meus pensamentos acima dos vossos (Is 55,8-9).

Para voltar ao texto de Oseias, a característica que distingue Deus do mundo humano é a sua capacidade de não destruir. Em palavras simples, a lógica do comportamento divino não obedece à lógica humana, e a diferença está precisamente na capacidade de Deus de não castigar.

Como reconciliar o texto de Is 45,7 com o de Oseias 11,9? Creio que não são reconciliáveis. Cada um deles afirma uma verdade sobre Deus que deve ser interpretado segundo um contexto diferente. O texto de Is 45 afirma o poder de Deus que não tem limites: o Deus de Israel controla o universo inteiro e nada do que acontece no universo pode ser atribuído a um poder diferente do dele. O texto de Os 11, por sua vez, quer restituir a esperança de um povo duramente posto à prova e, portanto, insiste na misericórdia divina. Desse modo, há diversas vozes no Antigo Testamento, e é importante saber como e quando cada voz cantou.

Tocar com as duas mãos: texto e contexto

É importante colocar um texto no seu contexto para poder apreender o seu significado. Gostaria de aprofundar este princípio com um exemplo que ilustrará o caso de maneira bastante convincente. O contexto pode ser histórico ou literário, e muitas vezes é as duas coisas. Tomo o meu exemplo de um relato bem conhecido: a queda de Jericó por obra de Josué e do povo de Israel (Js 6,1-27).

O relato suscita diversos problemas. O primeiro é teológico. Israel acabou de atravessar o Jordão. A conquista de Jericó tem, portanto, um valor importante, porque se tornará uma espécie de paradigma para todas as conquistas que se seguirão. Precisamente antes da conquista da cidade, Josué dá ao povo uma ordem que horroriza o leitor moderno (Js 6,17-19) e que será pontualmente executada logo depois da conquista: "Passaram a fio de espada tudo o que nela havia, tanto homens e mulheres, crianças e velhos, como bois, ovelhas e jumentos" (6,21). Como pode Deus permitir, ou melhor, exigir que toda uma população seja exterminada unicamente por não pertencer ao povo de Israel e ocupar um território que Israel está conquistando?

O segundo problema é de ordem histórica. Jericó é uma das cidades mais antigas do mundo. Os arqueólogos descobriram ali uma torre que remonta a 9000 a.C. Contudo, no período da conquista, ou seja, antes da monarquia, a cidade estava abandonada. Isso significa que o relato bíblico da tomada de Jericó não corresponde a um fato realmente ocorrido. As muralhas de Jericó não caíram ao som das trombas, como narra o texto bíblico (Js 6,20), porque já estavam em ruínas há muito tempo. Como resolver o problema?

Se o relato bíblico não descreve um evento realmente acontecido, então nem sequer a população da cidade foi exterminada, pela simples razão de que a cidade estava desabitada. Talvez tenhamos nesses dados alguns elementos que nos permitem resolver, ao menos em parte, o nosso problema. O relato pode ser uma tentativa de explicar por que Jericó – naquela época – era um monte de ruínas desertas.

Há muitos relatos deste tipo na Bíblia e em outros lugares. São relatos que tentam explicar costumes, fenômenos surpreendentes, particularidades da paisagem, fundações de cidades ou de santuários.

Outro elemento importante para a interpretação do relato está ligado à história de Israel, que nunca foi uma grande potência militar. Israel esteve por muito tempo submetido às grandes potências vizinhas: os egípcios, os assírios, os babilônios, os persas, os gregos e os romanos. Durante o período bíblico, a partir de aproximadamente 745 a.C., Israel passou pela experiência traumática das invasões assírias. Foram os assírios que introduziram o costume de exterminar as populações conquistadas ou reconquistadas. As inscrições assírias testemunham tal costume.

Duas consequências podem ser extraídas dessa observação. A primeira é que o livro de Josué foi composto em época recente, depois das invasões assírias, e que descreve a conquista do país segundo esquemas copiados da cultura bélica assíria. Israel não queria ser inferior às grandes potências militares da época, ao menos em um passado distante e quase esquecido por muitos.

A segunda consequência é que Israel quis escrever uma página de história bélica gloriosa. Nem sempre fomos derrotados, dizem-nos os autores do livro de Josué. Também fomos vencedores, numa época muito remota. Como dissemos, a base dos relatos muitas vezes é um dado tradicional ou uma série de lendas locais, como por exemplo aquelas que surgiram acerca das ruínas de Jericó. O mesmo vale para a conquista de Hai, a segunda cidade ocupada por Josué. De fato, em hebraico Hai significa "ruínas" (Js 8).

A isso é preciso acrescentar uma última observação: as vitórias de Deus jamais podem ser vitórias pela metade. Deus necessariamente deve triunfar e derrotar fragorosamente.

Resta uma pergunta sobre a estratégia. Por que falar das "trompas de Jericó"? As trompas eram usadas durante as batalhas, mas não como instrumento de guerra. Serviam para tocar o alarme, para reunir o exército ou cadenciar a marcha. Não há muitos relatos em que as trompas servem para derrubar as muralhas de uma cidade fortificada. Qual é, então, a função delas?

Em Js 6 não assistimos a uma batalha. É verdade que o exército cerca a cidade e a rodeia, mas não para expugná-la. De fato, a manobra se assemelha a uma procissão: "Rodeareis em torno da cidade, vós todos, homens de guerra, fazendo uma vez a volta da cidade; assim fareis durante seis dias. Sete sacerdotes tomarão sete trompas de chifre de carneiro e irão diante da arca. No sétimo dia, fareis sete vezes a volta à cidade, e os sacerdotes tocarão as trompas" (Js 6,3-4). A prova de que a estratégia é mais litúrgica do que militar está no fato de que o exército tem apenas um papel de figurante porque não intervém de modo algum durante as operações. Os verdadeiros atores são a arca da aliança e os sete sacerdotes que tocam as sete trompas. O exército só intervirá quando as muralhas da cidade tiverem caído.

Há na Bíblia alguns relatos semelhantes, mas são muito tardios. Encontram-se nos livros das Crônicas. Ao menos em dois casos, o resultado de uma batalha entre Israel e seus inimigos é decidido não por uma estratégia especial ou pela superioridade numérica, e sim pela presença de sacerdotes e de trompas. Em 2Cr 13, Abia, rei de Judá, consegue derrotar o exército muito mais numeroso de Jeroboão, rei de Israel, que também preparara uma emboscada. O elemento decisivo da batalha é a presença, no exército do rei de Judá, de sacerdotes que tocam as "trombetas com estrépito". O próprio Abia o proclama antes do início do conflito: "Conosco, à nossa frente, está Deus com os seus sacerdotes, com as trombetas que tocam para fazer soar contra vós. Filhos de Israel, não façais guerra a Javé, Deus de vossos pais, porque fracassareis!" (2Cr 13,12).

O segundo caso é muito parecido. Josafá, rei de Judá, é atacado por moabitas, amonitas e "meonitas" (um povo desconhecido). Qual é a estratégia adotada? Eis o texto:

Depois de ter deliberado com o povo, [Josafá] colocou chantres do Senhor e salmistas revestidos de ornamentos sagrados, diante do exército, dizendo: "Louvai ao Senhor porque sua misericórdia é eterna!" (2Cr 20,21).

Os cantos começam e, de acordo com o texto, os inimigos se destroem uns aos outros (2Cr 20,22-23). As trombetas, porém, só aparecem mais tarde para celebrar a vitória (2Cr 20,28).

Existem algumas diferenças entre as batalhas das Crônicas e a de Josué 6. Nas Crônicas trata-se de batalhas campais, não do cerco de uma cidade. O vocabulário também é diferente; por exemplo, as Crônicas não usam a mesma palavra para falar de "trombetas". As semelhanças, contudo, são bem evidentes: o elemento litúrgico é sempre decisivo.

Consequentemente, os relatos de Js 6 e os das Crônicas têm um mesmo objetivo. A vitória de Israel sobre os seus inimigos não depende da força de seu exército, da qualidade de seu armamento ou da inteligência de seus chefes. Depende apenas da fé e do culto ao seu Deus. O primeiro relato de batalha, a tomada de Jericó (Js 6), é portanto paradigmático também neste sentido. A presença da arca da aliança, de sacerdotes e de trombetas é mais importante que o próprio exército. Creio que a lição é clara. Js 6 retoma alguns elementos das estratégias militares dos assírios, por exemplo a ideia de extermínio, para dar, porém, uma interpretação muito diferente à descrição. A vitória não é devida ao poder militar, como no caso da Assíria. A vitória se deve a alguns elementos essenciais do culto ao Deus de Israel.

Concluindo, a interpretação deve necessariamente levar em conta o contexto histórico e literário da narrativa para evitar dois perigos. O primeiro é confundir o relato com um relatório acurado de um evento realmente ocorrido. O segundo é extrair do texto algumas lições equivocadas.

"A *Torah* fala a língua dos homens"

Passo ao terceiro princípio de leitura das Escrituras. Se devemos ler a Bíblia considerando o ambiente histórico e literário, isso acontece porque ela foi escrita numa linguagem humana, por pessoas concretas e em situações concretas. A Bíblia, em outras palavras, não é um livro "caído do céu" ou escrito por anjos ou por seres sobrenaturais. A linguagem da Bíblia obedece a todas as regras de qualquer linguagem humana. Contém, portanto, pontos obscuros, ambiguidades, imperfeições; além disso, o texto eventualmente foi maltransmitido e recopiado. Assim, contém alguns erros de transmissão.

Em decorrência disso, é importante conhecer bem as convenções da linguagem bíblica para interpretá-la corretamente. Refiro-me aos gêneros literários, em sentido amplo, e a "convenções literárias". Tomo um exemplo simples para ilustrar o princípio. O relato que analiso faz parte do ciclo do Profeta Eliseu. Eis o texto de 2Rs 2,23-25:

> Dali Eliseu subiu para Betel; ao subir pelo caminho, saíram da cidade alguns meninos que zombavam dele, gritando: "Sobe, careca! Sobe, careca!" Eliseu virou-se e olhou para eles, amaldiçoando-os em nome do Senhor. Saíram então do bosque duas ursas que despedaçaram quarenta e dois meninos. Dali Eliseu se dirigiu ao Monte Carmelo, de onde regressou para Samaria.

O relato provavelmente escandalizará o leitor moderno. Um homem de Deus, um profeta, poderia se mostrar mais paciente e mais tolerante. Sabe-se muito bem que crianças gostam de zombar de pessoas com defeitos visíveis, como uma calvície por exemplo. Escandalizam sobretudo as consequências da maldição: mais de quarenta meninos são trucidados por duas ursas que saem do bosque. Como explicar isso?

Três elementos devem ser considerados. Primeiro, o relato faz parte das "lendas proféticas", que têm como objetivo colocar em destaque a autoridade e o prestígio do profeta. Eliseu é um personagem "santo" que merece respeito. Quem falta ao respeito a um personagem "santo" como Eliseu arrisca-se a sofrer consequências muito graves. A narrativa ilustra o princípio com perfeição.

O segundo elemento é a força da maldição, especialmente quando é pronunciada por um homem como Eliseu. O relato evidencia que a maldição de Eliseu, pronunciada "em nome do Senhor", tem um efeito imediato. Não é preciso esperar muito tempo e isso torna evidente a ligação estreita entre a maldição "em nome do Senhor" e o fim brutal dos meninos trucidados pelas duas ursas. Se o incidente tivesse ocorrido dois ou três dias depois, seria possível duvidar de estar diante de um castigo desejado pelo homem de Deus.

Enfim, terceiro elemento, é importante lembrar que um relato como o que acabamos de analisar contém uma mensagem unilinear. Muitas narrativas bíblicas, para usar uma imagem, são "monolíticas": destacam uma mensagem, insistem numa lição, exaltam uma qualidade ou um personagem, descrevem uma única ação e, portanto, deixam de lado tudo aquilo que não serve para sua única finalidade. No nosso caso, o relato insiste no respeito devido a um personagem "santo", a um "homem de Deus". A categoria que prevalece é, portanto, a do "santo" oposto ao "profano". Não se pode tratar um homem santo como uma pessoa "profana" ou um ser humano qualquer.

O relato não pergunta como distinguir o bem e o mal no comportamento dos meninos e, sobretudo, do profeta. Não se ocupa da proporção entre a ofensa e o castigo, ou da possibilidade do perdão à luz do fato de que os meninos agiram de modo irrefletido e sem saber quem era Eliseu. Não se pergunta nem sequer se os quarenta e dois meninos mortos pelas duas ursas eram os únicos culpados. A lógica é a dos relatos populares, é linear e sem muitos matizes. À causa, a zombaria dos meninos, corresponde o efeito: a maldição e a sua consequência imediata.

A modo deconclusão, um relato bíblico deve ser interpretado segundo as regras e as convenções da sua linguagem, e não da nossa. O que devemos dizer, então, da mensagem de um relato como o de 2Rs 2,23-25? Creio que é importante lembrar que se trata de um único relato que ilustra uma verdade parcial. Não diz tudo sobre a pessoa do profeta, não diz tudo sobre as consequências de uma falta de respeito, e não diz tudo sobre a justiça e a misericórdia de Deus. Há outros relatos sobre Eliseu, há outros profetas e outros personagens no Antigo Testamento que completam o quadro. Para retomar o primeiro princípio enunciado, "a verdade é sinfônica". Assim, é importante ouvir toda a sinfonia e não se deter numa única nota ou frase musical.

"A narrativa é o significado" (Hans Frei)

O perigo da leitura – e do uso da Bíblia – é absolutizar um aspecto ou um texto, enquanto a verdadeira mensagem reside no conjunto. "O verdadeiro é o todo", dizia o filósofo alemão Hegel. Outro perigo é buscar a mensagem de um relato – ou de qualquer texto bíblico – numa ideia abstrata, uma verdade dogmática ou uma lição moral, ao passo que a verdadeira mensagem de um relato se encontra mais na experiência da leitura. É preciso aprender a ler. Meu professor, o Padre Luis Alonso Schökel, dizia que o problema não era ler a Bíblia; o verdadeiro problema era ler.

Mais uma vez gostaria de oferecer um breve exemplo de leitura profícua de um relato bíblico, de acordo com regras simples. O texto escolhido é o relato da passagem do mar, intitulado também "o milagre do mar" (Ex 14,1-31).

O trecho descreve, numa célebre página, como um exército egípcio, que perseguia o povo israelita que acabara de se libertar da escravidão, desaparece no mar, tragado pelas águas, enquanto Israel se salva tranquilamente. Deixo de lado os problemas de interpretação de um relato que contém duas versões diferentes do milagre. Na primeira, Israel atravessa o mar e as águas cobrem os egípcios que os perseguiam numa passagem aberta no meio do mar. Na segunda versão, o mar, que tinha sido empurrado por um forte vento, volta ao seu lugar, de manhã, e os egípcios, que se encontravam no lugar errado, são tragados e se afogam entre as ondas.

Entre as tantas perguntas que o trecho suscita, há uma que podemos desde logo descartar: O que de fato aconteceu? Nunca saberemos, porque o relato não contém indicações precisas dos dados e da época do fato. Também os atores do drama permanecem anônimos, com exceção de Moisés. O faraó, por exemplo, não tem nome, como tantos outros soberanos egípcios mencionados na Bíblia. O primeiro faraó citado será Sesac em 1Rs 14,25, que invadiu o reino de Judá governado por Roboão, filho de Salomão.

Em Ex 14 há algumas indicações de lugar que, à primeira vista, parecem exatas. Em sua ordem a Moisés, o Senhor pede que Israel volte "a acampar diante de Pi-Hahirot, que fica entre Migdol e o mar, defronte de Baal-Sefon" (Ex 14,2). Os especialistas, contudo, nos dizem que esses lugares são pouco precisos e muito difíceis de identificar num mapa. Imaginaram diversas hipóteses, mas não foi possível encontrar uma solução inteiramente satisfatória. Em poucas palavras, parece que o autor da passagem usou uma série de topônimos de lugares que – segundo seus conhecimentos ou segundo algumas tradições de que dispunha – se encontravam próximos de um mar que separava o Egito do deserto. Acrescentemos que os nomes são muito genéricos: Migdol significa "Torre", Baal-Sefon significa "O Baal do Norte" e Pi-Hahirot tem um significado obscuro. Um relato histórico geralmente é muito mais rigoroso que o de Ex 14.

Assim, é preciso procurar alhures o significado do trecho. Tomemos como ponto de partida a conclusão do relato: "Israel viu a grande potência com que o Senhor operou contra os egípcios. E o povo temeu o Senhor, e creu nele e em Moisés, seu servo" (14,31). Neste trecho, a passagem mostra como nascem em Israel o temor e a fé. O temor, como se sabe, pouco tem a ver com o medo. Trata-se antes de respeito, de veneração e de deferência. A fé de que fala Ex 14,31, por sua vez, não é apenas fé no Senhor, mas também em Moisés, servo do Senhor. Ninguém duvida de que o temor do Senhor e a fé são elementos essenciais da religião de Israel. Pode-se, contudo, dizê-lo de muitas maneiras diferentes, e também de maneiras muito mais simples. A cenografia de Ex 14 pode parecer supérflua quando se deseja enunciar uma verdade desse tipo. Por que, então, temos o relato que conhecemos?

Minha resposta se resume em poucas palavras. O relato não diz que Israel deve crer em seu Deus. Em vez disso, descreve como Israel acreditou em seu Deus. É essencial prestar atenção nos detalhes do relato que marcam as diversas etapas de uma experiência de fé, mas nos dizem pouco sobre o dever de crer. As etapas principais são quatro.

Na primeira, o leitor – e uma narrativa não pode existir sem a participação ativa do leitor – fica sabendo que o faraó decide perseguir os israelitas para fazê-los voltar para o Egito (14,5-7). Notamos que apenas o leitor é informado da decisão. O povo de Israel desconhece o que está acontecendo no palácio do faraó. O leitor, sempre ele, vê os egípcios iniciarem a perseguição com seu formidável exército de carros, enquanto Israel ainda não se dá conta de nada (14,8). Notamos novamente que apenas o leitor tem condições de observar ao mesmo tempo o exército egípcio que se aproxima e o povo de Israel que caminha no deserto sem saber o que está acontecendo atrás de si. O versículo seguinte (14,9) descreve o momento em que os egípcios alcançam os israelitas, que estão preparando o acampamento diante do mar para o pernoite. Mais uma vez, só o leitor "sabe" que os israelitas agora estão presos entre o mar e o exército egípcio. Israel ainda não se deu conta de nada.

Qual é o efeito de tal estratégia narrativa? O objetivo é preparar o que acontece em 14,10:

> O faraó aproximava-se. Levantando os olhos, os filhos de Israel viram os egípcios movendo-se no seu encalço e ficaram com muito medo. Os filhos de Israel clamaram então ao Senhor.

Podemos acrescentar, sem receio de errar, que o grande medo sentido por Israel já foi percebido há muito pelo leitor que assistiu a todas as fases da perseguição, da decisão inicial até o momento em que o terrível exército egípcio alcança os israelitas junto ao mar. O objetivo do relato, portanto, é solicitar o leitor e convidá-lo a compreender e a sentir aquilo que ali se descreve. O medo é primeiro do leitor do que dos israelitas.

Na segunda etapa Moisés intervém inesperadamente para acalmar os ânimos:

> Moisés disse ao povo: "Não tenhais medo! Permanecei firmes e vereis a salvação que o Senhor há de realizar hoje em vosso favor: esses egípcios que hoje estais vendo, não mais os tornareis a ver, nunca mais! O Senhor combaterá por vós; só vos compete ficar tranquilos" (14,13-14).

Entre os elementos essenciais do discurso de Moisés, chamo a atenção para o início: "Não tenhais medo!" Todo o restante procura justificar esta primeira injunção: o próprio Senhor está prestes a intervir e salvar o seu povo. Trata-se de uma verdadeira aposta, uma vez que tudo indica que o plano dos egípcios será o vencedor. Não existe saída para os israelitas. Desta vez, porém, o leitor não recebe nenhuma informação prévia e já não tem uma situação privilegiada. Deve acompanhar o desenrolar dos acontecimentos para verificar se Moisés estava certo em apostar numa intervenção de Deus. Encontra-se, portanto, na mesma situação do povo de Israel. Pois bem, Moisés tinha razão e o relato confirma a sua previsão.

Na terceira etapa, de fato, Deus intervém como descrito: o vento que soprou a noite inteira provavelmente deixa de soprar ao amanhecer, o mar retorna ao seu lugar, o exército egípcio é tomado pelo pânico, permanece em parte encalhado na areia molhada, depois tenta fugir, mas na direção errada, ao encontro do mar que o dispersa e o destrói (14,24-25.27b).

A última etapa agora é conhecida. De manhã, Israel descobre os cadáveres dos soldados egípcios na praia (14,30), "teme o Senhor, crê nele e em Moisés, seu servo" (14,31). Agora, Israel já não tem medo do exército egípcio, mas teme o Senhor. Passou do medo ao temor, da dúvida à fé, da escravidão no Egito à liberdade no deserto, da opressão do faraó ao Reino do Senhor.

Em conclusão, a verdadeira "mensagem" do relato – ao menos da parte do relato que acabamos de analisar – não é uma "verdade" abstrata. Ao contrário, está ligada à experiência de um leitor envolvido desde o início na descrição. O leitor "vive" o medo de Israel, o imagina e o constrói mentalmente antes que Israel sinta medo concretamente. Depois se deixa surpreender pela aposta de Moisés, concorda com Israel que Moisés tinha razão, e se dá conta de que Israel, o Israel do relato, tem excelentes motivos para "temer" o seu Senhor, para confiar nele e em Moisés que fez a aposta certa no momento certo. O objetivo da narrativa é permitir que o leitor faça, com o Israel do relato, uma experiência de fé e de "temor do Senhor". Neste sentido, o significado do relato é inseparável da experiência de leitura: "a narrativa é o significado".

"Fez o mar recuar com um forte vento do oriente"

O Senhor disse a Moisés: "Por que clamas por mim? Ordena aos israelitas que retomem o caminho. E tu, levanta o bastão, estende a mão sobre o mar e divide-o, para que os israelitas caminhem em seco pelo meio do mar. Eu endureci o coração dos egípcios para que vos sigam e eu demonstre a minha glória perante o faraó e todo seu exército, perante seus carros e seus cavaleiros. E os egípcios saberão que eu sou o Senhor quando eu demonstrar a minha glória contra o faraó, os seus carros e os seus cavaleiros.

Então o anjo de Deus, que ia adiante do exército de Israel, mudou de lugar e passou para trás deles. Também a coluna de nuvem se retirou de diante deles e se pôs atrás, ficando entre o acampamento dos egípcios e o de Israel. A nuvem era tenebrosa para uns, mas, luminosa, clareava a noite dos outros. Assim, durante toda a noite não puderam se aproximar uns dos outros.

Então Moisés estendeu a mão sobre o mar. E o Senhor o fez recuar por um forte vento do oriente, soprando a noite toda. Assim transformou o mar em terra firme e dividiram-se as águas. Os israelitas entraram pelo meio do mar de pés enxutos, enquanto as águas formavam muralhas à direita e à esquerda. Os egípcios, que os perseguiam, entraram atrás deles mar adentro: toda a cavalaria do faraó, seus carros e seus cavaleiros.

"Libro dell'Esodo" 14,15-23. In: *La Bibbia di Gerusalemme*. Bolonha: EDB, 2009.

"Primeiro a música, depois a letra" (Riccardo Muti)

"Foi assim o recenseamento dos filhos de Israel, segundo suas famílias patriarcais. O total dos recenseados nos acampamentos, conforme seus exércitos, foi de 603.550 homens" (Nm 2,32).

O número fornece o resultado final do recenseamento que Deus pediu a Moisés no início do livro dos Números. É preciso acrescentar a este recenseamento os 22 mil levitas de Nm 3,39. Estamos – vamos nos lembrar – no Deserto do Sinai e o povo se prepara para caminhar rumo à terra prometida.

O número impressionou muitos autores modernos. As pessoas recenseadas são apenas os homens capazes de portar armas, ou seja, os maiores de vinte anos. É preciso, portanto, acrescentar as mulheres, as crianças e os idosos. Os especialistas dizem que se chega ao número aproximado de mais de dois milhões.

Surge imediatamente a pergunta: Como tal população conseguiu sobreviver no deserto por quarenta anos? Existem inúmeros problemas práticos a serem resolvidos todos os dias. Pensemos apenas na água. Nos países em via de desenvolvimento, uma pessoa usa em média dez litros de água a cada dia, enquanto nos países desenvolvidos, uma pessoa usa até 135 litros de água diariamente.

A necessidade cotidiana de água do povo de Israel era, portanto, de pelo menos vinte milhões de litros, e isso apenas para os homens, sem falar dos animais. Pode-se tranquilamente dobrar o número. Não falamos do alimento, do número diário de nascimentos e mortes, da higiene e dos problemas decorrentes da promiscuidade, ou da necessidade de pasto ou de forragem para os rebanhos. Em poucas palavras, é difícil imaginar que o dado fornecido pelo livro dos Números seja realista. É difícil pensar que mais de dois milhões de pessoas tenham conseguido sobreviver num ambiente inóspito como o Deserto do Sinai por quarenta anos. Poderíamos acrescentar outros detalhes do mesmo tipo para chegar, de qualquer modo, à mesma conclusão: o relato bíblico sobre a permanência do povo de Israel no deserto é pouco verossímil.

Se esse relato não é realista, é uma lenda? Trata-se apenas de uma história popular sem fundamento na realidade? O problema é sério. Para apresentá-lo, focalizamos apenas um detalhe, o recenseamento, mas o mesmo problema ressurge com frequência para quem lê atentamente o Antigo e também o Novo testamentos. É preciso buscar uma solução aceitável.

Dei a este item o título da autobiografia de um grande regente de orquestra, Riccardo Muti: "Primeiro a música, depois a letra"[15]. Ele nos servirá de guia na busca de uma resposta para o nosso problema. Em suma, a solução não deve ser procurada nas "letras" ou nas minúcias dos textos. Trata-se, antes, de buscar na "música" da Bíblia, ou seja, no elemento que integra cada detalhe num conjunto bem mais amplo e de natureza diferente.

Permitam-me uma imagem. Um concerto ou uma sinfonia é mais do que uma série de notas, de acordes, de frases musicais e também de movimentos. A música une todos os elementos numa composição única. O mesmo vale para a Bíblia. É feita de palavras, de frases, de relatos ou de oráculos, de poesias e de orações, de cartas e de reflexões de todos os tipos. A "verdade" da Bíblia, contudo, não deve ser buscada em um ou em outro dos elementos que a compõem, nem tampouco numa série privilegiada de tais elementos. A verdade está na composição final que reúne todos os elementos e faz deles uma única obra orgânica. Esta composição final é o fruto

---

15 Trata-se do título de uma ópera lírica escrita por Antonio Salieri (1786). Cf. MUTI, R. *Prima la musica, poi le parole* – Autobiografia. Milão: Rizzoli, 2010.

de uma longa pesquisa e de uma série de respostas para as mesmas perguntas: Quem somos? Qual é o nosso futuro? Todo o Antigo Testamento tenta responder àquelas perguntas e o Novo Testamento dá as últimas respostas.

Para responder à pergunta sobre a historicidade e a veracidade dos relatos bíblicos, parece-me útil aplicar o mesmo princípio. A veracidade dos relatos não está no detalhe de cada relato, por exemplo, no número do recenseamento de Nm 2. Não teremos respostas para perguntas como: Noé realmente ficou na arca durante mais de um ano com toda a sua família e um casal de cada espécie de animais? (Gn 7–8). Abraão realmente tinha cem anos quando nasceu Isaac? (Gn 21,5). O povo de Israel realmente atravessou o mar numa noite enquanto as águas formavam uma muralha à direita e outra à esquerda? (Ex 14,22.29). Davi e Salomão realmente reinaram sobre um grande império? Poderíamos acrescentar a essas perguntas muitas outras para as quais jamais teremos uma resposta. Podemos, contudo, dizer uma coisa importante. O povo de Israel não é uma invenção. Realmente existiu. A terra de Israel não é uma terra imaginária, ao contrário. A Bíblia contém, portanto, as tradições e as aspirações de um povo real. Assim como, no Novo Testamento, a Igreja primitiva realmente existiu e o Novo Testamento contém o essencial da sua experiência de Jesus e da sua fé nele.

A veridicidade dos relatos bíblicos, para voltar à nossa pergunta, deve ser procurada ali. Para nos limitar ao Antigo Testamento, cada parte, até a menos importante, pertence à composição musical de um povo que procura compreender, diante de seu Deus e das nações do mundo, qual é o seu destino nesta terra, que procura definir a sua identidade e encontrar motivos para viver e para esperar, não obstante as terríveis tribulações da sua história.

Comecei este capítulo dizendo que "a verdade é sinfônica" e concluí com outra referência à música, citando Riccardo Muti: "Primeiro a música, depois a letra". Gostaria agora de juntar as duas citações para exprimir um final condizente com as imagens usadas até agora. Podemos afirmar que a verdade do Antigo Testamento é sinfônica porque é uma sinfonia tocada por muitos instrumentos, desenvolvida em muitos movimentos, e que dura muitos séculos. Para apreciá-la é indispensável conhecer algo sobre a arte da sua composição e, sobretudo, sobre a arte da sua interpretação.

A ciência da interpretação

A hermenêutica bíblica, ou ciência da interpretação dos textos bíblicos, é tão antiga quanto a própria Bíblia. A Bíblia já é intérprete de si mesma, diziam os reformadores: *"Scriptura interpres sui ipsuis"* ("A Escritura é intérprete de si mesma") ou *"Scriptura Scripturam interpretatur"* ("Interpreta-se a Escritura por intermédio da Escritura"). A afirmativa certamente tinha uma conotação polêmica contra o uso que a Igreja Católica fazia da tradição como outra fonte de "revelação" ao lado da Escritura. De todo modo, e sem entrar nessa discussão, muitos estudos demonstraram a existência de uma exegese interna à própria Bíblia. Textos antigos foram relidos e reinterpretados em situações novas e para corresponder a mentalidades diferentes. A mesma maneira de ler continua com a exegese rabínica, a patrística e a medieval; depois muda em parte de rumo com o Renascimento e a época moderna, e por fim desemboca num imenso delta de leituras diferentes no mundo contemporâneo.

SKA, J.-L. *Specchi, lampade e finestre* – Introduzione all'ermeneutica biblica. Bolonha: EDB, 2014, p. 5-6.

PARA APROFUNDAR

ALONSO SCHÖKEL, L. & BRAVO ARAGÓN, J.M. *Appunti di Ermeneutica*. Bolonha: EDB, 1994.

ARTOLA ARIBIZA, A.M. & SÁNCHEZ CARO, J.M. *Bibbia e parola di Dio*. Bréscia: Paideia, 1994 [org. A. Zani] [Introduzione allo studio della Bibbia 2].

BAUKS, M. & NIHAN, C. (orgs.). *Manuale di esegesi dell'Antico Testamento* (Testi e commenti). Bolonha: EDB, 2010.

BRESCIANI, C. et al. *Interpretare la Scrittura*. Bréscia: Morcelliana, 2008 [Quaderni Teologici del Seminario di Brescia 18].

SKA, J.-L. *Specchi, lampade e finestre* – Introduzione all'ermeneutica biblica. Bolonha: EDB, 2014.

5
DIFICULDADES E CONTRADIÇÕES

As questões mais discutidas pelos leitores dos relatos do Antigo Testamento podem ser resumidas em três: a moralidade de certas grandes figuras bíblicas, a dureza manifestada por Deus em alguns relatos e a teologia insuficiente em relação ao além. Antes de propor algumas soluções, vamos esclarecer o caráter de cada uma dessas questões.

A moralidade das grandes figuras bíblicas. O livro do Gênesis oferece alguns exemplos de relatos que escandalizam tanto o leitor atual quanto o do passado. Não se trata tanto das próprias ações e sim da forma de apresentá--las, uma vez que certos relatos bíblicos aparentemente não contêm nenhum juízo sobre os fatos narrados. A mentira, a maldade, o engano ali figuram tranquilamente e, à primeira vista, os escritores bíblicos não se escandalizam nem um pouco com eles. Por duas vezes, Abraão faz com que sua mulher se faça passar por irmã[16]; pouco depois Isaac fará o mesmo[17]. Estes patriarcas são mentirosos e não demonstram muita coragem, pois expõem as próprias esposas às injúrias dos estrangeiros, aproveitando-se da situação para enriquecer despudoradamente.

Jacó engana duas vezes o irmão Esaú, em dois episódios bem conhecidos[18]. Antes de se reconciliar com os irmãos, José os trata com uma dureza que não é fácil de justificar[19]. Onde está o sentido da fraternidade e do perdão? É inútil continuar a lista falando dos juízes, de Sansão ou de Jefté, ou dos reis como Davi e Salomão: estes exemplos são mais do que suficientes para ilustrar a dificuldade.

---

16 Cf. Gn 12,10-20 (vers. 13); 20,1-18 (vers. 2).

17 Cf. Gn 26,6-11 (vers. 6).

18 Cf. Gn 25,24-34 (o prato de lentilhas e o direito de primogenitura); 27,1–28,9 (a bênção "roubada").

19 Cf. Gn 42–45; esp. 42,7.17.19.24b; 44,17.

Os Padres da Igreja já tinham tratado desse problema. A exposição clássica de suas respostas encontra-se no *De doctrina christiana* de Santo Agostinho, que propunha duas soluções[20]. A primeira, histórica, consistia em dizer que as épocas e os costumes eram diferentes; a segunda era interpretar os textos em sentido figurado. Tais soluções são elegantes, mas já não satisfazem o leitor moderno. Se os relatos pertencem a uma época passada, por que continuar a lê-los? E se não podem ser propostos como normativos para a conduta de nosso tempo, não é mais um motivo para abandoná-los? Por outro lado, a leitura "figurativa" também comporta suas dificuldades. Se a figura remete a uma realidade mais elevada que nos é fornecida pelo Novo Testamento, é certamente mais simples ater-se à realidade neotestamentária e deixar de lado a figura imperfeita. Eis as razões pelas quais o Antigo Testamento é tão pouco popular.

A violência divina. Diversos textos do Deuteronômio, de Josué, do Primeiro Livro de Samuel falam de um costume segundo o qual as cidades conquistadas deviam ser "votadas ao anátema", ou seja, deviam ser completamente destruídas, deviam ser massacrados todos os habitantes, homens, mulheres, crianças e até o gado, e todos os objetos preciosos deviam ser consagrados a Deus[21]. A questão se complica porque é o próprio Deus quem pede para agir de tal forma[22]. Desse modo, não é possível considerá-la um costume próprio de uma época rude e sem piedade ou uma das leis bárbaras da guerra. O problema é teológico. Foram propostas algumas soluções, que no entanto continuam a ser inadequadas. Será que é suficiente dizer que tal lei é pouco realista e que nunca ou muito raramente foi aplicada? Se é assim, por que mencioná-la nos relatos? Um único exemplo já bastaria para criar um caso difícil para a consciência cristã que não pode deixar de contrapor a tal costume as palavras de Jesus sobre o amor pelos inimigos[23]. Se o Novo

---

20 Cf. SANTO AGOSTINHO. *La dottrina cristiana*, l. III, seç. II, sobretudo 5(9); 28(39). Milão: Paoline, 1989, p. 230; 258.

21 Cf. Nm 21,2; Dt 7,1-2; 13,13-19; 20,16-18; Js 6,16-19.21; 1Sm 15,3.16-23. A norma é suavizada em alguns casos como em Nm 31,15-23; Dt 2,34-35; 3,6-7; 20,13-14; Js 8,26-27; 11,14. Outras vezes, no entanto, quando ela não é aplicada em todo o seu rigor, o culpado é severamente punido (Js 7; 1Sm 15,16-23).

22 Cf. Dt 7,1; 20,17; Js 7,15; 1Sm 15,2-3.

23 Cf. Mt 5,43-48; Lc 6,27-28.32-36.

Testamento corrigiu aquela "noção primitiva" da soberania de Deus[24], isso não significa que aquelas passagens testemunham costumes obsoletos? Então, por que ainda integram o cânone?

Uma teologia insuficiente. Este problema se apresenta com mais força naquele que representa um dos vértices da poesia hebraica, o livro de Jó. O drama deste justo, segundo a maioria dos intérpretes, se reduziria a bem pouco se ele tivesse conhecido o dogma da ressurreição dos mortos[25].

Mas, então, se temos a solução desse problema, por que continuar a ler aqueles capítulos? O livro de Jó não tem outra utilidade além da de servir de contraste? Nossa reação, nesse caso, pode facilmente ser objeto da amarga recriminação que o próprio Jó dirigia aos amigos quando lhes pedia compaixão, não explicações (Jó 6,21-29; 16,2-5).

Atitudes contraditórias

Além das dificuldades objetivas que acabamos de mencionar, existem outras, mais sutis, derivadas de comportamentos não raro inconscientemente contraditórios. De fato, existe um impressionante contraste entre as dificuldades que surgem quando abordamos o Antigo Testamento e quando nos encontramos diante de várias obras-primas literárias ou artísticas inspiradas na Bíblia, ou ainda quando nos deparamos com os problemas acima citados, mas fora da Bíblia.

Ninguém se escandaliza ao ouvir os oradores de Händel, embora eles tratem de temas controvertidos[26]. O compositor alemão da corte da Inglaterra escolheu personagens pouco edificantes como Sansão, relatos de conteúdo teológico difícil como a história de Josué, de Saul ou de Judas Macabeu, uma figura ambígua como Salomão e um relato, o de Jefté, altamente dramático, mas que arrepia o teólogo e o fiel. O ponto de vista do artista ou do apreciador da arte torna menos dificultosa a interpretação daquelas páginas bíblicas.

---

24 Cf. *La Bibbia di Gerusalemme.* Bolonha: EDB, 2009 [BG], nota explicativa de Js 6,17.

25 A título de exemplo, citamos uma frase típica da introdução ao livro de Jó na BG: "Para esclarecer o mistério do sofrimento inocente, seria necessário esperar para ter a certeza da retribuição do além e conhecer o valor do sofrimento humano unido ao de Cristo".

26 G.F. Händel inspirou-se em temas bíblicos para compor os seguintes oratórios: *Saul* (1739), *Sansão* (1742), *O Messias* (1742), *Judas Macabeu* (1746), *Josué* (1747), *Salomão* (1747), *Jefté* (1751).

Por outro lado, nossos contemporâneos, se consideram difícil aceitar o conteúdo dos livros de Josué e dos Juízes, podem assistir impassíveis às cenas violentas descritas nas composições épicas de Homero, de Virgílio, da *Chanson de Roland* ou nas obras modernas do mesmo gênero. Certamente, o cristão não busca na Bíblia uma satisfação de ordem estética, mas um alimento para sua fé. Além disso, a Escritura é Palavra de Deus. Contudo, o artista encontra um caminho menos espinhoso para ter acesso aos textos bíblicos, e é lícito se perguntar se o fiel não poderia aprender alguma coisa com ele. Um teólogo como Von Balthasar não chegou a falar de uma dimensão estética da teologia?[27]

A história de Jefté, que deve sacrificar a filha em virtude de um voto imprudente (Jz 11), constitui um obstáculo para não poucos leitores da Bíblia, embora as mesmas pessoas leiam com intensa emoção o drama de Ifigênia em Áulis, como foi tratado em épocas muito diferentes por Eurípides (cerca de 405 a.C.) ou por Racine (1674), no qual um pai também tem de sacrificar a filha a uma divindade.

Sansão é um personagem pouco brilhante do ponto de vista moral e suas aventuras o tornam mais um herói picaresco do que um modelo de virtude. De tudo o que a Bíblia nos oferece sobre esse colorido personagem, a liturgia conservou um único relato: o anúncio do seu nascimento (Jz 13,2-25)[28], ou seja, o único episódio de todo o ciclo em que Sansão não está presente. Os artistas, por sua vez, inspiraram-se muitas vezes naquelas páginas. Além do já citado Händel, lembramos, no mundo da literatura, o *Sansão agonista* de John Milton (1671) e, no da música, a ópera de Camille Saint-Saëns, *Sansão e Dalila* (1877), para nos limitar ao passado.

Estes poucos exemplos mostram que existem diferentes maneiras de ler a Bíblia.

As fraquezas dos heróis

Os relatos bíblicos que nos apresentam as grandes figuras do passado de Israel têm como principal objetivo apresentar ao leitor uma galeria de modelos de virtude? Existem bons motivos para duvidar disso. A questão

---

27 Cf. VON BALTHASAR, H.U. *Herrlichkeit* – Eine theologische Ästhetik. Einsiedeln: Johannes, 1961-1969 [trad. it. *Gloria* – Una estetica teológica. Milão: Jaca Book, 1971-1977].

28 Cf. a missa de 19 de dezembro. Além disso, o texto é muito abreviado e a leitura passa do vers. 7 para o vers. 24.

moral não é eliminada, mas não está em primeiro lugar. Por quê? Porque os relatos são antes de tudo "memórias" que conservam a lembrança dos antepassados, dos fundadores, dos heróis do passado. Sobreviveram na tradição em virtude do vínculo particular que os unia às origens e aos momentos essenciais da história de seu povo. O fato de esses heróis terem defeitos ou não é menos importante do que o fato de serem antepassados ou de terem desempenhado um papel determinante na formação e na existência do povo de Israel. Essas figuras fazem parte da identidade do povo e os leitores, aos quais se destinam esses textos, são os descendentes ou os herdeiros daqueles homens e daquelas mulheres. O fato de Abraão, Isaac e Jacó terem tido suas fraquezas não impede que eles sejam os pais de Israel, segundo a carne e na fé. Moisés é o fundador do povo de Deus, seja ele irrepreensível ou não[29]. Sansão é certamente tão violento quanto vulnerável, mas ainda assim é e continua a ser um herói de Israel na sua luta contra os filisteus numa época em que estes últimos eram muito superiores em força.

A isso se acrescenta uma segunda razão. Aquelas figuras do passado refletem todos os titubeios, as hesitações, as quedas e o despertar de uma fé que se forma pouco a pouco no decorrer das vicissitudes da história, nas mais variadas circunstâncias. O Antigo Testamento não conhece modelos perfeitos da virtude. Nesse ponto ele é humano e "encarnado". Os heróis da Bíblia não pertencem a uma classe privilegiada, nem do ponto de vista social, nem do moral. Eles fazem parte do povo comum e vivem os dramas mais intensos e mais sérios da existência humana. Um homem e uma mulher se encontram junto a uma árvore na companhia de uma serpente, dois irmãos brigam num campo, e precisamente ali está em jogo o destino da humanidade (Gn 2–3; 4). Nas origens de Israel o leitor encontra problemas de rebanhos, de casamentos e de herança, de esposas rivais que têm inveja uma da outra, de irmãos que brigam e se separam para depois se reconciliarem depois de longas peripécias.

Esse aspecto dos relatos bíblicos tem três consequências para sua interpretação. Em primeiro lugar, a matéria e o estilo de tais relatos impedem que se faça uma separação entre aqueles antepassados e o último dos membros

---

29 Pode-se recriminá-lo por ter matado um egípcio (Ex 2,12). O motivo pelo qual ele não pôde entrar na terra prometida, por outro lado, continua obscuro e os textos bíblicos o explicam de diversas maneiras, nem sempre concordantes; cf. Nm 20,1-13; Dt 1,37; 3,26; 4,21; 32,51; Sl 106,32-33.

do povo eleito. Estes podem se reconhecer em seus antepassados, uma vez que a existência deles é o espelho daquilo que constitui o essencial da vida de cada um. Em segundo lugar, o itinerário das grandes figuras de Israel é movimentado. À custa de muitos desvios, quedas e retomadas, erros e derrotas, eles buscaram Deus no decorrer de sua existência. O leitor, antigo ou moderno, pode extrair daí a conclusão de que a experiência de Deus é inseparável de uma "busca" de Deus com todas as suas vicissitudes.

Um exemplo, o da história de Jefté, permite esclarecer este ponto e propor uma leitura que considere a verdadeira intenção dos textos bíblicos. Com muita frequência, o leitor busca neles modelos a serem imitados, uma espécie de "Vida dos santos" ou de *Legenda áurea*, enquanto as narrativas bíblicas lhes oferecem experiências para serem compartilhadas. O drama deste herói não pode deixar insensível, e é precisamente esse o objetivo do texto (Jz 11). Não quer edificar, quer comover. O leitor não é chamado a julgar, nem para aprovar nem para condenar; o relato pede-lhe antes que entre na lancinante experiência de um pai e de sua filha, que reviva o terrível momento em que a vitória do pai se transforma em tragédia e o canto de triunfo da jovem filha se torna uma trenodia, ou seja, um canto fúnebre. Como isso pode alimentar a experiência de fé? De uma maneira precisa: a dimensão propriamente religiosa do relato é inseparável do modo de reviver o episódio. Ela não consiste numa "ideia", mas na qualidade da participação no drama como ele se desenvolve aos olhos do leitor. No entanto, seria errôneo confundir as ideias com sentimentos subjetivos. Trata-se, antes, de reconstruir uma experiência, de se tornar ativamente conscientes das forças que ali estão em confronto e de acompanhar as etapas do seu percurso nos tempos da leitura. O sentido daquele relato não é, portanto, uma "coisa" que bastaria apreender rapidamente no texto; ele está ligado a um ato que exige do leitor um exercício de assimilação para entrar no mundo da narração e orientar-se nele segundo os pontos de referência próprios de tal universo. Desse modo, ele se enriquecerá em contato com o texto, sem buscar ali algo que já conhecia. Na linguagem paulina, o sentido aparece quando o intérprete exerce a própria capacidade hermenêutica de "fazer-se tudo para todos" (1Cor 9,22). Assim, o fiel descobrirá a verdade de uma célebre frase de Terêncio: "Nada do que é humano me é estranho".

A crueldade dos relatos de conquista

Aqui também a questão é antes de tudo de ordem formal. A dificuldade diminui muito quando o leitor toma consciência de que aqueles relatos estão próximos do mundo idealizado das lendas heroicas. Ora, em tal mundo não pode haver vitórias pela metade: ou são completas ou não existem.

Compreende-se tal característica partindo do contexto no qual o livro de Josué foi escrito e no qual viviam seus primeiros destinatários. A data do livro de Josué obviamente não pode ser estabelecida com certeza. No entanto, os exegetas concordam em datar a última redação no exílio ou no imediato pós-exílio. Assim, o povo de Israel compôs este afresco legendário e deu-se um passado glorioso no momento em que sentiu que estava perdendo a própria terra. Quis assim exorcizar o presente com a ajuda do passado, na esperança de que Deus renovasse os feitos memoráveis de outrora e restituísse a seu povo a terra de seus ancestrais. Por este motivo os israelitas desejaram oferecer uma descrição ideal da conquista, adotando um estilo que tem entre suas principais características a vontade de embelezar.

Vários indícios confirmam que o relato pretendeu idealizar o passado. Josué é um dos poucos heróis irrepreensíveis da Bíblia. Deus jamais lhe recusa a sua ajuda. Assim, é Ele quem revela a Josué a causa do malogro diante de Hai e a maneira de descobrir o culpado (Js 7,10-15); também é Ele quem detém o Sol e a Lua para permitir que o herói alcance a vitória total contra os amorreus, e o narrador observa a esse respeito que, fato inaudito, é o único caso de toda a história sagrada em que Deus obedeceu a um homem (10,12-15; cf. vers. 14). A conquista é total (11,12-15.23; 12,16.20; 21,43-45) e Josué sofre uma única derrota, aliás logo depois remediada (7,2-5). O tempo de Josué é uma das poucas épocas em que Israel mostrou uma fidelidade sem máculas ao seu Deus (24,31; cf. Jz 2,7). O livro termina com uma cena impressionante em que o povo, unânime, conclui uma aliança com Josué e promete servir apenas a YHWH. Este é de fato um período áureo da história de Israel e convém ler todo o livro com tal espírito. Ao lado dessa descrição ideal, porém, o livro contém outras afirmações que vão em sentido contrário. Isso é visível sobretudo em quatro campos.

Primeiro: Deus concede a vitória a Israel sobre todos os seus inimigos. Ao que tudo indica, bastará que Ele apareça para pôr em fuga os seus adversários (1,5-9). No entanto, Josué envia alguns espiões a Jericó antes de atacar (2,1) e recorre à astúcia para se apoderar de Hai, logo depois de ter recebido de Deus a confirmação de que a cidade lhe seria entregue (8,1-9). Na guerra contra os cinco reis, Deus novamente tranquiliza Josué antes da batalha, mas isso não impede que este último recorra a um estratagema para garantir a vitória: ele ataca de improviso, ao amanhecer, antes que o inimigo esteja pronto para a batalha (10,8-9). Há obviamente tensão entre essas duas perspectivas; o texto, contudo, quer claramente mostrar que existem dois níveis e que a garantia divina não exclui o emprego de todos os recursos à disposição de um chefe habilidoso.

Segundo: a vitória é total e várias vezes o relato repetirá que o território foi conquistado. Ao lado dessas visões triunfalistas, porém, o leitor se surpreende ao encontrar outras bem mais sóbrias. Em diversas ocasiões o texto afirma abertamente que Josué não conquistou toda a terra prometida. Essas menções dos territórios ainda a serem conquistados são abundantes. Tal descrição menos enaltecedora, aliás, corresponde à apresentada pelo livro dos Juízes (cap. 1). No livro de Josué as duas séries de afirmações são colocadas lado a lado e é difícil saber como reagir diante desta flagrante contradição que certamente não passou despercebida aos autores ou redatores do livro.

Terceiro: a lei do anátema devia ser respeitada em todo o seu rigor. A primeira infração foi severamente punida com a lapidação do culpado (7,1-26). Mas, alguns versículos depois, Deus mitiga a lei e permite que Israel se apodere dos despojos e do gado da cidade de Hai (8,2). Js 11,13-14 fala de outras infrações a essa lei sem justificá-las. Já na época da conquista de Jericó, Josué poupara Raab e sua família (2,9-13; 6,22-23.25) porque esta última confessara a própria fé em YHWH. Como podemos ver, a rigidez da lei não exclui a possibilidade de adaptá-la dependendo das circunstâncias.

Quarto: afirma-se que Josué cumpriu em tudo a Lei que Moisés lhe confiara (11,15; cf. 1,7-8). O leitor ficará admirado, portanto, que Josué tenha se deixado induzir a concluir uma aliança com os gabaonitas (Js 9), algo proibido por essa Lei (Dt 7,1-7; sobretudo 7,2) e em evidente conflito com as instruções sobre a guerra de Dt 20,10-18. Os gabaonitas conquistaram aquela aliança com a astúcia, levando a acreditar que vinham de longe (Js 9,3-6). É um fato, porém, que a aliança como tal não deveria ter sido levada a termo. Este relato não é fruto de uma única redação e os últimos compiladores provavelmente o modificaram. Isso vale sobretudo para o final (9,19-27), onde Israel e Josué decidem utilizar os gabaonitas como rachadores de lenha e carregadores de água. Desse modo, o caso termina em sintonia com as normas de Dt 20,11, em que se diz que as cidades "distantes" que fizerem a paz com Israel estarão sujeitas a tributo. Mais uma vez o relato atual testemunha a preocupação de conciliar uma situação concreta com a Lei, mas não elimina completamente a discrepância entre elas.

Esses exemplos levam a concluir que os relatos do livro de Josué são percorridos por uma tensão entre a descrição utópica do ideal e a realidade dos fatos. Por sua vez, o leitor tem o dever de percorrer o mesmo caminho para descobrir o "sentido" do livro. Ele deve reviver o contraste permanente entre a promessa de Deus que não pode deixar de se realizar e a incapacidade humana de poder corresponder a ela em tudo, entre o fato de que o país tenha sido doado por Deus na sua inteireza e que ele não tenha sido completamente conquistado por Israel. Ele verá que a confiança em Deus não exclui, mas antes encoraja, o recurso à inteligência. De um lado, aprenderá a conhecer a intransigência de uma lei que não conhece exceções e não tolera infrações; de outro, assistirá a necessárias concessões e a aplicações inspiradas no princípio da *epikeia*. O livro de Josué ensina-nos não apenas que Deus está presente no ideal, na utopia e na Lei, mas que existe também um caminho diferente daquele da resignação e das inevitáveis transigências com uma realidade decepcionante. Tal caminho não é traçado de antemão; deve ser traçado a cada etapa, como fizeram Josué e o povo de Israel. E a última mensagem do livro é que a tarefa não apenas é possível, mas que, não obstante tudo, foi bem-sucedida.

Hebreus e gregos

[...] Não há nenhum indício de que antes de Alexandre Magno os gregos conheciam os hebreus por nome ou possuíam informações sobre suas peculiaridades políticas e religiosas. Heródoto transferiu-se para Tiro, não para Jerusalém. Para ele, assim como para os gregos seus contemporâneos e dos tempos passados, os fenícios eram uma entidade bem reconhecível, a que se devia – entre outras coisas – a descoberta do alfabeto. A existência dos hebreus parece ter permanecido escondida sob a noção de Palestina (Heródoto 2, 104; 7, 89). Os escritores hebreus do período helenístico e romano fizeram o possível para descobrir alusões indiretas aos hebreus nos textos gregos clássicos, mas eles mesmos ficaram surpresos com a pobreza de seu relato. A julgar pela Bíblia, os hebreus antes de Alexandre conheciam algumas coisas a mais sobre os gregos, mas não muito. Eles tinham um termo específico para indicar os gregos (que era o termo de uso corrente em todo o Oriente Próximo): Yawan, ou seja, Jônia.

MOMIGLIANO, A. *Pagine ebraiche*. Turim: Einaudi, 1987, p. 13-14 [org. Silvia Berti].

A teologia de Jó

A fé na ressurreição muda a nossa leitura de Jó? Será que a sabedoria de Jó não tem outro objetivo além de permitir avaliar melhor a distância que separa o Novo Testamento do Antigo? É impossível tratar de todas as questões que envolvem este tema. No entanto, é possível indicar um caminho que pode reconciliar o leitor com este monumento da poesia hebraica.

Nosso ponto de partida será um versículo da conclusão do drama. Depois de ter falado longamente a Jó e ter recebido dele uma humilde resposta, Deus se dirige a Elifás, um dos três amigos de Jó que haviam procurado inutilmente levar nosso herói de volta à razão, para lhe dizer: "A minha ira acendeu-se contra ti e contra os teus dois amigos, por não terdes falado de mim segundo a verdade, como meu servo Jó" (Jó 42,7). Jó pôde se rebelar e suas palavras puderam beirar a blasfêmia, mas é ele que Deus aprova e não os seus amigos que procuraram de todas as maneiras justificar o comportamento divino. Jó, por sua vez, mais de uma vez recriminou seus amigos por não serem capazes de compartilhar a sua dor e, portanto, de compreender seu sofrimento. Ao contrário, fizeram de tudo para levá-lo a admitir que ele era um caso como outros, sujeito à regra geral da justiça distributiva: Deus recompensa o justo e pune o pecador; se você sofre, é porque é punido; se é punido, é porque pecou; arrependa-se e Deus o curará. Jó opõe a própria experiência àquela sabedoria abstrata, que se parece demais com um preconceito. Só pede uma coisa: ser ouvido, por seus amigos e pelo próprio Deus. Este responderá a Jó e, por fim, aprovará sua atitude. Mas como pode, por sua vez, o leitor moderno "ouvir" Jó e perceber a "verdade" que ele diz a propósito de Deus? É esse o problema que temos de enfrentar agora.

De um ponto de vista literário, os diálogos deixam ao leitor diversas possibilidades. Ele pode tomar o partido dos amigos e defender a causa divina condenando Jó. Pode tomar o partido de Jó contra seus amigos e chegar até a condenar o arbítrio divino. Pode tentar permanecer neutro e temporizar até a chegada da sentença divina. Pode até brincar de espectador e julgar o drama a partir de fora, como um árbitro. Pode também participar da intensidade do drama como esteta, sem se pôr nenhuma questão de fundo. Todas essas atitudes são possíveis. Mas será que o texto não indica um caminho a ser seguido? Não convida a entrar no debate de uma maneira ou de outra? Para os primeiros leitores a questão era crucial e eles não podiam deixar de reagir. Simplificando, é possível definir o conflito de Jó deste modo: é o confronto entre uma doutrina tradicional inteiramente favorável a Deus e um caso individual que a coloca em discussão. Para ser mais precisos, é o conflito do indivíduo Jó contra o sistema da sabedoria distributiva de Israel. O leitor é convidado a entrar pouco a pouco nesta dialética, a tornar seus os diferentes pontos de vista, a percorrer todo o caminho de Jó e dos seus amigos para constatar como é impossível que eles possam se encontrar. Além disso, Jó também convida o leitor a buscar um caminho para chegar ao juiz supremo e inacessível, a recompor na sua dimensão emotiva, humana e espiritual o desespero de quem fere suas mãos de tanto bater inutilmente à porta do silêncio. Não se trata de ficar do lado de Jó e de consolá-lo no lugar dos seus amigos, mas de conseguir reconstruir e "experimentar" o drama em toda a sua intensidade e na conexão de todos os seus componentes, aqueles fornecidos por Jó e por seus amigos, bem como os provenientes do silêncio divino. Em seguida, depois do último inflamado ataque de Eliú (Jó 32–37), quando Deus por fim responderá, trata-se de recompor a arquitetura total para incluir nela esta nova dimensão que faz penetrar ainda mais fundo no mistério. No final, o leitor se deparará com um último paradoxo. Os discursos de Deus (38–41), de fato, relativizam a ideia de "justiça retributiva" para insistir no caráter insondável da ação divina. O epílogo em prosa (42,7-17), por sua vez, descreve como Deus recompensa a paciência de Jó suprindo-o de bens de acordo com as normas que acabaram de ser criticadas.

Este lento trabalho de decifração se realiza no decorrer da leitura. O "sentido" do livro de Jó só pode ser descoberto gradualmente, num processo de escuta, de correção, de pesquisa incerta, de revisão, para tentar situar mais num campo de batalha que num mapa-múndi todas as forças envolvidas e acompanhar os embates até o final. A batalha permanece incerta por longo tempo e não é preciso saber quem é o vencedor. O ponto essencial é que o livro de Jó estimula o leitor a "viver", a reconstruir o combate para compreender o sentido do livro; "sentido" que não é tanto uma "ideia" sobre Deus ou sobre o sofrimento quanto uma "ação", uma participação ativa na disputa num minucioso trabalho de reconstrução orgânica.

Mas este leitor, se acredita na ressurreição dos mortos, ainda é capaz de dar esse passo? A nosso ver, a mensagem do judaísmo tardio e do Evangelho abre os olhos do leitor para outros horizontes, pode e deve indubitavelmente ampliá-los, mas não o impede de fazer aquele esforço de participação na dialética contraditória de Jó; aliás, fornece-lhe até outros motivos para se apropriar de todos os dados do problema. De fato, os relatos da paixão, especialmente nos evangelistas Mateus e Marcos, conferem à figura do justo sofredor uma nova profundidade. Jesus retoma todas as invocações de seus predecessores, até a mais angustiante de todas: "Meu Deus, meu Deus, por que me abandonaste?" (Mt 27,46; Mc 15,34; cf. Sl 22,1). Jesus não apenas defende a causa de todos os justos inocentes do Antigo Testamento, mas toma lugar entre eles para tornar vitoriosa a causa deles. A ressurreição como tal não deve ser interpretada como se Jesus fosse resgatado da sorte dos inocentes acusados injustamente. Ele sofreu a sorte deles até o fundo, até na morte, e conservou seus vestígios – os ferimentos – no seu corpo glorioso. A ressurreição se manifesta na e além da morte, não fora dela. "Era preciso que Cristo suportasse esses sofrimentos para entrar na sua glória", dirá o Ressuscitado aos discípulos de Emaús (Lc 24,26). Esta frase muito conhecida se propõe mostrar como a paixão era um passo obrigatório. O Novo Testamento de modo algum torna ultrapassada a sabedoria de Jó; ao contrário, evidencia que este é o caminho que conduz para o mistério do Cristo crucificado e ressuscitado. A ressurreição é prometida aos justos sofredores que, como Jó, recusam qualquer consolação fácil – como a recompensa de uma felicidade futura – e querem a qualquer preço descobrir Deus no seu sofrimento. Para descobrir tal verdade, o leitor tem o dever de levar a sério o drama de Jó e o campo de forças opostas que o percorrem.

Sofrimento e esperança

Em toda literatura, são inúmeros os testemunhos da infelicidade humana que grita o seu lamento. Mas ainda hoje nenhum testemunho é ouvido com tanta força e decisão como o do Jó bíblico. Por quê? O elemento único que distingue profundamente Jó de outros testemunhos da injustiça do mundo e do sofrimento dos homens está no fato de que Jó sofre um "excesso do mal" (Philippe Nemo) que outros não conhecem. Para outros, sofrer é um destino universal, inseparável da vida, contra o qual não tem sentido se rebelar, mas apenas resistir.

Concebido assim, o escândalo do mal se amortece, acaba por se aplacar na aceitação ou na resignação. O que faz a diferença é precisamente a esperança. De fato, no horizonte da fé bíblica, o que acrescenta algo de terrivelmente maligno a qualquer outro sofrimento, tornando-o realmente intolerável, é a expectativa do bem por parte do "Deus compassivo e clemente" (Ex 34,6) que criou todas as coisas do nada. O homem moderno sente Jó próximo de si porque também ele, como o personagem bíblico, não se rendeu à cegueira do destino, mas tem uma expectativa de felicidade; embora não mais como dom de Deus, mas como fruto do progresso da civilização.

QUINZIO, S. "Personaggi giobbici in Joseph Roth e Isaac B. Singer". In: *Le provocazioni di Giobbe* – Una figura biblica nell'orizzonte letterario. Gênova: Marietti, 1992, p. 91-92.

Poderíamos continuar nessas nossas observações. Mas estas são suficientes, ao menos é o que espero, para devolver ao Antigo Testamento o que lhe cabe e para nos incentivar à leitura daquelas páginas que fazem parte do nosso patrimônio e da nossa identidade. Os relatos do Antigo Testamento nunca respondem totalmente às nossas perguntas; oferecem-nos, ao contrário, pistas para ir em busca de respostas; não oferecem produtos finitos, mas põem em nossas mãos os instrumentos necessários para que possamos construir, no laboratório da leitura, uma experiência de fé sempre nova.

PARA APROFUNDAR

BARBAGLIO, G. *Dio violento?* – Lettura delle Scritture ebraiche e cristiane. Assis: Cittadella, 1991.

BOVATI, P. *Il Dio violento nella Bibbia*. Reggio Emilia: San Lorenzo, 2012.

BRUEGGEMANN, W. *Divine Presence and Violence*: Contextualizing the Book of Joshua. Eugene (OR): Cascade Books, 2009.

CAUSSE, J.-D.; CUVILLIER, É. & WÉNIN, A. *Violenza divina* – Un problema esegetico e antropologico. Bolonha: EDB, 2012 [Epifania della parola].

COPAN, P. *Is God a Moral Monster?* – Making Sense of the Old Testament God. Grand Rapids (MI): Baker Books, 2011.

LOHFINK, N. *Il Dio della Bibbia e la violenza* – Studi sul Pentateuco. Bréscia: Morcelliana, 1985.

RAVASI, G. *La Bibbia*: risposte alle domande più provocatorie. Cinisello Balsamo (MI): San Paolo, 2000.

WÉNIN, A. *Perché tanta violenza?* – Quando la Bibbia provoca e disarma. Cinisello Balsamo (MI): San Paolo, 2011.

_____. *Dalla violenza alla speranza* – Cammini di umanizzazione nelle Scritture. Magnano (BI): Qiqajon, 2005.

_____. *Non di solo pane...* – Violenza e alleanza nella Bibbia. Bolonha: EDB, 2004 [Epifania della parola].

6

FORMAÇÃO DO CÂNONE

Infelizmente existe alguma confusão nas discussões sobre o cânone bíblico. De fato, a palavra "cânone" pode ter pelo menos dois significados distintos.

1) "Cânone" significa "regra", "princípio", "lei", "corpo de leis" promulgado por uma autoridade competente e aceito como vinculante.

2) Num segundo sentido, "cânone" designa uma lista oficial de livros reconhecidos como autorizados e fundamentais para definir a identidade da comunidade que os utiliza. Esta lista fechada e definitiva constitui a Bíblia autêntica para toda comunidade que lhe reconhece uma autoridade vinculante em matéria de doutrina e de comportamento. Quando falo do "cânone da Bíblia", uso o termo nesta segunda acepção.

O número dos livros que fazem parte da Bíblia é fixo, como em todo cânone literário. Além disso, este cânone não é suscetível de mudanças por ter sido estabelecido de uma vez por todas. Alguns poderão pensar que esta foi a situação do cânone bíblico desde o início, ou quase, mas de modo algum é assim. No mundo cristão, especialmente no mundo católico, o cânone definitivo da Escritura foi fixado apenas pelo Concílio de Trento, no decreto *De Canonicis Scripturis* de 8 de abril de 1546, que fornece a lista dos quarenta e cinco livros do Antigo Testamento (na realidade, quarenta e seis, pois o livro das Lamentações era considerado parte do livro do Profeta Jeremias e dos vinte e sete livros do Novo Testamento[30].

---

30 Curiosamente, porém, o Concílio não decidiu qual versão da Bíblia era a canônica. Muitos padres conciliares certamente preferiam a versão latina da Vulgata, mas, em virtude das fortes críticas dos protestantes, hesitaram e a questão não foi resolvida.

A lista do Concílio de Trento

[...] Para evitar dúvidas a respeito dos livros reconhecidos por este Concílio, este julgou oportuno acrescentar a este decreto o elenco. São os seguintes:

Do Antigo Testamento: cinco de Moisés, isto é: Gênesis, Êxodo, Levítico, Números, Deuteronômio; Josué, Juízes, Rute, quatro dos Reis, dois dos Paralipômenos, de Esdras o primeiro e o segundo (que é chamado de Neemias), Tobias, Judite, Ester, Jó, os cento e cinquenta Salmos de Davi, Provérbios, Eclesiastes, Cântico dos Cânticos, Sabedoria, Eclesiástico, Isaías, Jeremias com Baruc, Ezequiel, Daniel, os doze profetas menores, isto é: Oseias, Joel, Amós, Abdias, Jonas, Miqueias, Naum, Habacuc, Sofonias, Ageu, Zacarias, Malaquias; dois dos Macabeus, primeiro e segundo. Do Novo Testamento: quatro evangelhos, segundo Mateus, Marcos, Lucas, João; os Atos dos Apóstolos, escritos pelo Evangelista Lucas, catorze cartas do Apóstolo Paulo, aos Romanos, duas aos Coríntios, aos Gálatas, aos Efésios, aos Filipenses, aos Colossenses, duas aos Tessalonicenses, duas a Timóteo, a Tito, a Filêmon, aos Hebreus; duas cartas do Apóstolo Pedro, três do Apóstolo João, uma do Apóstolo Tiago, uma do Apóstolo Judas e o Apocalipse do Apóstolo João. Se, porém, alguém não receber como sagrados e canônicos esses livros em sua integridade, com todas as suas partes, tal como costumavam ser lidos na Igreja Católica e estão contidos na antiga edição latina da Vulgata, e desprezar, ciente e propositadamente, as tradições antes mencionadas: seja anátema. Portanto, entendam todos de que maneira e por que via este Sínodo procederá, depois de ter posto o fundamento da confissão de fé, e de que testemunhos e meios usará principalmente, para confirmar a verdade de fé e restaurar os costumes da Igreja.

CONCÍLIO DE TRENTO. "Sessione IV, 8 aprile 1546, Primo decreto: si riconoscono i libri sacri e le tradizioni apostoliche". In: ISTITUTO PER LE SCIENZE RELIGIOSE (org.). *Conciliorum Oecumenicorum Decreta*. Bolonha: EDB, 1991, p. 663-664.

A decisão do Concílio de Trento, contudo, foi precedida por uma longa série de providências por parte das autoridades eclesiásticas. As primeiras remontam ao século IV, depois que o cristianismo se tornou religião oficial do Império Romano, por exemplo o Concílio de Hipona em 393 e os de Cartago em 397 e 419. A primeira lista oficial e completa dos livros que fazem parte do cânone que chegou até nós é a do Concílio de Cartago de 397.

Se as discussões sobre o cânone remontam a uma época anterior ao Concílio de Trento, também é verdade que elas não se aplacaram nem um pouco após a promulgação do decreto *De Canonicis Scripturis*, embora o debate seja limitado a alguns círculos de especialistas e de teólogos pertencentes a diversas confissões.

Os diversos cânones

Toda comunidade, como dissemos, tem o seu cânone. O cânone hebraico obviamente contém apenas aquele que os cristãos denominam "Antigo Testamento" e que os judeus chamam de *Tanak*, acrônimo formado pelas primeiras sílabas de três palavras hebraicas que designam as três partes da Bíblia: *Torah* ("Lei"), *Nᵉbî'îm* ("Profetas") e *Kᵉtūbîm* ("Escritos"). Este cânone é também o mais curto porque contém apenas vinte e quatro livros, todos escritos ou em hebraico ou parcialmente em aramaico[31]. O cânone hebraico dispõe os livros numa ordem diferente daquela dos cânones cristãos.

O cânone dos protestantes é mais curto do que o cânone católico, pois contém apenas trinta e nove livros. Num esforço típico do Renascimento os protestantes desejaram voltar à *veritas hebraica* original, e por esse motivo excluíram do cânone alguns livros do Antigo Testamento que existem apenas em versão grega. Nesse ponto, o Antigo Testamento dos protestantes é idêntico ao dos judeus. Apenas a ordem dos livros é diferente.

Os sete livros excluídos pelos judeus e pelos protestantes são chamados deuterocanônicos[32] pelos católicos e de apócrifos[33] pelos protestantes. Trata-se dos seguintes livros: Tobias, Judite, Sabedoria, Sirácida (Eclesiástico), Baruc (mais a Carta de Jeremias), 1-2 Macabeus, e as partes de Ester e de Daniel escritas em grego e presentes na tradução grega da Bíblia chamada Sep-

---

31 Os textos em aramaico são poucos: uma palavra no livro do Gênesis (31,47), uma frase no livro de Jeremias (10,11), alguns capítulos do livro de Esdras (4,8–6,18) e toda a parte central do livro de Daniel (2,4b-7).

32 Palavra grega que significa "pertencente a um segundo cânone".

33 "Apócrifo" significa em grego: "oculto", "arcano". Em seguida, a palavra passou a significar "não autêntico" "espúrio", "falso".

tuaginta (LXX)[34]. O Sirácida foi originariamente escrito em hebraico, mas esse texto se perdeu e o livro foi conhecido por séculos graças à tradução grega feita pelo neto do autor. No entanto, quatro manuscritos hebraicos, todos fragmentários, foram descobertos na *Geniza* ("sacristia") da sinagoga do Cairo em 1896-1900 por Salomon Schechter e alguns outros estudiosos. Mais tarde, alguns outros fragmentos foram descobertos em Qumran e um texto bastante longo (Sr 39,27–44,17) foi encontrado na famosa Fortaleza de Massada, tomada pelos romanos em 73 d.C. Alguns livros "deuterocanônicos" provavelmente também foram escritos originariamente em hebraico antes de ser traduzidos em grego, como por exemplo os livros de Judite e 1 Macabeus, enquanto a versão original do livro de Tobias foi redigida em aramaico.

O cânone católico é mais longo e conta com quarenta e seis livros. O cânone ortodoxo suscita um problema particular porque por muito tempo permaneceu oscilante. Depois da Reforma protestante, verificou-se uma tendência a adotar o cânone breve do Antigo Testamento, o da Bíblia hebraica. Por outro lado, os ortodoxos continuaram a usar em sua liturgia alguns livros excluídos do cânone católico, como por exemplo *2 Esdras* ou *3 Macabeus*, frequentemente chamados pseudoepígrafos. Embora o fato pareça curioso, as Igrejas ortodoxas ainda não assumiram formalmente nenhuma decisão definitiva a esse respeito e fala-se em convocá-las todas em sínodo para resolver esse problema. Na teoria, portanto, as Igrejas ortodoxas não têm um verdadeiro "cânone" no sentido próprio da palavra. A prática e o uso litúrgico secular, porém, são muito mais importantes do que as decisões sinodais.

Os livros cuja "canonicidade" é questionada pelas diversas confissões cristãs pertencem todos à terceira seção da Bíblia hebraica, os chamados "Escritos", e certamente têm menos peso do que os livros da Lei e os livros proféticos. Em geral, estes livros também são menos lidos e menos comentados e apenas alguns trechos são utilizados na liturgia pelas Igrejas que os consideraram "canônicos".

---

34 O nome "Septuaginta" provém da chamada *Carta de Aristeias*. Esta carta contém um relato lendário sobre a origem da tradução grega da Bíblia em Alexandria, no Egito. O Rei Ptolomeu pediu para traduzir a Bíblia para sua biblioteca. Setenta tradutores traduziram toda a Bíblia em setenta dias, cada qual por sua conta, mas, quando o trabalho foi concluído, para espanto geral, as setenta traduções concordavam nos mínimos detalhes.

O cânone do Antigo Testamento

Continua muito difícil estabelecer quais são os livros ou os escritos mais antigos da Bíblia hebraica. Os estudiosos discutem muito sobre a datação dos textos porque não existem critérios seguros em relação a isso. Em geral, recorre-se a critérios linguísticos, ao tipo de tema tratado, às ideias particulares e típicas de certas épocas ou a indicações internas como referências a eventos contemporâneos. No que diz respeito a este último critério, costuma ser citado um texto do Profeta Amós que menciona um "terremoto" (Am 1,1). As profecias de Amós teriam sido pronunciadas "dois anos antes do terremoto" que, de acordo com especialistas, ocorreu por volta do ano 760 a.C. (cf. Am 9,1; Zc 14,5). Por outro lado, o problema da datação se complica muito para a grande maioria dos livros bíblicos porque foram reelaborados várias vezes em diversas épocas. Raramente dispomos do texto original, com mais frequência possuímos sucessivas edições revistas em que fontes diferentes foram combinadas e muitas vezes interpoladas por acréscimos mais tardios. Hoje se pensa que as partes mais antigas da Bíblia hebraica dificilmente podem remontar a uma época anterior ao século VIII a.C. ou, talvez, à segunda parte do século IX. Apenas nesta época existiam em Israel as condições econômicas e culturais necessárias para desenvolver uma cultura da escrita. Não temos sequer atestações seguras da existência de uma classe de escribas nas cortes régias em épocas anteriores e não existe material epigráfico.

O texto bíblico mais antigo encontrado até agora está escrito em dois cilindros de prata, nos quais se leem as bênçãos sacerdotais de Nm 6,23-27[35]. De acordo com os especialistas, estes dois cilindros, encontrados em Jerusalém perto da Igreja escocesa de Santo André, no Vale da Geena, remontam ao século VII ou ao início do século VI a.C. Os manuscritos bíblicos mais antigos em nosso poder são os de Qumran ("mosteiro" construído pela seita judaica dos essênios e destruído pelos romanos em 68 d.C.), encontrados a partir de 1947 em grutas nas proximidades do Mar Morto. O material utilizado é, na maioria dos casos, o pergaminho e, por conseguinte, os manuscritos são "rolos". Os primeiros "livros" ou "códigos" aparecem só no decorrer do século II d.C.

Os dois "códigos" mais antigos da Bíblia hebraica são o de Alepo, incompleto, e o de Leningrado ou São Petersburgo. O primeiro remonta à primeira metade do século X e foi parcialmente destruído em 1949, quando a

---

35 O texto bíblico correspondente reza: "Que o Senhor te abençoe e te guarde! Que o Senhor faça brilhar sobre tua face e te agracie. Que o Senhor eleve para ti sua face e te conceda a paz".

sinagoga de Aleppo foi incendiada durante uma revolta contra os judeus. Perdeu-se toda a primeira parte do manuscrito que continha o Pentateuco e o texto atual começa com Dt 28. Este manuscrito atualmente se encontra em Jerusalém. O segundo manuscrito, o de Leningrado ou São Petersburgo, foi concluído em 1009, e é portanto o "código" bíblico completo mais antigo em nosso poder.

A descoberta dos rolos de Qumran

Em 12 de abril de 1948, o *Times* de Londres, retomando provavelmente uma comunicação reservada da Asor (American School of Oriental Research), publicou na sua edição matutina a notícia da descoberta de alguns manuscritos no Deserto de Judá e muito sucintamente também uma hipótese sobre a origem dos rolos. Os essênios que ainda hoje – embora não mais sem objeções – são ligados aos manuscritos e ao sítio de Qumran eram já citados nesta curta comunicação jornalística. O mundo científico teve a notícia oficial da descoberta graças a uma breve apresentação dos rolos publicada na edição de setembro da revista *Biblical Archaeologist*. No outubro seguinte é publicado outro artigo no *Bullettin of the American School of Oriental Research*. Em 3 de outubro, enfim, o público israelita tomou conhecimento da notícia graças a um artigo do jornal hebraico *Davar* de título equivocado, mas impactante: "Descoberta o ano passado uma Geniza no deserto judaico". Tanto a menção dos essênios por parte do *Times* quanto a de uma Geniza – normalmente a denominação de um depósito contíguo a uma sinagoga para a conservação de manuscritos litúrgicos não mais utilizáveis em virtude de seu grau de desgaste – por parte do cotidiano israelense se revelaram informações imprecisas. Seja como for, o grande público tomou conhecimento da existência dos rolos.

PAGANINI, S. *La capra di Qumran* – Realtà e leggenda di una scoperta archeologica. Bolonha: EDB, 2013, p. 19-20.

As primeiras listas de livros

A partir de qual época podemos falar de listas ou de coletâneas de livros? Neste item falarei das primeiras atestações de elencos ou listas de livros que mais tarde entrarão no "cânone". Na verdade, não me refiro à formação do cânone como tal, porque o termo "cânone" pressupõe uma lista oficial e fechada, sancionada pela autoridade competente. Antes da formação do cânone no sentido estrito da palavra, contudo, assistimos ao nascimento de coletâneas de livros autorizados, considerados "inspirados" e particularmente úteis para explicar ou plasmar a identidade do "verdadeiro Israel".

A Bíblia hebraica existia antes dos manuscritos de Qumran, a maioria dos quais foi redigida aproximadamente entre 150 a.C., data da fundação da comunidade, e 68 d.C., ano da sua destruição. Uma das primeiras atestações da existência de uma "Bíblia" no sentido lato da palavra, quer dizer, de uma coletânea de livros sagrados, encontra-se no prólogo da tradução grega do livro sapiencial do Sirácida (Jesus ben Sirá) por parte do neto do autor. Nesse texto, fala-se de uma Bíblia em três partes: a Lei, os profetas, e um terceiro grupo não muito bem definido ("os outros livros", "os livros que se seguem"). Com toda probabilidade, esta terceira parte corresponde aos chamados "Escritos" da Bíblia hebraica (Salmos, Jó, Provérbios etc.). De acordo com o próprio neto do Sirácida, a tradução foi feita depois do ano 38 do rei do Egito Evérgeta, ou seja, depois de 138 a.C.

No mesmo livro do Sirácida, escrito por volta do ano 180 a.C., encontramos algumas claras alusões à existência de coletâneas de livros sagrados como, por exemplo, a dos doze profetas menores (49,10). Além disso, no famoso "Elogio dos antepassados" (Sir 44–50), o Sirácida cita diversos personagens importantes da história de Israel segundo uma ordem, que é a do cânone adotado pela Bíblia hebraica (Lei, Profetas, Escritos). No entanto, alguns "livros" ou personagens, como Esdras, Daniel e Ester, não são mencionados. Uma possível alusão à divisão tripartida das Escrituras encontra-se em Sir 39,1, onde se lê: "Não assim aquele que aplicou sua alma à Lei do Altíssimo e a medita. Perscruta a sabedoria de todos os antigos, consagra seus lazeres às profecias". Não obstante sua concisão, esses textos permitem afirmar a existência de coletâneas de livros considerados essenciais para a formação da identidade e da "consciência coletiva" do povo de Israel, livros subdivididos em três seções distintas. No entanto, ainda não se pode falar de um verdadeiro cânone estabelecido e fechado. Os livros são considerados autorizados, revestidos de uma autoridade divina, mas o cânone como tal ainda não está definitivamente "fechado". Isso vale antes de tudo para a terceira parte da Bíblia hebraica, os Escritos, seção que contém livros menos importantes e que será por muito tempo objeto de discussões e de mudanças.

O Segundo Livro dos Macabeus (2Mc 2,13), escrito por volta do ano 160 a.C., recita: "Estas mesmas coisas se encontravam escritas nas atas e nas memórias de Neemias. Também ali se conta como Neemias fundou uma biblioteca, onde reuniu os livros referentes aos reis e aos profetas, bem como os escritos de Davi e as cartas dos reis a respeito das oferendas". De acordo com esse texto, Neemias, que reconstruiu as muralhas de Jerusalém depois do exílio, por volta de 445 a.C., teria fundado também uma biblioteca que continha dois tipos de livros: crônicas sobre os reis e sobre os profetas, e textos legislativos dos reis sobre o culto, em especial sobre certos tipos de oblações a serem oferecidas no templo. Estranhamente, a Lei de Moisés como tal não é mencionada.

No mesmo Segundo Livro dos Macabeus, lemos ainda que Judas Macabeu encorajava os judeus com as palavras da Lei e dos profetas (2Mc 15,9). Esse texto supõe, portanto, a existência das duas partes mais importantes da Bíblia hebraica.

Em Qumran foram encontrados fragmentos mais ou menos importantes, em alguns casos rolos praticamente inteiros, de quase todos os livros do cânone hebraico da Bíblia, com exceção de Ester. Esse livro, na sua versão hebraica mais curta, é uma obra completamente profana que nunca cita o nome de Deus. Quase sempre, o livro serve, na tradição hebraica, para legitimar uma festa chamada *Purim* em hebraico, correspondente ao nosso carnaval (cf. Est 9,20-32). É provável que a rigorosa seita dos essênios não estivesse muito interessada em tal celebração.

Além dos livros do cânone hebraico, foram encontrados fragmentos do livro do Sirácida, da Carta de Jeremias e do Livro de Tobias, escritos presentes no cânone cristão. Enfim, a biblioteca de Qumran continha cópias de certo número de livros não canônicos, como os livros dos *Jubileus* e de *Henoc*, sem falar dos diversos escritos da própria seita de Qumran. Não há indícios que permitam dizer que os essênios de Qumran tenham feito diferenças essenciais entre esses escritos. Em Qumran vigorava um princípio de seleção, mas não se pode falar de um cânone fechado no sentido estrito da palavra.

As alusões à Escritura nos evangelhos e no restante do Novo Testamento são numerosas, mas quase sempre se referem às duas primeiras partes da

Bíblia, ou seja, a Lei e os profetas[36]. Num único texto do Evangelho encontramos uma expressão que alude a uma possível divisão tripartida da Bíblia. Trata-se de Lc 24,44, em que o Cristo ressuscitado explica aos discípulos reunidos "tudo o que está escrito [sobre Ele] na lei de Moisés, nos profetas e nos Salmos". O texto menciona explicitamente os Salmos, o livro mais importante dos Escritos, porque eles serão abundantemente utilizados nos Atos dos Apóstolos para mostrar que a paixão, a morte e a ressurreição de Cristo fazem parte de um projeto divino revelado nas Escrituras. Os "Salmos" mencionados por Lc 24,44 certamente devem ser ligados ao Saltério que conhecemos. Contudo, não é totalmente seguro que naquela época já estivesse consolidado um Saltério "canônico" de 150 salmos. Alguns autores afirmam que os "Salmos" de Lc 24,44 correspondem a todos os "Escritos" ou ao menos a grande parte desta terceira seção da Bíblia hebraica. A conjectura, embora continue a ser uma conjectura, com certeza é razoável, porque o Novo Testamento cita diversos textos desta terceira seção.

Temos outro testemunho importante a respeito do caráter "inspirado" e autorizado dos Salmos no Evangelho de João. Numa controvérsia com as autoridades judaicas sobre a filiação divina de Jesus, este último invoca o texto do Sl 82,6, em que Deus diz: "Eu disse: vós sois deuses" (Jo 10,34). Quando introduz o texto, o Jesus do Quarto Evangelho chega a afirmar: "Não está escrito na vossa *Lei*...?" (10,34), para dizer que o texto faz parte da Escritura (cf. Jo 7,49; 12,34; 15,25). Contudo, este modo de falar significa que, para o Quarto Evangelho, os Salmos são considerados Escrituras sagradas semelhantes à própria Lei (*Torah*). Enfim, Jesus acrescenta que "não se pode abolir a Escritura" (10,35), mostrando de uma vez por todas que o texto do salmo certamente faz parte das "Escrituras" autorizadas e indiscutíveis. Com o Evangelho de João, estamos no mínimo no final do século I d.C.

O Novo Testamento, portanto, certamente conhece uma "Bíblia" que contém a Lei de Moisés (o Pentateuco) e uma série de livros proféticos, mas também o livro dos Salmos e diversos outros livros, uma parte importante dos Escritos. Contudo, não se sabe exatamente quais livros pertencem a estas três categorias.

---

36 Cf., entre outros, Mt 5,17; 7,12; 11,13; 22,40; Lc 16,16; 24,27.44; Jo 1,45; At 13,15; 24,14; 26,22; 28,33; Rm 3,21. Em Lc 16,29.31; 24,27 e At 26,22 fala-se de Moisés e dos profetas, expressão equivalente a "Lei e Profetas", porque de qualquer modo se trata da "Lei de Moisés".

O Novo Testamento cita numerosos livros "canônicos" do futuro cânone hebraico[37], mas também livros deuterocanônicos como Sirácida, Sabedoria, 1-2 Macabeus, Tobias, e até escritos não canônicos, escritos provavelmente populares naquele tempo e considerados "autorizados" ou "clássicos", como os *Salmos de Salomão, 1-2 Esdras, 4 Macabeus, A Assunção de Moisés* e *Henoc*. É evidente que o cânone das Escrituras ainda não tinha sido estabelecido na época da redação do Novo Testamento. Há uma série de livros conhecidos, cuja autoridade não está em discussão, mas as fronteiras entre livros "canônicos" e livros "não canônicos" ainda são flexíveis.

Entre os primeiros escritores hebraicos, dois são mais interessantes por terem vivido durante o século I d.C. São, portanto, quase contemporâneos dos apóstolos. O primeiro, Filo de Alexandria (30 a.C.-50 d.C. ca.), na sua obra *De vita contemplativa* 3,25, fala explicitamente de uma Bíblia dividida em três partes quando menciona "a Lei, as palavras proféticas, os hinos e as outras obras" graças às quais o conhecimento e a devoção podem aumentar e ser aperfeiçoados.

O historiador judeu Flávio Josefo (ca. 37-107 d.C.), em sua obra *Contra Apion* 1,8 § 39-41, fala dos cinco livros da Lei, de treze livros proféticos e de quatro livros com hinos a Deus e preceitos para a vida humana (Salmos, Cântico, Provérbios e Eclesiastes: este último livro também é chamado Qohelet, segundo o seu nome hebraico). Desse modo, chega a um total de vinte e dois livros, que é o número das letras do alfabeto hebraico.

O total dos livros é, contudo, de vinte e quatro e não de vinte e dois para *4 Esdras*, um livro apócrifo que não faz parte do cânone bíblico. Nos tratados do comentário jurídico da Bíblia feito pelos judeus na Babilônia e em Israel no século IV d.C., o Talmude, há algumas menções aos "Escritos". Outros tratados criticam o livro do Profeta Ezequiel porque contém instruções não conformes às leis do Pentateuco. Já naquela época, portanto, os rabinos comparavam as diversas partes da Bíblia de que dispunham, em especial a Lei e os profetas, dando prioridade à Lei.

No entanto, o cânone ainda não estava totalmente estabelecido. A ordem dos livros ainda era flexível e continuava-se a discutir sobre a oportunidade de integrar alguns livros como Provérbios, Qohelet, Ester e o Cântico dos Cânticos. Ester e o Cântico quase nunca falam de Deus, o Cântico con-

---

37 Faltam citações explícitas dos seguintes livros: Josué, Juízes, 2 Reis, 1-2 Crônicas, Esdras, Neemias, Rute, Cântico dos Cânticos, Qohelet, Ester, Lamentações, Judite, Baruc, Abdias, Sofonias, Naum.

tém cantos de amor profano, e o livro de Qohelet é uma longa meditação sobre a vaidade das coisas que eventualmente parece dessacralizante e desrespeitosa. Contudo, os especialistas distinguem entre as discussões "eruditas" que se realizam nos círculos restritos das escolas rabínicas e a recepção dos livros bíblicos nas comunidades dos fiéis. De acordo com eles, os debates testemunham que os livros na verdade eram amplamente difundidos e aceitos no mundo hebraico. Se não fosse assim, os rabinos não teriam discutido sobre sua "canonicidade" ou, para ser mais precisos, sobre seu caráter "sagrado" ou "inspirado".

No que diz respeito à ordem dos livros, ela é mais estável para os primeiros do que para os últimos. De acordo com a *Baraita B.B.* 14b do Talmude babilônico, temos a seguinte ordem: Pentateuco; depois os profetas, ou seja, Josué, Juízes, 1-2 Samuel, 1-2 Reis, Jeremias, Ezequiel, Isaías, os doze profetas menores; enfim os Escritos: Rute, Salmos, Jó, Provérbios, Eclesiastes (Qohelet), Cântico, Lamentações, Daniel, Ester, Esdras (e Neemias), 1-2 Crônicas. A lista do Talmude integra os livros discutidos, ou seja, Ezequiel, Provérbios, Eclesiastes (Qohelet), o Cântico e Ester. Deve-se observar, por fim, que já para o Talmude as Crônicas vêm depois dos livros de Esdras e Neemias. Esta ordem pode ser surpreendente, uma vez que a ordem cronológica exigiria a sequência 1-2 Crônicas e depois Esdras-Neemias. Nos dois grandes manuscritos hebraicos em nosso poder (Alepo e Leningrado), as Crônicas precedem os Salmos na terceira seção das Escrituras. Podemos apenas dizer que a ordem dos livros é estável até o Segundo Livro dos Reis. Depois existem variações, às vezes importantes.

Os judeus discorrem longamente sobre os livros a serem aceitos no cânone, mas durante muito tempo não dizem nada ou quase nada sobre os livros que deveriam ser excluídos. Por esse motivo, os estudiosos afirmam que o cânone ainda não estava totalmente definido na época do Novo Testamento e que é preciso esperar até o início do século III d.C. para chegar a decisões claras a esse respeito. Temos uma confirmação desse fato no Talmude, redigido a partir do século IV d.C. O cristianismo, portanto, não recebeu do judaísmo um "cânone" já estabelecido.

Cânone breve e cânone longo

Vimos até aqui que as discussões sobre o cânone se prolongam por muito tempo no interior do judaísmo, ao menos até o século III, se não até o século IV d.C. O mesmo vale também para o cristianismo. De fato, alguns personagens renomados preferiam o cânone breve (hebraico) àquele mais longo que encontramos nos manuscritos da tradução grega dos LXX. Entre os defensores do cânone breve (hebraico), encontram-se alguns nomes famosos como Melito de Sardes (século II), Orígenes (ca. 185-ca. 254), Cirilo de Jerusalém (313/315-386), Atanásio (295-373), Gregório Nazianzeno (ca. 330-ca. 390), Gregório de Nissa (ca. 335-ca. 395), Epifânio (ca. 315-ca. 403), Rufino de Aquileia (ca. 340-ca. 410), Jerônimo (ca. 347-ca. 420), Gregório Magno (ca. 540-ca. 604), João Damasceno (final do século VII-ca. 749), Hugo de São Vítor (nascido em Ypres [Bélgica] e morto em Paris em 1141), Nicolau de Lira (1270/1275-1340), e o Cardeal Tommaso di Vio (Gaetano em italiano ou Cajetan em espanhol, 1469-1534). Este último procurou inutilmente um caminho de mediação entre protestantes e católicos. Só o Concílio de Trento porá fim às discussões, ao menos no que diz respeito ao mundo católico. Em teoria, mas apenas em teoria, os protestantes consideram o cânone não fechado e, portanto, julgam que não existe um verdadeiro "cânone" fixo dos livros inspirados.

É preciso acrescentar que os livros mais lidos e mais comentados não são os chamados livros "deuterocanônicos" ou "apócrifos". Basta passar numa biblioteca bíblica ou numa livraria especializada para constatar que os comentários e os estudos dedicados a esses livros são muito menos numerosos do que os consagrados aos livros mais "clássicos" do cânone breve da Bíblia hebraica.

A formação do cânone hebraico "breve"

Quando se fala da formação do cânone hebraico da Bíblia é inevitável aludir à Academia de Jâmnia ou até ao chamado "Concílio de Jâmnia". No entanto, as teorias a esse respeito são bem divergentes. De que se trata?

Jâmnia (Jabné) é uma pequena cidade costeira próxima da atual Tel Aviv, onde o famoso Rabino Yohanan ben Zakkai decidiu fundar uma academia depois da destruição de Jerusalém pelo exército romano em 70 d.C. Naquele momento, Israel perdeu pela segunda vez o templo[38], um dos mais importantes símbolos da sua identidade religiosa e nacional. Jerusalém também havia sido destruída pela segunda vez. Então, os judeus decidiram que a

---

38 A primeira destruição do Templo de Jerusalém remonta ao ano de 586 a.C. O templo foi destruído pelo exército babilônico de Nabucodonosor após uma rebelião do Rei Sedecias, que num primeiro momento se declarara vassalo do rei da Babilônia.

única maneira de sobreviver às cruéis vicissitudes da história era a fidelidade à *Torah* (Lei). Assim, o "livro" assumiu o lugar do templo[39].

Yohanan ben Zakkai era um fariseu e, portanto, aceitava entre os livros inspirados não apenas a *Torah*, mas também os profetas anteriores e posteriores, e uma série de "escritos". Os fariseus, ao contrário do que se pensa, eram "progressistas", quase sempre provenientes das camadas menos abastadas da população. Estavam voltados mais para o futuro do que para o passado, eram também mais abertos do que outros grupos, como o dos saduceus, membros das grandes famílias sacerdotais de Jerusalém, embora a imagem um tanto caricatural traçada pelos evangelhos muitas vezes dê uma impressão diferente. No que diz respeito ao "cânone", os fariseus afirmavam a existência de uma "lei oral" ao lado da "Lei escrita", lei oral que remontava ao próprio Moisés e que permitia adaptar a Lei escrita às novas circunstâncias. Com toda a probabilidade, eles identificavam a origem dessa tradição oral nos livros proféticos e nos Escritos, e por essa razão os consideravam "inspirados". Além disso, o interesse pela observância da Lei, que, para os fariseus, era mais importante do que o culto, era corroborado por vários textos proféticos e por alguns textos sapienciais (cf., p. ex., Sl 1 e 119). Assim, a tradição que se apresenta como "posterior" à Lei na ordem dos livros[40] justificava e legitimava a atividade interpretativa e explicativa da Lei por parte dos escribas e dos doutores da Lei, em grande parte fariseus.

A Academia de Jâmnia, para voltar ao nosso tema, preocupou-se muito com o futuro da comunidade judaica. Em relação a isso, muitas vezes se fala de um "Concílio de Jâmnia" que aconteceu, talvez, por volta do ano 90 d.C. As notícias sobre esse suposto "concílio", porém, são escassas. Seria até melhor evitar falar de "concílio" porque as decisões tomadas não tiveram, de modo algum, a força dos decretos de um concílio similar aos organizados pelas Igrejas cristãs.

Depois da Galileia, a academia se estabeleceu primeiro em Sepporis, perto de Nazaré, depois em Tiberíades, após a segunda rebelião dos judeus em 131-135 d.C. e a segunda tomada de Jerusalém por parte dos romanos sob o Imperador Adriano.

---

39 A evolução havia começado algum tempo antes, sobretudo no interior do movimento farisaico, muito mais centrado na observância da Lei do que na oferta de sacrifícios.

40 Não falamos da cronologia da redação dos livros, mas da sua sequência no "cânone".

Neste período conturbado, os judeus insistem muito na importância da Lei e tendem a abandonar um grande número de livros apocalípticos por terem se tornado perigosos, especialmente após as fracassadas rebeliões de 66-70 e de 131-135 d.C. Por outro lado, pode-se observar uma tendência a não levar em conta os livros escritos depois de Esdras ou depois da reforma a ele atribuída. Muitos dos escritos aceitos por cristãos, por sua vez, são posteriores à pretensa reforma de Esdras (entre 450 e 400 a.C.)[41]. Contudo, a data exata importa pouco. É bem claro que os judeus veem nos livros de Esdras e Neemias uma antecipação e uma legitimação da própria atividade. Esses livros descrevem a reconstrução do templo e da cidade de Jerusalém. Esdras é um "escriba versado na Lei de Moisés" (Esd 7,6) que volta do exílio trazendo a Lei do seu Deus com a missão, recebida do rei da Pérsia, Artaxerxes, de fazê-la respeitar por seu povo (7,14). Com toda a probabilidade, os judeus reunidos na Academia de Jâmnia e em outros lugares viram em Esdras e na sua missão uma prefiguração da própria missão. O restante da história de Israel era muito menos interessante e não acrescentava nada ao que era considerado necessário para permitir a sobrevivência do povo de Israel. O cânone assim definido, ao menos nas suas grandes linhas, começava com a *Torah* dada por Deus a Moisés e terminava com a sua proclamação por parte de Esdras. A cena da leitura pública da *Torah* por Esdras em Ne 8 provavelmente pareceu fundamental aos olhos dos judeus depois da destruição de Jerusalém. O povo que retornara do exílio pusera nesta Lei a sua confiança e a sua esperança. Mesmo depois da segunda destruição do templo e da cidade de Jerusalém, os judeus eram chamados a reconstruir a própria identidade sobre o mesmo alicerce.

O único livro posterior a Esdras que entrou no cânone hebraico é o de Daniel. Foi escrito provavelmente em aramaico numa forma breve, mas foi complementado com uma introdução e alguns capítulos conclusivos em hebraico. O motivo de sua inclusão não é totalmente claro. Contudo, parece que o livro, que descreve sobretudo as condições dos judeus durante o exílio, foi considerado pertencente a esse período. Por outro lado, o livro contém muitos relatos que só podiam encorajar os judeus a permanecer fiéis à fé de seus antepassados, como por exemplo o famoso episódio dos três jovens lançados na fornalha por terem se recusado a adorar a estátua de ouro de

---

41 O personagem de Esdras e sua atividade estão entre os "mistérios" mais complexos da história de Israel. O Sirácida, no seu elogio dos antepassados, menciona Neemias, mas não Esdras (49,13).

uma divindade pagã, e milagrosamente salvos (Dn 3). Trata-se, portanto, de um livro particularmente adequado à situação dos judeus dispersos após a queda de Jerusalém em 70 d.C.

Devemos acrescentar, porém, que temos de ser prudentes no que diz respeito à formação do cânone hebraico. As comunidades judaicas e seus responsáveis incluíam livros e excluíam outros, e por isso não temos elementos certos para poder afirmar que o cânone breve da Bíblia hebraica tenha sido estabelecido antes do século IV d.C.

Os outros cânones hebraicos (samaritanos, saduceus, essênios)

O cânone dos samaritanos[42]. Os samaritanos que se separaram dos outros judeus provavelmente durante o século II a.C. têm como única "Escritura" os cinco livros da Lei, ou seja, o Pentateuco[43]. Por que eles excluíram de sua Bíblia os livros proféticos e os Escritos? As razões não são muito claras, mas podemos tentar oferecer algumas conjecturas bastante plausíveis. Os livros proféticos e os Escritos, de fato, podiam causar muitas dificuldades para os samaritanos que consideravam o único templo escolhido por Deus, não o de Jerusalém, mas o do Monte Garizim, perto de Siquém, no antigo Reino do Norte[44]. O Pentateuco, como se sabe, nunca fala de Jerusalém[45]. Quando fala da cidade santa e do templo, o livro do Deuteronômio utiliza a famosa perífrase "o lugar onde o Senhor fará habitar o seu nome" (Dt 12,5 e passim). Para os samaritanos, este lugar é o Garizim, enquanto, para os outros judeus, trata-se evidentemente de Jerusalém.

Jerusalém torna-se um lugar particularmente importante nos chamados livros históricos (1-2Sm e 1-2Rs), nos quais se dedica muito espaço ao

---

42 O Pentateuco samaritano foi encontrado pelo viajante Pietro della Valle no ano de 1616 em Damasco e publicado nas bíblias poliglotas de Paris (Le Jay, 1645) e de Londres (Walton, 1657). O católico francês Jean Morin observou que o texto samaritano concordava em diversos lugares com a Septuaginta e com a Vulgata. Por este motivo, o samaritano logo se torna um tema controvertido, porque os católicos o utilizavam nas discussões com os protestantes para defender o valor da Vulgata.

43 A data desse cisma foi discutida por muito tempo, mas hoje existe certo consenso a esse respeito.

44 A antiga Siquém é próxima da atual cidade palestina de Naplus. O sítio arqueológico se chama *Tel el-Balata*.

45 Uma das duas possíveis alusões a essa cidade encontra-se em Gn 14,18, onde se menciona Melquisedec, rei de Salem. Essa cidade muitas vezes é identificada com Jerusalém. Outra possível alusão encontra-se em Gn 22,14, que fala de modo velado da montanha onde Deus se faz ver. Trata-se da montanha sobre a qual Abraão devia sacrificar seu filho Isaac. 2Cr 3,1 identifica essa montanha, chamada Moriyya em Gn 22,2, com a montanha do Templo de Jerusalém.

templo da cidade santa, algo que não podia ferir a sensibilidade dos samaritanos que consideravam o templo do Monte Garizim como único templo legítimo. Diversos profetas, em particular Isaías e Jeremias, atribuem muita importância a Jerusalém e ao seu templo, e o mesmo vale para diversos salmos. Há também muitos textos e oráculos proféticos contra Efraim, ou seja, o Reino do Norte, reino com o qual os samaritanos se identificavam. Portanto, existem motivos suficientes para entender a escolha samaritana de excluir do cânone os livros proféticos e os Escritos.

Um detalhe de crítica textual permite ilustrar a polêmica entre judeus e samaritanos. O texto de Dt 27 contém uma série de instruções de Moisés e dos anciãos do povo sobre tarefas importantes a serem realizadas após a entrada na terra prometida. Trata-se, particularmente, da construção de um altar e da edificação de pedras que deviam ser caiadas para poder escrever nelas todo o texto da Lei (Dt 27,1-8). De acordo com o texto massorético[46], texto do judaísmo oficial e ortodoxo, é preciso levantar as pedras e construir o altar sobre o Monte Ebal, um monte que se encontra em frente do Monte Garizim (Dt 27,4). No Pentateuco samaritano, ao contrário, tudo se desenvolve sobre o Monte Garizim. Há boas razões para considerar que o samaritano é o texto originário. De fato, os judeus tinham bons motivos para substituir "Garizim" por "Ebal", uma vez que o texto legitimava o culto dos samaritanos precisamente sobre o Monte Garizim, em particular a oferta dos sacrifícios (cf. Dt 27,5-6). A insistência no Monte Garizim está presente também num outro ponto estratégico do Pentateuco samaritano, na lei sobre a construção do altar em Ex 20,17, onde se acrescenta o nome do monte, enquanto o texto massorético não contém nenhuma indicação de lugar.

O Pentateuco samaritano diferencia-se do texto massorético em alguns outros pontos[47]. Existem cerca de trinta importantes "expansões" (acréscimos), que muitas vezes têm o objetivo de conciliar textos colocados em diversas partes do Pentateuco.

---

46 Os massoretas são os escribas que inventaram um complexo sistema de notas, de acentos e de vogais para preservar o texto hebraico do Antigo Testamento hebraico. Foram atuantes em Tiberíades por volta do século V d.C. A origem e a data deste trabalho ainda são objeto de discussão por parte dos especialistas.

47 Há cerca de 6.000 variantes entre o texto massorético e o Pentateuco samaritano. 1.900 dessas variantes são comuns à tradução grega da Septuaginta e ao Pentateuco samaritano. O cotejo das diferenças remonta ao erudito Edmund Castell (Castellus), que em 1669 as acrescentou ao sexto volume da Poliglota de Londres, obra de Brian Walton (1657). O texto samaritano é também surpreendentemente semelhante em alguns pontos aos textos encontrados em Qumram.

O cânone dos saduceus. Os saduceus, ou seja, os membros das famílias sacerdotais de Jerusalém, são conhecidos sobretudo graças ao Novo Testamento e os escritos de Flávio Josefo. Desapareceram depois da destruição do Templo de Jerusalém e não temos testemunhos diretos sobre o cânone de suas Escrituras. Geralmente, afirma-se que seu cânone compreendia apenas o Pentateuco. Isso foi contestado, mas há motivos sólidos para pensar que os saduceus, embora se possa falar de um "cânone" próprio, consideravam "canônicos" e inspirados apenas os primeiros cinco livros da Bíblia. Na realidade, estes livros contêm tudo aquilo que interessava aos saduceus, ou seja, as leis sobre o culto do templo. As críticas do culto que encontramos nos livros proféticos[48], assim como as esperanças escatológicas, não deviam ser muito apreciadas por eles. Por outro lado, graças a alguns textos do Novo Testamento, sabemos que os saduceus não acreditavam na ressurreição dos mortos (Mt 22,23-33; At 23,6-10). Ora, esta fé é expressa de modo explícito nos livros proféticos (Is 26,19; Ez 37,4-14) e nos Escritos (Dn 12,2).

Os saduceus, que frequentemente colaboravam com o ocupante, eram quase sempre a favor do *status quo* político que favorecia o *establishment* do qual faziam parte. Esta postura é bem-ilustrada pelo episódio narrado pelo Evangelho de João, no cap. 11, vers. 45-54, onde o sumo sacerdote do templo, Caifás, teme que o sucesso de Jesus atraia a atenção dos romanos e que estes últimos, para prevenir uma rebelião, destruam o templo e a nação (11,48). O relato de João certamente foi escrito depois da destruição do templo em 70 d.C., mas ainda assim continua a ser indicativo da mentalidade reinante naquele período entre as autoridades do povo judaico.

Os sacerdotes falam de "segurança nacional" e estão interessados na defesa do templo. De nenhum modo querem alimentar os apetites revolucionários de uma população oprimida. Ao contrário, os profetas em geral criticam severamente as potências estrangeiras, e alguns têm esperança em "tempos novos" em que Israel será novamente livre[49]. Esses textos podiam ser utilizados para fomentar rebeliões contra o ocupante romano e, portan-

---

48 Cf., p. ex., Is 1,10-20; 58,1-14; Jr 6,20; 7,1–8,3; Am 4,4-5; 5,5; 5,21-27 etc.

49 Cf., p. ex., os "oráculos contra as nações" em Is 13–23; Jr 25,15-38; 46–51; Ez 25–32; Am 1–2; Abd; Na; Hab etc. Os profetas eram contrários também às alianças com os povos estrangeiros (cf. Os 5,13; 7,11-13; 8,8-10; 12,2; 14,3-4; Is 8,6-8; 30,1-5; 31,1-3; Jr 2,12-13.18; 17,5-8.13...). Sobre a esperança num julgamento de Deus e em "tempos novos", cf. Is 24–27; 40–55; Jr 31–33; Ez 40–48; Os 14,2-10; Am 9,13-15; Mq 7,8-20; Sf 3,9-20; Zc 12–14 etc.

to, é bastante compreensível que os prudentes saduceus relutassem em aceitá-los no seu "cânone".

Flávio Josefo diz que os saduceus rejeitavam as tradições orais dos fariseus e se atinham apenas à Lei escrita (*Antiguidades* 18,16 e 13,297), ou seja, ao Pentateuco. Por outro lado, os fariseus viam nos livros proféticos e nos Escritos testemunhos de uma continuidade entre a "Lei escrita" do Pentateuco e sua tradição oral. Tudo isso explica por que os saduceus tinham poucos motivos para aceitar como Escritura os livros proféticos e os escritos. A ideia é confirmada por Orígenes (*Contra Celso* 1,49) e Jerônimo (*Comentário ao Evangelho de Mateus* 22,31-33), que conheciam muito bem o mundo judaico.

O cânone dos essênios. Temos poucos indícios para poder falar com certeza do "cânone" dos essênios porque não possuímos nenhuma "lista" a esse respeito. Em Qumran foram encontrados cópias ou fragmentos de todos os livros bíblicos, exceto um, o livro de Ester. Além disso, muitos outros textos foram encontrados em sua biblioteca. A pergunta que surge imediatamente é saber se os essênios tinham incluído em seu "cânone" alguns escritos de sua comunidade. Existem alguns motivos que depõem em favor desta opinião. Por exemplo, o famoso *Rolo do templo* era tratado pelos essênios do mesmo modo que a própria *Torah*. O rolo contém um projeto de "sociedade perfeita" na terra prometida e descreve com riqueza de detalhes o templo, o culto e o governo deste "Israel perfeito". No rolo, segundo o Professor Yigael Yadin, que conseguiu adquiri-lo em Belém durante a Guerra dos Seis Dias em 1967, existem diversos indícios que levam a crer que era tratado como um livro da *Torah*. Por exemplo, o rolo substitui o nome divino por pronomes em primeira pessoa do singular para transformar o texto em um discurso direto pronunciado por Deus. A escrita adotada é a reservada aos livros bíblicos canônicos. Enfim, o texto é muito longo e foi recopiado muitas vezes, mais do que o rolo de Isaías, outro livro muito popular na seita de Qumran.

Para concluir, podemos dizer que a comunidade de Qumran havia integrado em seu "cânone" outros livros importantes para a vida de seus membros, apesar de não termos testemunhos seguros a esse respeito.

Origem do cânone longo dos cristãos

Durante muito tempo pensou-se que os cristãos tinham herdado seu cânone longo da comunidade judaica de língua grega que se estabelecera na grande cidade helenística de Alexandria, no Egito. As descobertas de Qumran, contudo, demonstraram que diversos livros conhecidos em Alexandria eram conhecidos também na Palestina, como por exemplo o livro de Tobias ou o livro do Sirácida. Além disso, há também semelhanças bastante interessantes entre o texto grego da Septuaginta que nasceu em Alexandria e o texto hebraico da Bíblia usada em Qumran. Existiam, portanto, diversos "cânones" e diversas formas textuais até a época do Novo Testamento.

Geralmente afirma-se que os cristãos mantiveram diversos livros que continham "profecias messiânicas" ou visões apocalípticas que eram úteis nas suas discussões sobre o papel de Jesus Cristo na história da salvação. Talvez isso seja verdade, mas vimos que também os judeus incluíram em seu cânone o livro de Daniel, muito apreciado pelos cristãos, especialmente em virtude da famosa visão do Filho do Homem de Dn 7, rapidamente aplicada a Cristo.

Um dos motivos principais da escolha de um cânone mais longo por parte dos cristãos deve ser buscado na vontade de mostrar a estreita ligação entre aquele que rapidamente se torna para eles o Antigo Testamento e os escritos do Novo Testamento. A ligação estreita entre Antigo e Novo testamentos se traduz, em parte, na vontade de prolongar a história de Israel até o alvorecer do cristianismo. Este motivo permite explicar, por exemplo, a presença, no cânone cristão, de livros como Tobias, Judite, 1-2 Macabeus, que criam uma "ponte" narrativa entre a reconstrução do templo e a reforma de Esdras, de um lado, e o nascimento de Jesus Cristo, do outro. Os livros sapienciais, como os do Sirácida ou da Sabedoria, são de composição recente. Incluí-los no cânone equivalia a afirmar que a inspiração não terminara com a reforma de Esdras, como afirmavam os judeus.

Enfim, convém lembrar que a Bíblia usada pelos cristãos foi, na maioria das comunidades da diáspora, a versão grega dos LXX. Nas discussões sobre o messianismo e o cumprimento das Escrituras na pessoa e na missão de Jesus Cristo, os cristãos partiam do texto grego de que dispunham. Os judeus, por sua vez, argumentavam a partir do texto hebraico e afirmavam com força o valor superior desse texto sobre a tradução grega. A exclusão do cânone hebraico de alguns livros transmitidos unicamente em grego, como por exemplo o livro da Sabedoria, ou de alguns trechos de Ester[50] e de Da-

---

50 Existem inúmeras diferenças entre o texto hebraico e as duas principais versões do texto grego. Seja como for, o texto grego é mais teológico porque Deus ali intervém de modo explícito, ao passo que está patentemente ausente na versão hebraica mais antiga. A oração de Ester, p. ex., só existe na versão grega.

niel[51] explica-se com o mesmo motivo. A comunidade judaica explicitamente desejou conservar sua autenticidade permanecendo fiel à língua hebraica. Aceitar no cânone livros escritos em grego teria parecido uma traição da fé dos antepassados judeus e uma abertura indevida ao mundo helenístico e pagão, embora os judeus daquela época não falassem hebraico e sim aramaico. As polêmicas entre judeus e cristãos nos dois primeiros séculos poderiam explicar muito bem algumas escolhas "táticas" de um lado e de outro em relação ao cânone. Em poucas palavras, os judeus preferiam um cânone não aberto para um futuro "cristão", mas concentrado na fidelidade a um ideal de observância da Lei que remontava à reforma de Esdras.

O cânone "breve" das Igrejas protestantes

O cânone mais breve das Igrejas protestantes corresponde, no que diz respeito aos livros do Antigo Testamento, ao cânone "breve" da Bíblia hebraica. São, portanto, excluídos os livros deuterocanônicos, chamados "apócrifos" pelos protestantes, livros escritos em grego ou transmitidos apenas na versão grega. Os motivos desta exclusão são vários. Um deles, além disso, está claramente ligado ao espírito da época, ou seja, o espírito do Renascimento. O humanismo do Renascimento queria ser, em grande parte, uma volta às "origens" e sobretudo à Antiguidade, para além da Idade Média. Por esta razão, os humanistas quiseram reencontrar a Bíblia no seu texto original e não mais nas traduções latinas, em particular a chamada Vulgata, obra de São Jerônimo, e excluíram de seu cânone os livros não "originais" por não serem escritos em hebraico, mas em grego.

O motivo da exclusão é, portanto, mais de ordem "literária" que "doutrinal". Tratava-se, para os protestantes, de reencontrar a "Bíblia autêntica" e "original" e de abandonar aquela latina favorita de toda a "tradição" medieval. Deste modo, o lema das Igrejas protestantes *sola scriptura* passa a significar, no que diz respeito ao Antigo Testamento, *sola scriptura hebraica*. Em poucos casos, os protestantes acrescentaram outros argumentos para justificar sua escolha. Por exemplo, os livros de Judite e o Segundo Livro dos Macabeus foram criticados por não serem "históricos". Hoje se admite que

---

51 Como, p. ex., o cântico dos três jovens na fornalha (Dn 3), e quatro histórias bastante famosas na tradição: Daniel e a casta Susana (Dn 13), Daniel e os sacerdotes de Bel, Daniel e a serpente, Daniel no fosso dos leões pela segunda vez (Dn 14; cf. o primeiro episódio de Daniel no fosso dos leões em Dn 6).

muitos outros livros do cânone não são "históricos" no sentido moderno da palavra. Por outro lado, os católicos se apoiavam em 2Mc 12,44-45 para justificar sua doutrina do purgatório. Agora se reconhece a dificuldade de oferecer uma justificativa bíblica convincente dessa doutrina.

É inútil acrescentar que, no que diz respeito ao Novo Testamento, não existem divergências acerca do cânone. As diferenças talvez apareçam na exegese e sobretudo na importância dada a certos escritos mais do que a outros[52].

AS DIFERENÇAS ENTRE A BÍBLIA HEBRAICA, O ANTIGO TESTAMENTO CATÓLICO E O PROTESTANTE

	Tanak		AT católico		AT protestante
	Torah (Lei)		Pentateuco		Livros históricos
1	No princípio	1	Gênesis	1	I Livro de Moisés
2	Os nomes	2	Êxodo	2	II Livro de Moisés
3	E chamou	3	Levítico	3	III Livro de Moisés
4	No deserto	4	Números	4	IV Livro de Moisés
5	As palavras	5	Deuteronômio	5	V Livro de Moisés
	Nebiim (Profetas)		Livros históricos	6	Josué
				7	Juízes
	Profetas anteriores	6	Josué	8	Rute
		7	Juízes	9	1 Samuel
6	Josué	8	Rute	10	2 Samuel
7	Juízes	9	1 Samuel	11	1 Reis
8	1 Samuel	10	2 Samuel	12	2 Reis
9	2 Samuel	11	1 Reis	13	1 Crônicas
10	1 Reis	12	2 Reis	14	2 Crônicas
11	2 Reis	13	1 Crônicas	15	Esdras
	Profetas posteriores	14	2 Crônicas	16	Neemias
		15	Esdras	17	Ester
12	Isaías	16	Neemias		Livros da Sabedoria e Salmos
13	Jeremias	17	Tobias (grego)		
14	Ezequiel	18	Judite (grego)	18	Jó

---

52 Para os protestantes, a Carta aos Romanos é certamente um dos escritos mais importantes. A Carta de Tiago, ao contrário, é comentada mais raramente.

15	Oseias	19	Ester (com acréscimos gregos)	19	Salmos
16	Joel			20	Provérbios de Salomão
17	Amós	20	1 Macabeus (grego)	21	O pregador de Salomão
18	Abdias	21	2 Macabeus (grego)		
19	Jonas		**Livros sapienciais**	22	Cântico dos Cânticos
20	Miqueias	22	Jó		**Livros proféticos**
21	Naum	23	Salmos	23	Isaías
22	Habacuc	24	Provérbios	24	Jeremias
23	Sofonias	25	Eclesiastes	25	Lamentações
24	Ageu	26	Cântico dos Cânticos	26	Ezequiel
25	Zacarias	27	Sabedoria (grego)	27	Daniel
26	Malaquias	28	Sirácida (grego)	28	Oseias
	Ketubim		**Livros proféticos**	29	Joel
	(escritos)	29	Isaías	30	Amós
27	Salmos	30	Jeremias	31	Abdias
28	Jó	31	Lamentações	32	Jonas
29	Provérbios	32	Baruc (grego)	33	Miqueias
30	Rute	33	Ezequiel	34	Naum
31	Cântico dos Cânticos	34	Daniel (com acréscimos gregos)	35	Habacuc
				36	Sofonias
32	Qohelet	35	Oseias	37	Ageu
33	Lamentações	36	Joel	38	Zacarias
34	Ester	37	Amós	39	Malaquias
35	Daniel	38	Abdias		
36	Esdras	39	Jonas		
37	Neemias	40	Miqueias		
38	1 Crônicas	41	Naum		
39	2 Crônicas	42	Habacuc		
		43	Sofonias		
		44	Ageu		
		45	Zacarias		
		46	Malaquias		

O cânone ortodoxo

O cânone ortodoxo é muito parecido com o cânone católico. Algumas edições, contudo, incluem o *Segundo livro de Esdras* ou o *Terceiro livro dos Macabeus*. Na verdade, estes livros são pouco conhecidos e pouco utilizados na liturgia e na exegese, e a Igreja Católica os excluiu na época do Renascimento. Desse modo, as Igrejas ortodoxas, católicas e protestantes distinguem-se porque cada uma delas tem um Antigo Testamento diferente. Isso pode parecer paradoxal porque as diferentes interpretações dos textos sagrados que separam estas Igrejas provêm todas de discussões sobre textos do Novo Testamento. De vez em quando a história nos permite sorrir, e ninguém poderá nos impedir de fazê-lo.

A ordem dos livros nos diversos cânones

Depois deste percurso, vale a pena deter-se agora na ordem dos livros nos diversos cânones, especialmente no que diz respeito ao cânone hebraico e ao cânone cristão.

Na Bíblia hebraica os livros estão divididos em três grandes seções: a Lei (*Torah*), os profetas e os Escritos. A Lei compreende os cinco livros do Pentateuco (Gênesis, Êxodo, Levítico, Números e Deuteronômio); os livros proféticos estão subdivididos em profetas anteriores e profetas posteriores. Os profetas anteriores correspondem, por um lado, aos "livros históricos" da Bíblia cristã e compreendem os livros de Josué, Juízes, 1-2 Samuel e 1-2 Reis. Os profetas posteriores se subdividem mais uma vez em dois; de um lado, os três profetas maiores (Isaías, Jeremias e Ezequiel), de outro, os doze profetas menores (Oseias, Joel, Amós, Abdias, Jonas, Miqueias, Naum, Habacuc, Sofonias, Ageu, Zacarias e Malaquias). Vêm, enfim, os "Escritos", geralmente nesta ordem: Salmos, Provérbios, Jó, depois os "cinco rolos": o Cântico dos Cânticos, Rute, Lamentações, Qohelet e Ester, seguidos de Daniel, Esdras e Neemias, e 1-2 Crônicas.

Neste cânone, a parte mais importante, a Lei, é colocada no início. O resto da Bíblia é visto como um comentário da Lei ou uma reflexão sobre ela. Dois textos significativos encontram-se um no início do livro de Josué, o primeiro entre os livros proféticos, o outro no início do livro dos Salmos, primeiro livro da série dos Escritos, ao menos em muitos manuscritos. Estes dois textos insistem muito na importância da Lei. O primeiro contém um discurso de Deus a Josué, servo de Moisés e encarregado de conquistar a terra (Js 1,7-9):

> Somente sê forte e corajoso, procurando agir de acordo com todas as instruções que Moisés, meu servo, te prescreveu. Não te desvies nem para a direita nem para a esquerda, a fim de te saíres bem em tudo o que fizeres. Não se afaste da tua boca o livro desta Lei; medita-o dia e noite, para observar e cumprir escrupulosamente tudo o que nele está escrito, porque só então farás prosperar teus empreendimentos e serás bem-sucedido. Não te dei esta ordem: "Sê forte e corajoso"? Não tenhas medo, portanto, nem temor, porque Deus, o teu Senhor, está contigo em todos os teus passos.

Este discurso visa mostrar que o sucesso da tarefa confiada a Moisés depende inteiramente da sua observância da Lei. Além da retórica bastante convencional do trecho, deve-se observar a importância que neste momento da história do povo adquire o "livro" da Lei e tudo o que nele está "escrito". A "voz de Deus" chega não por intermédio de pessoas revestidas de uma autoridade particular, sacerdotes ou profetas, mensageiros divinos ou adivinhos, mas do próprio livro. O *livro* da Lei de Moisés contém tudo o que será indispensável saber para poder se orientar durante toda a sua missão.

Desse modo, o *livro* como tal se torna a autoridade suprema em Israel, e não existe nenhuma autoridade humana que pode tomar o lugar dela. Assistimos ao nascimento de um "Estado de direito", onde o arbítrio dos dirigentes é claramente limitado e regulamentado por um escrito, uma "Lei escrita", reconhecida e aceita por todos.

De acordo com este texto programático, os chamados "livros proféticos" são vistos como "interpretação" da Lei. A leitura da história (nos "profetas anteriores") mostrará que a paz, a felicidade e a prosperidade de Israel estão ligadas à sua observância da Lei. Os infortúnios que os atingem, por outro lado, são devidos à sua infidelidade. Os "profetas posteriores" são sobretudo pessoas que de geração em geração enfatizaram a importância da Lei.

O primeiro salmo é semelhante, ao menos em dois pontos, ao que lemos em Js 1,7-9 (Sl 1,1-3):

> Feliz quem não segue o conselho dos ímpios nem se detém no caminho dos pecadores e não participa da assembleia dos zombeteiros; mas na Lei do Senhor está a sua alegria e nela medita dia e noite. Ele será como a árvore plantada à beira do rio, que produz fruto a seu tempo e cujas folhas nunca secam: em tudo o que faz tem sempre sucesso.

O que o livro de Josué dizia sobre o chefe em Israel, o Sl 1 diz sobre todo "justo". Desta vez, o sucesso da vida de cada um está ligado à meditação e à observância da Lei. A intenção é muito clara: a Lei define o verdadeiro israelita, o "justo", e o distingue do ímpio. Assim, a identidade do verdadeiro israelita está condicionada não apenas pelo seu nascimento, mas tão fundamentalmente pela Lei.

Outro texto colocado num lugar estratégico confirma esta opinião. Entre as últimas palavras dos profetas, lemos este versículo:

> Lembrai-vos da Lei de Moisés, meu servo, a quem prescrevi, no Horeb, para todo Israel, as leis e os preceitos (Ml 3,22).

A exortação é clara: os profetas convidam o povo de Israel a se lembrar dos valores fundamentais do seu passado, valores ligados à figura de Moisés. Da fidelidade a esta "memória" depende a sobrevivência do povo.

Há nos Escritos outra linha que enfatiza sobretudo a cidade santa de Jerusalém e seu templo. As edições da Bíblia hebraica, como vimos, encerram-se sempre ou com Esdras-Neemias ou com as Crônicas. Algumas edições colocam as Crônicas no início e Esdras-Neemias no fim dos Escritos. Ora, as Crônicas oferecem um resumo da história de Israel desde a criação até a destruição do templo e do edito do rei da Pérsia, Ciro, que convida os membros do povo de Israel a retornar à pátria para reconstruir o templo e a cidade. Os livros de Esdras-Neemias, por sua vez, descrevem este retorno e a reconstrução da comunidade de Israel na cidade santa, em torno do templo e da Lei. Ao lado da Lei, aparece aqui outro elemento importante da tradição hebraica: a cidade santa. Isso vale sobretudo para as edições da Bíblia que colocam o edito de Ciro no final (2Cr 36,22-23):

> No primeiro ano de Ciro, rei da Pérsia, em cumprimento à Palavra do Senhor, proferida por Jeremias, o Senhor despertou o espírito de Ciro, rei da Pérsia. Ele fez, de viva voz e por escrito, esta proclamação, em todo o seu reino: "Assim fala Ciro, rei da Pérsia: O Senhor, o Deus dos céus, entregou-me todos os reinos da terra; Ele mesmo me encarregou de lhe construir um templo em Jerusalém, que está em Judá. Quem, dentre vós, pertence a seu povo, o Senhor, seu Deus, esteja com ele e se ponha a caminho".

Contudo, isso vale também para as edições antigas que se encerram com o livro de Neemias e com a descrição de suas reformas. Jerusalém ocupa um lugar central nesse livro porque Neemias reconstrói a cidade e suas muralhas, e introduz uma série de medidas para manter a "pureza" do povo eleito. Além disso, o livro de Neemias contém um importante capítulo dedicado à proclamação pública da Lei por parte do escriba Esdras (Ne 8). Para esse livro, portanto, os dois principais fundamentos da comunidade de Israel são a Lei e o Templo de Jerusalém.

De um testamento ao outro

As bíblias cristãs resolveram organizar os livros numa ordem diferente da ordem das bíblias hebraicas. As diferenças mais evidentes referem-se à posição dos livros proféticos que se encontram no fim do cânone. Os livros sapienciais e os Salmos, por sua vez, encontram-se no centro, entre os livros históricos e os proféticos. Por que a escolha? O motivo é simples: para a Bíblia cristã, os profetas são antes de tudo aqueles que anunciam a vinda do Messias. Seu olhar não está voltado para o passado, para Moisés e a Lei, como no mundo hebraico, mas para o futuro, para a vinda do Salvador. Assim, os profetas orientam o Antigo Testamento para o futuro. As últimas palavras de uma bíblia cristã revelam imediatamente esta intenção. Trata-se do final do livro do Profeta Malaquias (3,22-24):

> Lembrai-vos da Lei de Moisés, meu servo, a quem prescrevi, no Horeb, para todo Israel, as leis e os preceitos. Eis que vos envio o Profeta Elias, antes que venha o dia do Senhor, grande e terrível! Ele reconduzirá o coração dos pais para os filhos e o coração dos filhos para os pais, para que eu não venha a ferir o país com o extermínio!

O primeiro versículo interpreta a figura do profeta de acordo com o espírito da Bíblia hebraica, pois contém uma exortação a observar a Lei de Moisés. Os dois versículos seguintes, ao contrário, anunciam o retorno de Elias que, segundo algumas tradições do judaísmo recente, devia voltar para preparar a vinda do Messias. Estas palavras, nos evangelhos, são aplicadas a João Batista, em particular pelo Evangelho de Lucas. Quando o anjo aparece a Zacarias para lhe anunciar o nascimento de um filho, o futuro João Batista, ele cita textualmente o oráculo de Malaquias (cf. Lc 1,17):

> Ele o precederá com o espírito e a força de Elias, para reconduzir o coração dos pais aos filhos, bem como os rebeldes à sabedoria dos justos, para preparar para o Senhor um povo bem-disposto.

Desse modo, a Bíblia cristã procura evidenciar, o mais possível, a ligação entre Antigo e Novo testamentos. A maneira de organizar os livros históricos, especialmente nas bíblias católicas, tem como objetivo unir, o mais possível, o Antigo e o Novo testamentos numa história na qual o Novo Testamento é o "cumprimento" daquilo que foi prometido e prefigurado no Antigo.

O cânone mais breve das Igrejas protestantes poderia ter como motivo ulterior tornar mais clara a separação entre Antigo e Novo testamentos, porque um contém antes de tudo a "Lei", enquanto o outro proclama o Evangelho que liberta desta Lei. A vontade de oposição predomina sobre a ideia de continuidade.

A versão grega dos Setenta distingue-se das edições comuns da Bíblia porque coloca no fim do Antigo Testamento primeiro os doze profetas menores, depois os quatro profetas maiores, ou seja, Isaías, Jeremias, Ezequiel e Daniel. O último dos profetas é Daniel, com toda a probabilidade porque contém a famosa profecia do Filho do Homem (Dn 7), aplicada a Jesus Cristo já no Novo Testamento. Isaías também é um dos profetas que contém mais profecias messiânicas (Is 7 e 9), em particular a famosa profecia do Emanuel que recita, segundo o texto grego (Is 7,14): "Eis que a virgem conceberá e dará à luz um filho, ao qual dará o nome de Emanuel".

Resumindo, a organização e a ordem dos livros nas diversas bíblias têm um significado bem claro. No mundo hebraico, a Bíblia é centrada na *Torah* (Lei) e no retorno à cidade de Jerusalém. No mundo cristão, ao contrário, o Antigo Testamento é visto mais como preparação de um evento, aquele que será descrito e explicado no Novo.

PARA APROFUNDAR

ALEXANDER, P.S. & KAESTLI, J.D. (orgs.). *The Canon of Scripture in Jewish and Christian Tradition* – Le canon des Écritures dans les traditions juives et chrétienne. Lausanne: Du Zèbre, 2007.

AUWERS, J.-M. & DE JONGE, H.J. (orgs.). *The Biblical Canons*. Leuven: Peeters, 2002 [Betl 163].

BRUEGGEMANN, W. *Introduzione all'Antico Testamento* – Il canone e l'immaginazione cristiana. Turim: Claudiana, 2005.

ELLIS, E.E. *L'Antico Testamento nel primo cristianesimo* – Canone e interpretazione alla luce della ricerca moderna. Bréscia: Paideia, 1999.

McDONALD, L.M. *The Biblical Canon*: Its Origin, Transmission, and Authority. 3. ed. Peabody (MA): Hendrickson, 2007.

McDONALD, L.M. & SANDERS, J.A. (orgs.). *The Canon Debate*. Peabody (MA): Hendrickson, 2002.

7

O PENTATEUCO

A constituição de Israel

> [...] Esta será a vossa sabedoria e a vossa inteligência aos olhos dos povos, os quais, ouvindo falar de todos estes estatutos, dirão: "Esta grande nação é um povo sábio e inteligente!" [...] Qual a grande nação tem estatutos e decretos justos como toda esta Lei que hoje vos exponho? (Dt 4,6.8).

Assim se expressa Moisés num discurso de despedida dirigido ao povo de Israel no último dia de sua vida. Nestas poucas palavras temos uma reflexão sobre a verdadeira riqueza do povo de Israel.

Israel, de fato, nunca conquistou um grande império, e até o reino de Davi e Salomão, tão celebrado nos livros de Samuel e dos Reis, não deixou nenhum vestígio nos documentos do antigo Oriente Próximo. Israel nunca foi uma grande potência, nem militar, nem política, nem econômica, nem cultural. Não há na terra santa grandes riquezas naturais, e as dimensões reduzidas do país impedem a produção de grandes quantidades de trigo, de vinho ou de azeite. A Fenícia foi uma potência comercial muito mais importante e mais conhecida. Nem mesmo do ponto de vista artístico Israel conseguiu conceber grandes obras de arte no mundo da literatura, da escultura, da pintura ou da arquitetura. Neste campo, não há nenhuma comparação com o Egito, a Mesopotâmia ou a Grécia, por exemplo.

No entanto, Israel marcou a história do nosso mundo e teve uma influência desprovida de proporção com sua potência política ou com as dimensões do seu território. O elemento da sua civilização que ainda hoje tem uma influência sem precedentes é a sua Lei, a *Torah* em hebraico. Acrescentemos desde logo que a palavra hebraica *Torah* significa não apenas "Lei", ou seja, normas, diretrizes, legislação, mas também instrução, ensinamento, doutrina. É "sabedoria" e "inteligência", como diz Dt 4,6. Não estamos, portanto, no mundo do poder nem tampouco no mundo do ter. Estamos no mundo do saber. Israel nos transmitiu um saber, uma maneira de conhecer o mundo e de entender qual é o significado da existência humana individual e coletiva. Desse ponto de vista pode competir com a Grécia. As duas raízes principais da nossa cultura são, sem dúvida, a cultura greco-latina e o judeu-cristianismo, ao lado de outros elementos que provêm das culturas locais, celtas, germânicas e eslavas.

Israel transmitiu um *savoir-vivre*, como se diz em francês, um saber viver. O Profeta Isaías sem dúvida intuíra essa verdade quando, retomando provavelmente um canto tradicional, descreve uma peregrinação de povos que acorre a Jerusalém, não para ir ao mercado ou visitar monumentos célebres, mas para ouvir a "Lei do Senhor":

> Nos últimos dias sucederá que o monte da casa do senhor será fundado no cume das montanhas e dominará as colinas, e para ele afluirão todas as nações. Virão muitos povos dizendo: "Vinde, subamos ao monte do Senhor, à casa do Deus de Jacó; Ele nos ensinará seus caminhos e nós seguiremos suas veredas". Pois de Sião virá a Lei, e de Jerusalém a Palavra do Senhor.

O texto de Is 2,2-3 encontra-se, quase idêntico, em Mq 4,2-3. Isaías e Miqueias são dois profetas do reino de Judá. Um vivia em Jerusalém e o outro numa pequena cidade do campo, Moreshet. Isso significa que eles tinham consciência da importância única da Lei naqueles dias. A profecia se cumpriu, pode-se dizer hoje, porque de todo o passado de Israel o que permanece de mais sólido e de mais duradouro é a Lei. Sem dúvida, ainda hoje judeus e cristãos inspiram-se nesta "Lei" de maneiras diferentes, mas todos são herdeiros da mesma tradição. Adão, Noé, Abraão, Isaac, Jacó, José e Moisés, a terra prometida, o Egito, o deserto e o Sinai agora fazem parte do nosso patrimônio comum, assim como a luz do primeiro alvorecer do universo, o jardim do Éden, o carvalho de Mamré, onde três hóspedes misteriosos se convidam para comer na casa de Abraão e Sara, o poço onde Jacó encontra Raquel pela primeira vez, a túnica de José molhada no sangue de um cabrito, as sandálias de Moisés a dois passos da sarça ardente, as duas muralhas de água entre as quais o povo de Israel atravessa o mar quando sai do Egito, o Monte Sinai e sua coroa de fumaça e de raios, os pedaços das tábuas da Lei quebradas por um Moisés enfurecido, o gosto do maná parecido com o do mel e o alívio experimentado ao final do dia tórrido quando se desfruta de um gole de água fresca que brota da rocha.

São muitos os elementos que nos ligam ao Pentateuco. Permanece, contudo, uma pergunta. O que é exatamente o Pentateuco, formado por cinco livros ou cinco "estojos", os recipientes dos cinco rolos da *Torah*? Parto de uma comparação simples: toda nação tem hoje a sua constituição e a *Torah* é o equivalente de uma constituição, de uma lei fundamental que contém todos os princípios essenciais da vida pública de uma nação.

A *Torah* é, portanto, a constituição de Israel, mas com duas importantes diferenças em relação às constituições dos dias de hoje. A primeira não é difícil de descobrir: encontramos no Pentateuco muitas narrativas ao lado de textos claramente legislativos. Em palavras simples, o Pentateuco não é apenas uma constituição de tipo jurídico. Fornece também o quadro narrativo no qual se insere a parte legislativa. De qualquer modo, temos a constituição no interior de uma "história das origens de Israel". Poderíamos dizer que temos uma narração que nos explica em quais circunstâncias Israel se tornou um povo que em seguida recebeu as leis que regulam a sua existência.

Acrescento um detalhe importante a esse respeito: Israel se torna um povo fora do seu "território", a terra santa, e recebe todas as suas leis antes de atravessar o Jordão e se estabelecer na sua terra. As leis e as instituições de Israel estão ligadas a um lugar distante, quase "mítico", o Monte Sinai, e a um período normativo que precede a entrada na terra, a monarquia, a conquista da capital Jerusalém e a construção do templo. Dali provém, com toda a probabilidade, a importância do quadro narrativo que tem como objetivo justificar a natureza particular da legislação de Israel: antes de ser um direito territorial é um direito pessoal. Está ligado às pessoas, ao povo como tal, mais do que a um território particular.

O direito, sendo pessoal, traça fronteiras que também são pessoais e jurídicas. As verdadeiras fronteiras do povo de Israel não são as geográficas, mas as jurídicas. Um membro do povo de Israel perde o seu direito de cidadania não por emigração, e sim por transgressão. O comportamento é o verdadeiro território onde se desenvolve a vida pública e privada de cada membro do povo.

Outro elemento essencial: se Israel ainda não está no seu território, isso significa que ainda não possui as instituições típicas de um território, como a monarquia e a administração do reino, o templo e o seu culto. A verdadeira autoridade é a *Torah*, a Lei.

Desse modo, para retomar uma imagem famosa do poeta alemão de origem judaica Heinrich Heine, para o judeu a *Torah* é uma pátria portátil[53]. Cada membro do povo a leva consigo, porque é uma pátria interiorizada. Não estamos longe do Novo Testamento e do anúncio do "Reino dos Céus".

---

53 "Das portative Vaterland." A expressão aparece numa carta endereçada a Betty Heine em 1853.

A *Torah* assume o lugar, o mais possível, do território que Israel já não possui desde que perdeu a sua independência. Uma parte do povo reside na terra santa, mas a sua autonomia é muito relativa. Por isso Israel precisa encontrar uma maneira diferente para preservar a sua identidade, num território de outra natureza, mais humano do que geográfico. Dessa maneira, e não obstante o seu aspecto bastante complexo, Israel dá um passo importante rumo ao humanismo. O que define uma pessoa, segundo a *Torah*, não é tanto o lugar e a data de nascimento, elementos que nos definem, sem dúvida, mas que não podemos escolher. Para a *Torah*, o elemento essencial da identidade já não está ligado a um território preciso, mas às escolhas livres que a pessoa manifesta com o seu comportamento.

Por esse motivo encontramos na *Torah* uma série de leis que declaram que a pessoa que não as respeita deve ser excluída do povo de Israel. Trata-se, obviamente, de leis importantes que estão relacionadas com a própria identidade do povo. Vale para a circuncisão exigida por Abraão e seus descendentes: "O incircunciso, o indivíduo de sexo masculino ao qual não foi cortado o prepúcio, *será eliminado de seu povo*, porque violou a minha aliança" (Gn 17,14). Vale também para a celebração dos Ázimos: "Comereis pães ázimos durante sete dias. Mas desde o primeiro dia fareis desaparecer o fermento das vossas casas, pois todo o que comer pão fermentado, desde o primeiro dia até o sétimo, *será cortado de Israel*" (Ex 12,15; cf. 12,19). Encontramos uma lei semelhante a respeito do sábado: "Guardareis o sábado, porque ele deve ser santo para vós. Quem o violar será *punido de morte*; quem nele fizer qualquer trabalho que seja *será eliminado do meio de seu povo*" (Ex 31,14). Encontramos ainda uma medida semelhante relativa à celebração da Páscoa: "Mas se alguém está puro e não se encontra em viagem e, no entanto, negligenciou celebrar a Páscoa, *seja ele eliminado de seu povo*" (Nm 9,13) e do dia das Expiações: "Todo aquele que não se infligir uma penitência nesse dia *será eliminado de seu povo*" (Lv 23,29). Para outros exemplos, vejam-se Nm 15,30; 19,13.20; Lv 7,20.21.25; 19,8; 22,3.

No mesmo espírito, o livro do Deuteronômio pede não tanto para expulsar estrangeiros, malfeitores ou pessoas indesejáveis, e sim o mal enquanto tal. Dt 24,7 dá um exemplo dessa lei: "Quando houver um homem que tenha roubado um de seus irmãos, dentre os filhos de Israel, e o tenha maltratado ou vendido, esse ladrão será morto. Eliminarás o mal do meio de ti". Para outros exemplos, sempre no livro do Deuteronômio, vejam-se Dt 13,6; 17,7.12; 19,13.19; 21,21; 22,22.24.

Origem da palavra "pentateuco"

Para a tradição rabínica, a *Torah* ("Lei") compreende os cinco primeiros livros da Bíblia e se encerra com a morte de Moisés (Dt 34). Os cinco livros se chamam *ḥămišâ ḥumšê hattôrâ* – "os cinco quintos da lei". Esta expressão hebraica está provavelmente na origem da expressão grega *hè pentateuchos* (*biblos*).

A palavra grega *pentateuchos* (*biblos*), de onde vem o latim *pentateuchus* (*liber*), é uma palavra composta por *penta*, que significa "cinco", e *teuchos*, que geralmente significa "instrumento", "ferramenta", "utensílio". Esta última palavra designava primeiro o estojo ou recipiente cilíndrico dos rolos, depois, por metonímia, o conteúdo, ou seja, o "rolo". Pentateuco significa, portanto, "cinco livros", ou melhor, "cinco rolos".

O Pentateuco é a primeira parte do Antigo Testamento e da Bíblia hebraica. Contém os cinco primeiros livros da Bíblia, ou seja, Gênesis, Êxodo, Levítico, Números e Deuteronômio. Estes cinco nomes provêm da tradução grega da Septuaginta e foram retomados pela Vulgata.

Em hebraico, por sua vez, os títulos dos livros correspondem à primeira palavra importante do próprio livro: *bᵉrē'šît* ("No início" – Gênesis); *šᵉmôt* ("Os nomes" – Êxodo); *wayyiqrā'* ("E chamou" – Levítico). *bᵉmidbār* ("No deserto [do Sinai]" – Números). *dᵉbārîm* ("As palavras" – Deuteronômio).

A palavra Pentateuco é empregada raramente pelos Padres da Igreja, que preferem falar da "lei" ou da "lei de Moisés", em oposição aos "profetas", como os judeus e o Novo Testamento.

SKA, J.-L. *Introduzione alla lettura del Pentateuco*. 8. ed. Bolonha: EDB, 2012, p. 15-16.

A *Torah* é, portanto, não apenas anterior e mais importante do que a monarquia e o território. De fato, assume o lugar do território e da monarquia, torna-se a verdadeira pátria de Israel e autoridade suprema na vida e a consciência do povo.

Acrescentemos uma última observação. A *Torah* é concebida como constituição de um Israel que vive apenas em parte na terra de seus antepassados. Muitos vivem na diáspora, no Império Persa, depois nos reinos helenísticos. A *Torah* quer ser o documento básico para todas as comunidades de Israel, no país e fora dele. E não apenas isso. Quer também fazer de todos os judeus do mundo conhecido um povo em marcha para a terra prometida aos seus antepassados, como o povo de Israel que Deus faz sair do Egito e conduz através do deserto até as margens do Jordão.

A natureza do Pentateuco: uma série de esboços

A esta primeira diferença essencial se acrescenta uma outra, mais formal. Não encontramos no Pentateuco uma última redação da constituição de Israel, redação que inclui ou teria incluído todas as emendas propostas pelos membros da assembleia constituinte.

Ao contrário, encontramos nos primeiros cinco livros da Bíblia diversas versões da constituição de Israel que se sucederam durante a sua atribulada história. Por isso, a *Torah* contém uma série de esboços, com modificações, atualizações e correções marginais. Temos, para usar outra imagem, um arquivo onde podemos encontrar, numa ordem que não corresponde à nossa lógica, rascunhos, primeiras tentativas e diversas redações do mesmo texto.

Podemos aplicar a imagem do arquivo às diversas partes do Pentateuco, tanto às narrativas como às leis. Comecemos pela parte legislativa, a mais importante. Encontramos no Pentateuco ao menos três grandes coletâneas de leis, a primeira em Ex 21–23, a segunda em Lv 17–26 e a terceira em Dt 12–26. Nenhuma coletânea é realmente completa, mas este fenômeno é comum às coletâneas de leis conhecidas no antigo Oriente Próximo. O exercício da justiça dependia do costume e da jurisprudência, não de "códigos" ou coletâneas de leis. As antigas coletâneas de leis tinham como objetivo arquivar casos concretos, casos particulares e exemplos de sentenças para permitir que os juízes resolvessem casos semelhantes. As antigas coletâneas de leis são obras para serem consultadas, não leis para ser aplicadas.

Tudo isso explica muito bem por que as leis documentadas por textos de épocas diferentes são todas colocadas no passado de Israel, no deserto, proclamadas pelo próprio Deus e transmitidas pelo próprio Moisés. As leis são diferentes, às vezes até mesmo contraditórias, mas todas trazem o mesmo selo da autoridade divina. Compreende-se, portanto, por que suscitam não poucos problemas de interpretação, e é esse seu objetivo. As coletâneas de leis fornecem a documentação necessária. Cabe aos juízes e às comunidades saber usar os casos concretos nas diversas circunstâncias de sua vida.

As numerosas leis presentes no Pentateuco encerram em si também uma afirmação importante sobre o estatuto de Israel. Sabemos que o Pentateuco, na sua forma atual, é uma obra que remonta, em sua maioria, à época persa, quando a Judeia era uma pequena província de um império que se estendia da Índia até o Mar Egeu. Esta pequena província, ao redor de Jerusalém, tinha, porém, as próprias leis, e essas leis eram muito antigas. Não era um povo qualquer porque tinha um "passado" bastante remoto e podia afirmar, sem hesitação, que era uma verdadeira nação, com suas leis, seus costumes e suas tradições. Embora Israel já não tivesse a sua autonomia, era e continuou a ser uma verdadeira nação porque possuía suas próprias leis.

Passando a considerar o objetivo das narrativas, duas coisas me parecem fundamentais. Primeiro, o longo relato que começa com a criação do mundo e termina às margens do Jordão pretende compreender qual é a vocação de Israel no universo, entre as nações. Israel afirma que faz parte de um mundo criado por Deus, um Deus que, afinal, é o seu Deus. Este Deus é o Senhor das nações e o Criador do mundo. Desse modo, Israel se encontra em "boas mãos" porque o curso dos eventos não é liderado por um deus estrangeiro. Israel pode se dirigir ao Senhor do universo porque o conhece pessoalmente.

No entanto, não demora a surgir um problema sério: se Deus, o Deus de Israel, é o Senhor de todos os povos da terra, qual é o papel de Israel neste universo? É um povo como todos os outros? Não existe nenhuma diferença entre Israel, o Egito, a Assíria, a Babilônia, a Pérsia ou a Fenícia? O Pentateuco oferece diversas respostas. Fala-se sobretudo da escolha de Israel, em particular no livro do Deuteronômio (7,7-8):

> Não é por serdes mais numerosos do que qualquer outro povo que o SENHOR se apegou a vós e vos escolheu, visto que sois o menor de todos os povos. Mas é porque o SENHOR vos ama e porque guarda o juramento que fez a vossos pais, que o SENHOR vos tirou, com mão poderosa, e vos resgatou da casa da servidão, e da mão de faraó, rei do Egito[54].

---

54 Como acontece com frequência, a escolha de Israel é contestada, especialmente em Am 9,7: "Porventura não sois vós para mim iguais aos etíopes, filhos de Israel? – Oráculo do Senhor! Porventura não fui eu que fiz subir, da terra do Egito, Israel, [mas também] de Caftor, os filisteus, de Quir, os arameus?"

Israel, portanto, foi escolhido por Deus entre todas as nações. Com qual finalidade? Outros textos propõem uma solução original. No antigo Oriente Próximo, todo soberano era considerado proprietário do seu reino e todos os seus súditos estavam a serviço dele. O próprio soberano, contudo, tinha suas "propriedades privadas", o seu "domínio", e seus próprios serviçais nos palácios. Em alguns textos tardios aplica-se tal ideia a Israel. Todo o mundo e todas as nações pertencem a Deus, Criador e Senhor do universo. Israel, porém, foi escolhido por Deus para ser a sua "propriedade privada" e o seu "servo", como os sacerdotes estão a serviço da divindade nos templos: "E agora se ouvirdes com atenção a minha voz, e observardes a minha aliança, sereis para mim uma propriedade exclusiva, escolhida dentre todos os povos: pois toda a terra é minha. E vós sereis para mim um reino de sacerdotes e uma nação santa" (Ex 19,5-6).

Desse modo compreende-se melhor por que uma parte considerável do Pentateuco é dedicada ao culto divino. Deus liberta Israel da servidão para fazê-lo passar ao seu serviço, de acordo com a feliz fórmula de George Auzou[55]. O serviço de Deus certamente compreende o culto e por isso longos capítulos do livro do Êxodo estão consagrados à construção do santuário e à fabricação de todos os seus suprimentos (Ex 25–30; 35–40). O livro do Levítico explicará todo o sistema dos sacrifícios (cf. Lv 1–7), ou as regras sobre o puro e o impuro (Lv 11–16). Se Israel é um "povo sacerdotal e uma nação santa" (Ex 19,6), isso significa também que toda a vida é um "serviço de Deus" e que toda a vida do povo deve estar conforme com esse ideal. Dali provêm as numerosas leis em todos os campos da vida cotidiana, privada e pública, e a insistência nos valores fundamentais como a justiça e a solidariedade.

As narrativas contêm também uma série de relatos paralelos, de versões "revistas e corrigidas", de suplementos e de modificações. As narrativas sobre o passado de Israel têm uma dupla finalidade. A primeira é fornecer ao povo as suas "credenciais" entre as nações do universo. Elas explicam a origem do povo e definem a sua identidade: um membro do povo de Israel é um descendente de Abraão, Isaac e Jacó – o que significa também que não é um descendente de Lot, de Ismael ou de Esaú. Além disso, é também alguém que, como vimos, vive do ideal do Êxodo e do Sinai, ou seja, da Lei e

---

55 AUZOU, G. *Dalla servitù al servizio* – Il libro dell'Esodo. 3. ed. Bolonha: EDB, 1997 [Lettura pastorale della Bibbia].

da aliança. Além de ancorar a existência do povo no seu passado remoto, as narrativas procuram também atualizar as experiências desse passado.

Creio que um ou dois exemplos serão suficientes para ilustrar um procedimento frequente nas Escrituras de Israel. No livro do Gênesis, Deus aparece em sonho a Jacó enquanto ele parte de casa depois de roubar a bênção de seu irmão. Trata-se da chamada cena da "escada de Jacó" (Gn 28,10-22). Ora, diversos autores, recentes e menos recentes, notaram que o discurso divino dos vers. 13-15 não se insere bem no relato. De fato, toda a cena está centrada na descoberta de um lugar sagrado, o futuro templo de Betel. Por esse motivo, os ingredientes essenciais do episódio são o "lugar" e a "pedra" que se torna uma estela. O discurso divino, ao contrário, versa sobre a promessa de uma descendência numerosa, de uma terra, e sobre a assistência divina garantida a Jacó durante a viagem de ida e também na de volta. Há, portanto, bons motivos para pensar que o discurso divino tenha sido inserido nesse lugar para fazer de Jacó o beneficiário das promessas feitas anteriormente a Abraão (cf. Gn 13,14-17) e a Isaac (cf. Gn 26,2-5). Um sinal bem evidente desse fato, ou seja, a inserção tardia do oráculo divino de Gn 28,13-15 no relato primitivo, é que Jacó, ao despertar, não se lembra das palavras de Deus. Ele fala apenas do lugar sagrado no qual dormia sem saber (Gn 28,16-17).

O objetivo desse acréscimo, que traz o selo da autoridade divina, é fazer de Jacó não apenas um antepassado, mas um herdeiro de uma promessa feita a seu avô Abraão e a seu pai Isaac. Poderíamos até dizer que o texto "faz" de Jacó o terceiro membro da tríade dos patriarcas.

Um segundo objetivo deve ser buscado no vers. 15:

> Eis que Eu estarei contigo, e te guardarei onde quer que tu vás; reconduzir-te-ei para este país. Porque não te abandonarei até cumprir o que te prometi.

O comentário rabínico do Gênesis, o Genesis Rabba (68.13.1), vê na viagem de Jacó para Carran uma prefiguração do exílio na Babilônia. Em palavras simples, alguns escribas autorizados quiseram transformar a viagem de Jacó – que fugia da ira de seu irmão – numa antecipação do exílio de uma parte da população de Jerusalém e de Judá. Além disso, o oráculo divino dá esperança, porque Deus promete a Jacó "reconduzi-lo para este país". Estamos diante de uma promessa de retorno não apenas para Jacó, mas para todos os seus descendentes. "Absolutamente tudo o que acontece ao pai acontece aos filhos", diz o rabino espanhol Nachmânides ou Ramban (1194-1270) no seu comentário a Gn 12,10-20, retomando o Midrash Rabba (40.6).

Neste caso, a viagem de Abraão e Sara rumo ao Egito e a permanência deles nesse país, causado por uma seca, prefiguram para os rabinos a descida da família de Jacó para o Egito, também em virtude de uma seca, depois a saída do Egito e o retorno à terra prometida.

Retiro o meu segundo exemplo das leis. Todos conhecem o ritual da Páscoa, em especial as instruções dadas por Deus a Moisés no Egito para a primeira celebração da festa, antes da saída do Egito (Ex 12,1-28). Trata-se de uma festa de família, sem sacerdotes, sem altar, e que se realiza em casa, sem ter de sair em peregrinação para um santuário. A lei, com toda probabilidade, remonta à época do exílio, quando Israel tinha de prescindir do templo e dos sacerdotes. Deve-se também observar que duas festas são claramente distintas: a Páscoa, que se celebra com um cordeiro ou um cabrito (Ex 12,1-14), e a Festa dos Pães Ázimos (Ex 12,15-20). Também as datas são diferentes: a Páscoa é celebrada no décimo quarto dia do mês (Ex 12,3) e a Festa dos Ázimos dura sete dias, do dia 14 até o dia 21 do mês (Ex 12,18).

Existem, porém, outras leis relativas à Páscoa, por exemplo em Dt 16,1-8. O texto talvez esteja sobrecarregado porque pretende unir as duas celebrações. A festa dura sete dias, e a Páscoa é celebrada no primeiro desses sete dias (Dt 16,4). Além disso, para o Deuteronômio, a festa supõe que os fiéis venham em peregrinação ao santuário central, em particular no sétimo dia (Dt 16,5.8). Outros detalhes são interessantes: podem ser sacrificados para a Páscoa não apenas cordeiros ou cabritos, mas também gado graúdo (Dt 16,2), porém os animais só podem ser imolados no santuário central (supõe-se que seja o de Jerusalém, embora isso nunca seja dito explicitamente – Dt 16,5). A carne pode ser assada, mas também cozida (Dt 16,7). Tudo isso corresponde à chamada reforma de Josias e à centralização do culto no único santuário de Jerusalém, por volta do ano 622 a.C. Estamos numa cultura mais urbana, onde o povo inclui uma série de grandes proprietários de terra e criadores de animais. Descobrimos nesses detalhes a vontade de adaptar as leis sobre a Páscoa e os Ázimos a novas circunstâncias. Encontramos outras leis sobre o tema em Lv 23,5-8; Nm 9,1-14; 28,16-25, com esclarecimentos, antes de tudo, sobre a data da festa (ou das festas), sem falar de textos, provavelmente mais antigos, como Ex 23,15 e 34,18 sobre os Ázimos e 23,18 e 34,25 sobre a Páscoa. Assim, os membros do povo dispõem de rituais para diversas circunstâncias, para celebrar a festa em família ou no templo, com gado miúdo ou graúdo, e em combinação com os Ázimos. As reflexões dos rabinos, em especial no tratado do Talmude dedicado à Páscoa, procuram esclarecer os pontos obscuros das diversas regras.

Para permanecer fiel à nossa imagem de partida, o Pentateuco contém uma série de "dossiês" sobre as origens do povo e do seu direito, compilados e classificados em ordem cronológica. Israel desejou reunir todos os documentos úteis sobre o seu passado e toda a documentação disponível sobre as suas leis. Não houve nenhuma tentativa de conciliar o conjunto das narrativas ou das leis. Como dizia Hermann Gunkel, não existiu nenhum Homero bíblico[56]. Não existiu nem sequer algum Sólon ou Licurgo no mundo bíblico, e será inútil buscar um Heródoto bíblico. O mundo bíblico é regulado por imperativos diferentes daqueles do mundo grego, ao menos nesse campo. Tudo é colocado à disposição dos leitores. Cabe a eles interpretar, adaptar, escolher entre as diversas versões e, se necessário, tentar conciliá-las. O Pentateuco oferece-nos uma série de partituras de música. Trata-se, porém, de música muda ou morta. Cabe aos leitores interpretar as partituras, cantando ou tocando, para fazer viver uma música antiga e sempre jovem.

Redundâncias e incongruências

As primeiras pesquisas já reconheceram não apenas tensões e incongruências no interior do Pentateuco, mas também redundâncias. A criação do mundo é descrita duas vezes (Gn 1 e Gn 2–3) e também os Dez Mandamentos (Ex 5 e Dt 5) retornam quase idênticos em duas versões etc. As mães do povo Sara e Rebeca são salvas três vezes em situações muito semelhantes, depois que os respectivos maridos as tinham apresentado como suas irmãs (Gn 12.20 e 26) e também a explicação da construção do santuário em Betel retorna três vezes (Gn 12,28.35). Evidenciam-se, portanto, também diferenças no estilo e no uso da linguagem. A partir do livro do Êxodo até o livro dos Números a montanha de Deus é chamada "Sinai", ao passo que no Deuteronômio é "Horeb". O nome de Deus também muda continuamente, às vezes é Elohim – com ou sem artigo –, outras YHWH, e às vezes os dois termos também são combinados. Além disso, aparecem e são apresentadas ideias teológicas e sociais muito diferentes: diante do Deus guerreiro que combate pelo seu povo, retorna

---

56 GUNKEL, H. *Genesis*. 3. ed. Göttingen: Vandenhoeck & Ruprecht, 1910, p. xcix.

frequentemente também a ideia de um Deus misericordioso que protege; diante da divindade que está próxima do homem é apresentada também a ideia de um Deus intocável que, na sua santidade, pode até ser perigoso. O conceito de "povo de Deus", bem como do sistema jurídico e até as características de uma figura central como Moisés divergem de um texto a outro. [...] O que hoje é amplamente aceito, independentemente das diversas hipóteses sobre a origem e sobre o desenvolvimento literário dos textos, é o fato de que os cinco primeiros livros da Bíblia foram uma unidade coerente. Sua composição permite ao menos reconhecer alguns dados históricos gerais. Os resultados da arqueologia e das ciências do antigo Oriente, bem como os derivados das análises literárias guiados por novas abordagens metodológicas, mostram que a forma editorial definitiva do Pentateuco só se formou a partir do quinto século depois do retorno do exílio na Babilônia. Tradições precedentes certamente não podem ser excluídas; no entanto, quantas foram e que forma tiveram continua a ser uma questão extremamente discutida e ainda não esclarecida definitivamente.

PAGANINI, S. *La Bibbia che Gesù leggeva* – Breve introduzione all'Antico Testamento. Bolonha: EDB, 2013, p. 43.

PARA APROFUNDAR

ALETTI, J.-N.; GILBERT, M.; SKA, J.-L. & DE VULPILLIÈRES, S. *Lessico ragionato dell'esegesi biblica* – Le parole, gli approcci, gli autori. Bréscia: Queriniana, 2006.

BLENKINSOPP, J. *Il Pentateuco* – Introduzione ai primi cinque libri della Bibbia. Bréscia: Queriniana, 1996 [trad. Simone Venturini] [ed. ital. org. por Antonio Nepi] [Biblioteca Biblica]. Bréscia: Queriniana, 1996.

BORGONOVO, G. (org.). *Torah e storiografie dell'Antico Testamento*. Leumann (TO): Elledici, 2012.

GALVAGNO, G. & GIUNTOLI, F. *Dai frammenti alla storia* – Introduzione al Pentateuco. Turim: Graphè/Elledici, 2014.

GARCÍA LÓPEZ, F. *Il Pentateuco* – Introduzione alla lettura dei primi cinque libri della Bibbia. Bréscia: Paideia, 2004 [Introduzione allo studio della Bibbia 3/1].

LEPORE, L. *Introduzione al Pentateuco* – Oltre il dato letterario. Bornato in Franciacorta (BS): Sardini, 2014.

_____. *Alle origini del Pentateuco* – Lineamenti per una storia della letteratura classica del popolo ebraico. Bornato in Franciacorta (BS): Sardini, 2013 [Bibbia e Oriente. Supplementi].

ROFÉ, A. *Introduzione alla lettura della Bibbia ebraica* – 1: Pentateuco e libri storici. Bréscia: Paideia, 2011 [Introduzione allo studio della Bibbia 48].

_____. *La composizione del Pentateuco* – Un'introduzione. Bolonha: EDB, 1999 [Studi Biblici 35].

SKA, J.-L. *Introduzione alla lettura del Pentateuco* – Chiavi per l'interpretazione dei primi cinque libri della Bibbia. 8. ed. Bolonha: EDB, 2012 [Studi biblici].

_____. *L'Antico Testamento spiegato a chi ne sa poco o niente*. Cinisello Balsamo (MI): San Paolo, 2011 [Guida alla Bibbia].

8

Os livros históricos

Os chamados livros históricos do Antigo Testamento compreendem uma longa série de obras que descrevem a história do povo de Israel desde sua entrada e estabelecimento na terra prometida (livro de Josué), às conturbadas vicissitudes das tribos nos primeiros tempos (livro dos Juízes), ao início da monarquia com Saul, depois Davi (1-2 Samuel), para chegar à história da monarquia, desde a época de Davi e Salomão até a conquista e destruição de Jerusalém por obra dos babilônios (1-2 Reis).

Outros livros devem ser acrescentados. Por exemplo, os dois livros das Crônicas que releem toda a história de Israel, desde a criação até a queda de Jerusalém, numa perspectiva diferente, a do reino de Judá, com um interesse particular pelo culto do templo. Enfim, os livros de Esdras e Neemias, que descrevem as vicissitudes do retorno do exílio, da reconstrução de Jerusalém e do seu templo e da constituição de uma comunidade fundada com base na observância da Lei. Na Bíblia católica, a história de Israel se encerra com os dois livros dos Macabeus que levam o leitor até o limiar do Novo Testamento, uma vez que descrevem eventos ocorridos aproximadamente entre 200 e 130 a.C.

Outros livros eventualmente são incluídos entre os chamados livros históricos, como Rute, Tobias, Judite e Ester. No entanto, pertencem a outro gênero literário, do qual falaremos.

A instituição da monarquia

Como reação e para melhor conseguir fazer frente aos ataques filisteus, a federação israelita, que provavelmente até aquele momento havia sido dirigida de acordo com um direito sacral e conduzida por líderes religiosos, fez a escolha – seguindo o exemplo de povos vizinhos – de criar a instituição da monarquia. Primeiro com Saul (1012 a.C.) e em seguida com Davi (1004-965 a.C.), que conseguiu unificar as tribos do sul e as do norte também graças à instituição de Jerusalém como capital, tomou forma uma monarquia dinástica. Os estados fronteiriços Amon, Moab, Edom e as cidades-Estado arameias foram derrotados e se tornaram vassalos, obrigados a pagar tributos. O sucessor de Davi, Salomão (965-932 a.C.), deu ao reino também uma estrutura administrativa. Depois de sua morte, o Estado se dividiu em duas partes. No mesmo momento, Amon, Moab e Damasco reconquistaram sua independência. O único texto que faz referência aos acontecimentos descritos até esse momento é o Antigo Testamento. A história das origens do povo e da monarquia israelita é reconstruída considerando o Antigo Testamento como um texto histórico, que no entanto não descreve os fatos segundo critérios historiográficos modernos. A descrição dos acontecimentos é verossímil, mas se mescla com visões míticas e lendárias, com descrições litúrgicas e com episódios hagiográficos e etiológicos. Só a partir da morte de Salomão é possível começar a cotejar o relato bíblico com testemunhos arqueológicos e literários provenientes do mundo do antigo Oriente.

PAGANINI, S. *La Bibbia che Gesù leggeva* – Breve introduzione all'Antico Testamento. Bolonha: EDB, 2013, p. 204.

Uma história reescrita

O antigo Oriente Próximo legou-nos uma longa série de escritos e de inscrições que nos informam sobre a história de diversos reinos e impérios, por exemplo o Egito, a Assíria, a Babilônia, a Fenícia, os hititas, os persas e os medos. Esses escritos pertencem quase sempre ao que chamamos "crônicas" ou "anais". As inscrições régias também são comuns e relatam eventos específicos: campanhas militares e conquistas, construções de cidades e de templos, ou outros fatos do gênero. Encontramos na Bíblia referências a documentos desse tipo, em particular nos livros dos Reis. Frequentemente lemos a seguinte frase:

> O resto das ações de X e todos os seus feitos, tudo está escrito no livro das Crônicas dos reis de Israel/de Judá [literalmente: "palavras dos dias"][57].

---

57 Eis a lista completa: 1Rs 14,19.29; 15,7.23.31; 16,5.14.20.27; 22,39.46; 2Rs 1,18; 8,23; 10,34; 12,20; 13,8.12; 14,15.18.28; 15,6.11.15.21.26.31.36; 16,19; 20,20; 21,17.25; 23,28; 24,5. Cf. Ne 12,23; Est 10,2.

De acordo com o que podemos apreender dessas informações, os reinos de Samaria e de Judá dispunham de um arquivo onde eram conservadas as crônicas dos dois reinos. As primeiras menções a tais "crônicas" referem-se a Jeroboão e Roboão, os primeiros reis dos reinos divididos, Samaria e Judá. Não se fala de crônicas em relação aos reinos de Davi e de Salomão, o que leva a pensar que tudo o que a Bíblia diz sobre esses dois reis pertence mais ao mundo das narrativas populares do que à história propriamente dita[58]. De qualquer modo, os relatos sobre os inícios da monarquia não se referem a nenhuma documentação conservada no arquivo de Jerusalém.

No entanto, deve-se observar que os livros dos Reis, mesmo aludindo às crônicas, nunca as citam textualmente. Em outras palavras, os livros dos Reis não são crônicas no sentido estrito da palavra. Provavelmente fizeram uso desses documentos, pretendendo, porém, apresentar outra "história", uma história que adota um ponto de vista diferente[59]. Do que se trata?

É preciso ler a longa história de Israel desde o início para descobrir a intenção de toda a coletânea. A primeira página do livro de Josué contém um breve discurso divino que apresenta um programa válido para toda a continuação da história de Israel (Js 1,7-9):

> Somente sê muito forte e corajoso, para observar e cumprir toda a Lei que Moisés, meu servo, te prescreveu; não te desvies dela nem para a direita nem para a esquerda, a fim de te saíres bem em tudo o que fizeres. Não se afaste da tua boca o livro desta Lei; medita-o dia e noite, para observar e cumprir tudo o que nele está escrito. Então farás prosperar teus empreendimentos e serás bem-sucedido. Não te dei esta ordem: "Sê forte e corajoso"? Não tenhas, pois, medo nem temor, porque o SENHOR, teu Deus, estará contigo aonde quer que tu vás.

O estilo homilético e redundante é bem conhecido: trata-se do estilo do Deuteronômio. O tema também é típico do Deuteronômio e da sua teologia: a observância da Lei, a *Torah* de Moisés. Ao lado do encorajamento a não temer, a ser forte e determinado, e à incumbência de conquistar a terra pro-

---

58 Sobre esse tema, cf. FINKELSTEIN, I. & SILBERMAN, N.A. *David and Solomon*: In Search of the Bible's Sacred Kings and the Roots of Western Tradition. Nova York: Free Press, 2006.

59 Utilizo a palavra "história", consciente, contudo, de que não se pode falar de história no sentido moderno da palavra quando lemos o que a Bíblia diz sobre o passado de Israel. Trata-se mais de uma tentativa de compreender o próprio destino do que de uma informação acurada sobre eventos passados. Trata-se, portanto, mais de compreender o passado do que de conhecê-lo.

metida, encontramos uma exortação a ser fiel à Lei em todos os pontos. De acordo com esse texto, parece que Josué tem uma só coisa a fazer, dia e noite, ou seja, meditar e observar a Lei. Não há nenhuma menção à estratégia a ser adotada para enfrentar os inimigos, aos ataques ao país e aos seus habitantes, à recompensa que cabe ao vencedor, à glória do futuro conquistador ou ao rico butim que acumulará. Ao contrário, Josué deve comportar-se mais como um rabino do que como um valoroso guerreiro.

O texto fornece também uma chave de leitura para a futura conquista e não apenas isso. O sucesso está condicionado à observância da Lei de Moisés. Ao final da conquista, portanto, o leitor poderá dizer por que Josué conseguiu derrotar todos os seus inimigos e ocupar toda a terra. Teve sucesso porque observou escrupulosamente a Lei. Josué é o primeiro chefe de Israel e, desse modo, é um paradigma para todos os outros chefes de Israel que serão julgados do mesmo modo: o sucesso de seus empreendimentos dependerá de sua fidelidade à Lei de Moisés. Assim, estamos preparados para ler toda a história, até o seu trágico final, e ao mesmo tempo somos capazes de compreender o porquê desse fim trágico.

Para voltar ao nosso tema, os livros históricos, desde o livro de Josué até o fim do Segundo Livro dos Reis, não são uma crônica dedicada ao povo de Israel na sua terra. São, antes, uma releitura dos eventos para ilustrar uma tese: o povo é feliz quando observa a Lei e é infeliz quando não a observa. A intenção pedagógica e pragmática da "história de Israel" é igualmente bem clara. Os autores tentam convencer o povo a entender as lições da história e a não mais negligenciar a Lei de Moisés. Israel não pode contar com um exército poderoso, com grandes riquezas naturais ou políticos habilidosos e respeitados. Sua única verdadeira salvação é a observância da sua Lei. Isso vale tanto para os seus dirigentes como para o conjunto do povo.

Por conseguinte, Josué conquistará a terra porque observa a Lei, enquanto Israel será oprimido durante todo o período dos Juízes porque esquece o seu Senhor e a Lei. As coisas serão melhores durante o reinado de Davi, fiel observante da *Torah*, e no início do reinado de Salomão. O final do reinado de Salomão é menos louvável, e isso se deve ao cisma: o norte se separa do sul para formar um reino à parte. O restante da história se desenvolve segundo os mesmos parâmetros. O reino de Samaria terminará em 720 a.C. e o reino de Judá em 587/586 a.C. É inútil dizer que a causa da queda dos dois reinos é idêntica. O rei e o povo não foram fiéis à Lei de Moisés. Os motivos não devem ser buscados na política internacional, em alianças equivocadas, em erros militares, em crises econômicas ou em avaliações errôneas da situação. O único critério verdadeiro é a Lei de Moisés.

Para recordar ao leitor qual é a "tese" dos compiladores ou redatores deste grande afresco sobre o passado de Israel, eles colocaram alguns discursos em pontos nevrálgicos da obra. Vimos qual é a função do oráculo divino em Js 1,7-9. O discurso de despedida de Josué, paralelo aos discursos de despedida de Moisés no livro do Deuteronômio, retoma o mesmo ensinamento e o imprime com insistência na mente dos israelitas que, infelizmente, só o aprenderão a suas expensas (Js 23,1-16). Uma primeira passagem reflete claramente o oráculo inicial (Js 23,6-7; cf. 1,6-7):

> Mostrai-vos, portanto, fortes e solícitos *em observar e em pôr em prática tudo o que está escrito no livro da Lei de Moisés, não vos desviando nem para a direita nem para a esquerda.* Não vos mistureis com estas nações que ficaram em vosso meio. Não pronuncieis os nomes de seus deuses, nem jureis por eles, nem os sirvais, nem lhes presteis culto.

Uma segunda passagem adverte Israel e prevê com precisão as consequências de uma infidelidade futura:

> Tende, portanto, muito cuidado em amar o SENHOR, vosso Deus, pois isso é uma questão de vida ou de morte. Mas *se lhe voltardes as costas* e quiserdes fazer causa comum com estes povos que ficaram entre vós, contraindo com eles matrimônio e entrando em relação com eles, sabei desde já que o SENHOR, vosso Deus, não continuará a exterminá-los diante de vós, mas tornar-se-ão para vós uma armadilha, uma cilada, um flagelo ao vosso flanco, um espinho nos vossos olhos, até que desapareçais deste belo país que o SENHOR, vosso Deus, vos deu.

A posse do país está condicionada pela fidelidade à Lei, em particular à recusa de alianças e de mistura com as populações locais. Tudo isso é dito antes da morte de Josué e prepara o leitor para o que vem a seguir. Nenhuma surpresa, portanto, quando o povo em seguida será oprimido por diversas nações vizinhas. O leitor logo compreenderá qual é a causa. Não uma fraqueza militar, uma falta de colaboração entre as tribos ou a ausência de um grande estrategista, mas sim a negligência da Lei de Moisés. O mesmo conceito é repetido no início do livro dos Juízes pelo anjo do Senhor em pessoa (Jz 2,1-5):

> O anjo do SENHOR subiu de Gálgala a Betel, e disse: "Eu vos tirei do Egito e vos introduzi no país que havia prometido a vossos pais sob juramento, e disse: 'Não romperei jamais a minha Aliança convosco. Quanto a vós, não fareis aliança com os habitantes deste país, mas derrubareis os seus altares'. *Não ouvistes porém a minha voz.* Por que assim fizestes? Por isso declaro: 'Não expulsarei esses

povos diante de vós; eles serão opressores para vós e seus deuses *serão, para vós, uma cilada*'". Quando o anjo do SENHOR terminou de falar estas palavras a todos os filhos de Israel, o povo começou a chorar alto; pelo que se deu àquele lugar o nome de Boquim. E ali ofereceram sacrifícios ao SENHOR.

A mensagem é bem clara e a semelhança entre as últimas palavras de Josué e as do anjo do Senhor é igualmente evidente, em particular a referência às "ciladas" representadas pelos povos estrangeiros. Os episódios do livro dos Juízes ilustram essa verdade de diversas maneiras: edomitas, moabitas, madianitas, amonitas e filisteus serão, uns depois dos outros, instrumentos do castigo divino. Cada relato, tanto os mais curtos como os mais longos, são argumentos que corroboram a tese inicial: Israel não pode ser livre, feliz e próspero se não for fiel ao seu Deus e à sua Lei.

Na época seguinte surge Samuel, um profeta. O final da época dos Juízes foi marcado por grandes distúrbios e se insinuou o desejo de um poder central forte, de uma monarquia, para resolver os problemas das tribos. Soa mais forte o refrão agora conhecido: "Naquele tempo não havia rei em Israel; cada um fazia o que lhe parecia direito" (Jz 17,6; cf. 18,1; 19,1; 21,25). Seria de esperar um relato sobre os inícios da monarquia, por exemplo o relato do nascimento ou da escolha do primeiro rei de Israel. Ao invés disso, inesperadamente, assistimos ao nascimento de Samuel e ao seu chamado (1Sm 1–3). Não será chamado rei, e sim profeta: "Todo Israel, de Dan até Bersabé, reconheceu que Samuel tinha sido designado profeta do SENHOR" (1Sm 3,20). Observemos, a respeito desse personagem, que os livros sobre os inícios da monarquia não se denominam, nem para os judeus nem para os cristãos, "Livros de Davi" e tampouco "Livros de Saul", mas sim "Livros de Samuel". O profeta se sobrepõe aos primeiros reis de Israel, até mesmo ao mais ilustre de todos.

Será Samuel o porta-voz da linha de interpretação identificada anteriormente, com um longo discurso sobre a oportunidade ou não de introduzir o regime monárquico (1Sm 12,1-25). Samuel abdica anunciando sua saída oficial da função de juiz. A passagem mais importante do discurso é a seguinte:

> Pois bem, o vosso rei, o que escolhestes e desejastes, ei-lo aqui. O SENHOR pôs sobre vós um rei. *Se tiverdes temor ao* SENHOR e o servirdes e derdes ouvidos à sua voz, e não manifestardes rebeldia às ordens do SENHOR, vós e vosso rei, que domina sobre vós, estareis seguindo ao SENHOR, vosso Deus! Contudo, *se não obedecerdes à voz do* SENHOR, se vos rebelardes contra as suas ordens, estará a mão do SENHOR contra vós como esteve contra vossos pais (1Sm 12,13-15).

A teologia condicional do Deuteronômio reaparece nas palavras de Samuel para colocar a monarquia sob o domínio da Lei. A monarquia não estará acima da Lei; ao contrário, lhe será submetida, e desde o início, com Saul. O fracasso e a rejeição de Saul são explicados antecipadamente pelo discurso de Samuel. Quando chegar o momento da ruptura decisiva entre o profeta e o rei, bastará uma única frase para sancionar a decisão (1Sm 15,22-23):

> Samuel, no entanto, retorquiu [a Saul]: "O SENHOR gosta tanto de holocaustos e sacrifícios quanto *da obediência à sua voz*? Não, *a obediência* é melhor que o sacrifício, ouvir vale mais que gordura de carneiro. A rebelião é como o pecado de feitiçaria e a obstinação é como a adoração dos ídolos e dos deuses domésticos. *Porque rejeitaste a palavra do* SENHOR, *ele também te rejeita como rei*".

Poderíamos pensar que o Rei Saul não conseguiu se manter no trono por outros motivos, igualmente bem documentados, como, por exemplo, algumas escolhas táticas equivocadas, em especial na última batalha contra os filisteus (1Sm 31), ou um temperamento pouco equilibrado, propenso a excessos de neurastenia e a decisões precipitadas. Para Samuel, contudo, a causa mais importante é a que acabamos de mencionar.

No que diz respeito a Davi, as coisas são diferentes. Muito provavelmente os livros de Samuel reutilizaram uma série de relatos sobre sua rivalidade com Saul e a sua ascensão ao trono, depois sobre a atribulada história da sua sucessão. Para encontrar reflexões sobre a Lei semelhantes às encontradas até agora, é preciso esperar um discurso de despedida parecido com o de Josué (Js 23) ou então com o de Samuel (1Sm 12). Prestes a morrer, Davi chama Salomão e lhe dá estas últimas recomendações (1Rs 2,2-4):

> Vou seguir o caminho de todos os habitantes da terra. Sê forte e sê homem! *Observa o que o* SENHOR, *teu Deus, te ordenou observar*, caminhando nos seus caminhos e pondo em prática suas leis, seus mandamentos, seus preceitos e ensinamentos, como está escrito na Lei de Moisés, a fim de seres bem-sucedido em tudo que fizeres e para onde te dirigires. Então o SENHOR cumprirá a promessa que me fez: "*Se teus filhos se esmerarem no seu procedimento*, andando sempre lealmente diante de mim, de todo o coração e de toda a alma, jamais te faltará herdeiro para ocupar o trono de Israel".

O momento é solene, repleto de emoção, e as palavras de Davi têm todo o peso de um testamento espiritual. Assim como nos outros casos, o primeiro grande rei de Israel, fundador de uma dinastia que durará até a queda de Jerusalém, insiste no papel crucial da Lei. O futuro da dinastia está ligado unicamente à fidelidade à Lei e não a outras qualidades que todo historiador ou político ressaltaria num grande monarca: inteligência, coragem, firmeza, senso de oportunidade e heroísmo nas adversidades. Davi dá mostras dessas qualidades, certamente, mas não as menciona nos seus últimos conselhos ao seu sucessor. Insiste em algo bem diferente, como vimos.

Nos capítulos sobre o reinado de Salomão encontra-se um dos raros discursos divinos que apresenta um caso interessante para o nosso tema. Durante a construção do templo, concluídos os trabalhos estruturais (1Rs 6,1-10) e antes do acabamento interno do santuário, o leitor se depara com este breve discurso (1Rs 6,11-13):

> A palavra do SENHOR foi dirigida a Salomão: "Quanto a esta casa que constróis, *se caminhares de acordo com as minhas leis, se colocares em prática os meus preceitos, se observares e seguires os meus mandamentos*, realizarei a teus olhos a promessa que fiz a teu pai Davi: habitarei no meio dos filhos de Israel, não abandonando jamais o meu povo".

O texto do oráculo falta na tradução grega dos Setenta (Septuaginta), e isso significa que se trata de um acréscimo muito recente, inserido num capítulo dedicado inteiramente à construção do templo. O oráculo evidencia novamente a teologia condicional do Deuteronômio. O ponto mais importante, porém, é o contexto desse oráculo. Salomão está prestes a consagrar o templo e a inaugurar o culto de Jerusalém. Ora, o oráculo diz com toda a clareza que Deus residirá no templo *desde que o rei observe a Lei*. O templo não é garantia de estabilidade para a dinastia e para o povo. Deus só habita em meio a seu povo se o rei e o povo permanecem fiéis ao seu Deus, ouvem a sua voz e observam os seus mandamentos.

O próprio Salomão retomará este discurso na oração pronunciada durante a dedicação do Templo de Jerusalém (1Rs 8). Eis a passagem mais explícita a esse respeito (1Rs 8,56-58):

> Bendito seja o SENHOR, que concedeu repouso ao seu povo segundo todas as suas promessas! De todas as boas promessas que fez por meio de seu servo Moisés, nenhuma falhou! Que o SENHOR, nosso Deus, esteja conosco, como esteve com os nossos pais; que Ele não nos abandone, nem nos rejeite! Incline para si os nossos corações, *a fim de que andemos nos seus caminhos, guardando os preceitos, as leis e os mandamentos que deu aos nossos pais.*

Salomão prega no templo, a construção que mais do que qualquer outra obra contribuirá para sua fama e perpetuará o seu nome por gerações. Nesta oração, contudo, não podia faltar uma referência explícita à Lei, eixo da existência do povo. O templo, como sabemos, será destruído. A Lei, ao contrário, sobreviverá.

Depois de um relato sucinto da sorte movimentada dos dois reinos, chegamos ao final do reino de Samaria em 2Rs 17, sitiada e conquistada pelos assírios em 722 a.C. Bastam dois versículos para resumir fatos trágicos que se estenderam por pelo menos três anos (2Rs 17,5-6). O evidente interesse dos compiladores do livro está em outro ponto, na longa explicação teológica dos eventos (2Rs 17,7-23). A queda de Samaria não é decorrente, como se poderia pensar, de uma política externa equivocada, de alianças muito arriscadas, ou de uma política interna deletéria no campo econômico e social. Para os autores do capítulo,

> isto aconteceu porque os filhos de Israel pecaram contra o SENHOR, seu Deus, que os tinha tirado da terra do Egito, libertando-os do faraó, rei do Egito, e porque adoraram outros deuses. Seguiram os costumes dos povos que o SENHOR expulsara diante dos filhos de Israel e os costumes dos reis de Israel (2Rs 17,7-8).

Em poucas palavras, a causa da catástrofe é uma não observância dos mandamentos da Lei:

> [Os israelitas] abandonaram todos os mandamentos do SENHOR, seu Deus; fabricaram dois bezerros de metal fundido, fizeram estátuas de Astarte, adoraram todo o exército dos céus e serviram a Baal (2Rs 17,16).

Com profusão de detalhes e num estilo um tanto empolado, o discurso insiste na infidelidade à Lei, origem de todos os males. A mesma sorte espera o reino de Judá, igualmente condenado pelos mesmos motivos:

> Mas nem Judá guardou os mandamentos do SENHOR, seu Deus, porque também seguiram os costumes que se haviam estabelecido em Israel (2Rs 17,19).

Com base no que foi dito, objetivo da coletânea de textos, documentos e narrativas sobre o destino de Israel, desde a entrada na terra prometida até o exílio babilônico, tornou-se mais claro. Como no Pentateuco, temos uma série, por assim dizer, de dossiês ou de arquivos sobre a história do povo de Israel no seu território. Os documentos não são homogêneos e provêm de fontes diferentes. Há, contudo, uma espécie de "fio condutor" que percorre grande parte da obra, ou seja, a declaração de que a existência de Israel, no fim das contas, depende da observância ou não da Lei de Moisés. A afirmação pode ser expressa de diversas maneiras. Fala-se da recusa de servir a outros deuses, de não se misturar com outras nações, de rejeitar costumes estrangeiros, de não fazer alianças com outras potências ou outros povos, de respeitar a aliança estabelecida unicamente com Deus. De modo geral, porém, trata-se sempre de um único ambiente de fundo: estamos no mundo da fé e da religião, e não no da política ou da economia. Esses aspectos não são excluídos, mas não se sobrepõem aos motivos eminentemente religiosos, insistindo particularmente num comportamento consoante às prescrições da Lei.

Uma última confirmação do que dissemos até agora encontra-se em 2Rs 22–23, uma versão bíblica de um tipo de relato muito popular em diversas culturas: a descoberta de um livro. Sob o Rei Josias, durante os trabalhos no templo, é encontrado um livro que cria confusão onde é lido, a começar pelo próprio rei. Trata-se nada menos que do famoso livro da Lei presente em todos os momentos decisivos da história de Israel (cf. 2Rs 23,25). Eis que aparece agora "pessoalmente" no próprio relato e assusta todos os seus "leitores" – ou talvez deveria assustar também o leitor dos livros dos Reis – porque a Lei não foi observada e o castigo divino recai sobre a cidade de Jerusalém (2Rs 22,15-17).

Duas coisas importantes devem ser extraídas deste relato emblemático. Primeira, o famoso livro aparece a tempo para preparar o leitor para o fim traumático de Jerusalém e do seu templo. O livro explica o passado, o presente, mas também o futuro. Tudo é dito de maneira explícita:

> O SENHOR disse: "Farei desaparecer também o reino de Judá de minha presença, como fiz com Israel; rejeitarei Jerusalém, a cidade que escolhi, e a casa da qual dissera: 'Aqui estará o meu Nome'" (2Rs 23,27; cf. 22,15-17).

Segunda, o leitor assistirá, como previsto, ao fim de Jerusalém, do seu templo, do seu culto e do seu sacerdócio; também a monarquia davídica terminará, e até a profecia. Só o livro descoberto no templo sobreviverá, assim como a aliança concluída por Josias diante de YHWH, o Senhor de Israel:

> Em seguida, de pé, sobre o estrado, renovou o rei a Aliança diante do SENHOR, prometendo que haviam de aderir ao SENHOR e que de todo o seu coração e toda a sua alma guardariam as suas leis, mandamentos e preceitos, cumprindo todas as cláusulas da Aliança *escritas neste Livro*. E todo o povo aderiu à Aliança (2Rs 23,3).

Era difícil encontrar um meio mais eficaz para convencer os leitores da história de Israel de tudo o que se dissera até então, ou seja, de que tudo pode desaparecer em Israel, com exceção do livro da Lei. A destruição de Jerusalém e o exílio de uma parte da população não representarão o fim definitivo do povo de Judá (e de Israel). O livro da Lei será o barco que permitirá que o povo atravesse todas as vicissitudes de sua atribulada história, levando-o à margem de uma nova existência.

O rei louco e o jovem músico

O encontro entre Saul e Davi, ocorrido antes do duelo com Golias, assinala o início de um trágico cruzamento de dois destinos agora indissoluvelmente ligados.

De um lado, o rei rejeitado por Deus, de outro, o novo eleito; de um lado, um homem doente e sozinho, perdido no próprio delírio de poder e de perseguição, do outro, um jovem cheio de dotes, escolhido pelo Senhor, que se aproxima de uma vida repleta de promessas.

Sua história será uma história de amor e de rejeição, de guerra e de reflexões, em que serão envolvidos não apenas os familiares e as pessoas mais próximas deles, mas todo o povo de Israel.

COSTACURTA, B. *Con la cetra e con la fionda* – L'ascesa di Davide verso il trono. 3. ed. Bolonha: EDB, 2003, p. 92.

A obra da reconstrução

Devemos dizer algumas palavras sobre a obra do cronista, ou seja, os dois livros das Crônicas e os livros de Esdras-Neemias. Não existe nenhuma certeza de que os quatro livros foram escritos pelo mesmo grupo no mesmo período. Seja como for, os livros das Crônicas retomam toda a história conhecida desde Adão (1Cr 1,1) até o decreto do rei da Pérsia, Ciro, que convida os exilados a voltar para Jerusalém (2Cr 36,22-23). Os livros de Esdras e Neemias, por sua vez, descrevem os fatos do retorno e da reconstrução de Jerusalém, de suas muralhas e do templo. Descrevem também como se reconstitui uma comunidade de fiéis na cidade santa e quais são as condições de pertencimento a esta comunidade.

Há duas linhas principais de interpretação dos eventos nesses livros. De um lado evidencia-se o papel de Jerusalém, da monarquia e sobretudo do templo. Esta linha predomina particularmente nos livros das Crônicas e, em parte, no livro de Esdras. Por outro lado, é a Lei de YHWH ou Lei de Moisés que é apresentada como único critério sólido de pertencimento ao povo eleito. Templo e/ou Lei, em oposição ou em cooperação, esta seria a verdadeira escolha do povo depois do exílio. Não devemos nos admirar de reencontrar esses dois elementos no Novo Testamento, sendo o templo mais importante para os saduceus e a Lei para os fariseus.

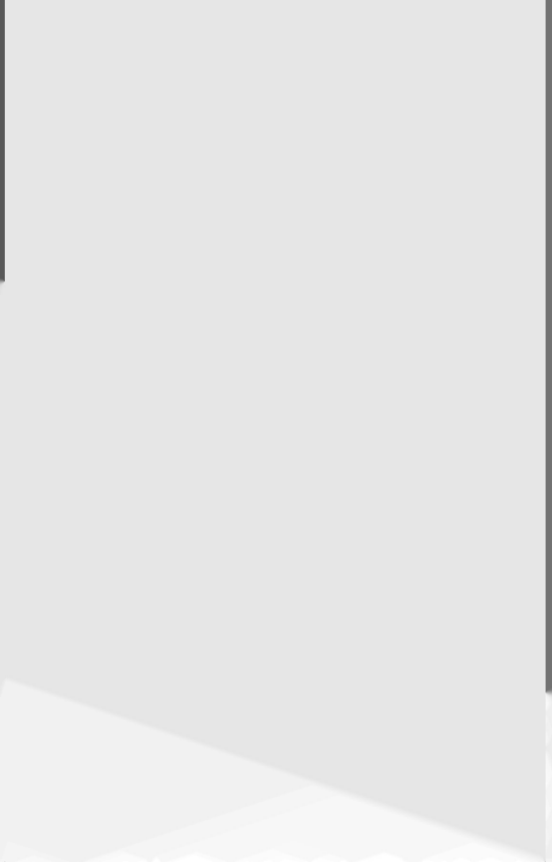

Os principais discursos contidos nos livros das Crônicas, mas não presentes nos livros dos Reis, são os seguintes: discurso do Rei Abia de Judá (2Cr 13,4-12); discurso de Azarias, profeta (15,1-7); discurso de Jeú, filho de Hanani (22,2-3); discurso de Jaaziel, filho de Zacarias, levita (20,14-17); discurso de Oded a Acaz (28,9-11). O de Abia é certamente uma espécie de discurso-programa porque, com toda a clareza devida antes de um confronto armado contra Jeroboão e o Reino do Norte, afirma a superioridade de Jerusalém sobre o Reino do Norte, daquela da dinastia de Davi sobre Jeroboão, daquela do clero da cidade santa sobre o clero do Norte, porque o reino de Judá observou os mandamentos do SENHOR (2Cr 13,11). Não obstante a sua superioridade numérica e a sua estratégia aparentemente vencedora, Jeroboão perde a batalha, derrotado – coincidentemente – quando os sacerdotes tocam as trombetas e os homens de Judá lançam o grito de guerra (2Cr 13,14-15), como para a tomada de Jericó sob o comando de Josué (Js 6,15-16).

Se passamos aos livros de Esdras e de Neemias que originariamente formavam um único livro, encontramos uma antítese semelhante entre uma focalização na cidade de Jerusalém e o seu templo, de um lado, e na Lei, de outro. A comparação entre dois breves relatos confirmará isso. O primeiro descreve a reação do povo logo depois de os construtores terem colocado os fundamentos do segundo templo (Esd 3,11-13):

> Eles cantavam respondendo uns aos outros, celebrando e louvando o SENHOR: "Porque Ele é bom, porque sua misericórdia para com Israel perdura eternamente!" E todo o povo, gritando de alegria, celebrava o SENHOR, porque colocavam os fundamentos da Casa do SENHOR. Muitos sacerdotes, levitas e chefes de família idosos, que viram a primeira casa, choravam em alta voz, enquanto se colocavam, sob seus olhos, os fundamentos da nova casa. Muitos outros, porém, bradavam de alegria e contentamento. E ninguém podia distinguir o barulho das aclamações alegres do choro do povo, porque o povo dava fortes gritos de aclamação, cujo barulho se ouvia de longe.

O relato é deliberadamente ambíguo. Não se sabe se se deve chorar ou alegrar-se, porque os gritos de alegria se misturam ao choro a ponto de não ser possível diferenciá-los. O próprio leitor não sabe ao certo o que fazer: Deve alegrar-se pela reconstrução do templo ou lamentar o esplendor do templo destruído?

O segundo relato é de outro tipo e o leitor compreende mais facilmente como deve reagir. Trata-se da leitura solene do livro da Lei de Moisés durante a Festa das Cabanas (Ne 8,1-12). Esdras, sobre um palco, lê desde o alvorecer até ao meio-dia. Os levitas "explicavam" a Lei ao povo. É preciso ler atentamente aquilo que o relato diz sobre a reação do povo (Ne 8,9-12):

> Neemias, que era o governador, Esdras, sacerdote e escriba, e os levitas, que ensinavam, disseram a todo o povo: "Este dia é consagrado ao SENHOR, vosso Deus; *não vos entristeçais e não choreis!*" Porque todo o povo *chorava* ao ouvir as palavras da Lei. Ele lhes disse ainda: "Ide! Comei pratos suculentos, bebei licores finos e enviai algumas porções aos que nada têm preparado, porque este dia é consagrado a nosso Senhor, *não vos aflijais, porque a alegria do SENHOR é a vossa fortaleza*". Os levitas acalmaram todo o povo, dizendo: "Calai-vos, porque este dia é santo, não vos atormenteis". E todo o povo foi comer e beber; enviou porções aos pobres e *entregou-se a uma grande alegria. Porque compreenderam as palavras que lhes fizeram conhecer.*

A narrativa evidencia uma mudança de atmosfera, desejada por Esdras e Neemias. O povo ouve a leitura da Lei e se põe a chorar. Não sabemos o motivo porque o relato não fornece nenhuma indicação a esse respeito. No entanto, após a intervenção de seus chefes, se festeja, e desta vez é dado o motivo: o povo "compreendera as palavras que lhes fizeram conhecer". A alegria vem da compreensão das palavras contidas na Lei de Moisés. O contraste, talvez deliberado, com a cena precedente, onde se colocam os fundamentos do segundo templo (Esd 3,11-13), é bem impressionante. A alegria e a felicidade do povo provêm menos do templo do que da compreensão da Lei de Moisés. Reencontramos o ponto central da história de Israel em Js–2Rs, e reencontramos a mensagem fundamental do Pentateuco.

Relatos no feminino e no masculino

Falta apresentar sucintamente alguns relatos neste panorama sobre a grande narrativa de Israel. Depois dos livros de Esdras e de Neemias, encontramos na nossa Bíblia cristã três relatos muito semelhantes aos romances ou às novelas do mundo antigo: os livros de Tobias, Judite e Ester. Acrescento a estes três o livro de Rute, que remonta ao mesmo período histórico e que também pertence ao gênero literário da novela.

Três desses relatos tardios têm como heroína uma mulher: Judite, Ester e Rute. A terceira é até uma estrangeira, uma moabita. Parece que Israel, após o retorno do exílio, se reconheceu mais facilmente em algumas figuras femininas. A condição da mulher não era invejável, como se sabe. De fato, era muitas vezes objeto de humilhações, de exploração e de injustiças. Não podendo contar com sua força para fazer prevalecer o seu ponto de vista ou obter aquilo que lhe cabia, tinha de recorrer a outros meios: a inteligência, a astúcia, a sedução, o apoio de pessoas benévolas.

Judite personifica o seu povo já com o seu nome – Judite significa "judia" – e consegue derrotar o exército inimigo seduzindo o seu comandante, Holofernes, para depois cortar-lhe a cabeça. O relato devia ser popular porque encena um motivo comum entre os povos que se sentem mais fracos e que buscam a sua vingança quando conseguem escarnecer os seus adversários mais fortes.

Ester é um dos livros cuja canonicidade foi discutida por muito tempo entre os rabinos. É também o único livro da Bíblia hebraica que não deixou vestígios em Qumran, nem sequer um fragmento. Sua popularidade vem de uma festa judaica, Purim, que corresponde ao nosso carnaval. O livro de Ester é um relato etiológico dessa festa, ou seja, o relato que explica a origem e o motivo da sua existência. Ester consegue salvar o seu povo do extermínio graças à sua intervenção junto ao seu marido, o rei da Pérsia. Como mulher, encontra-se numa posição subordinada, exatamente como Israel, que se torna província do Império Persa. Encontra-se, porém, também numa posição privilegiada porque, sob certas condições, pode ter acesso direto ao soberano. Desse modo, obtém a proteção e a salvação do seu povo e a derrota dos seus inimigos. Existem muitas semelhanças entre a posição de Ester e a de José na corte do faraó ou de Daniel na corte do rei da Babilônia.

O livro de Rute é uma das pérolas narrativas do Antigo Testamento. Muitas vezes, e com bons motivos, Rute foi chamada a Gata Borralheira bíblica. Rute, viúva, pobre e estrangeira, consegue se casar com um rico proprietário de Belém, Booz, um parente do falecido marido de sua sogra, Noemi. Muda assim a sua sorte e sobretudo a sorte de Noemi, que ela quis acompanhar a qualquer preço ao retornar do país de Moab para a sua cidade natal. Rute supera os obstáculos que a separam de Booz, o fato de ser estrangeira e pobre, graças à sua generosidade para com sua sogra. Booz se deixa conquistar por essa generosidade que equivale, para ele, a um direito de cidadania e a títulos de nobreza. O livro de Rute exalta as qualidades de coração que têm o mesmo valor que um nascimento nobre e o pertencimento ao povo eleito. Ela se torna também a bisavó de Davi e será mencionada na genealogia de Jesus Cristo no Evangelho de Mateus (1,5).

Com o livro de Tobias voltamos a um relato em que o protagonista é um homem. Tobias é uma obra original segundo diversos pontos de vista. Luis Alonso Schökel, grande exegeta espanhol e famoso professor do Instituto Bíblico de Roma, costuma dizer que os narradores bíblicos são incapazes de descrever uma batalha ou uma viagem. Os narradores gregos, ao contrário, são exímios nesses gêneros literários. Basta pensar na *Ilíada* e na *Odisseia*. O livro de Tobias é uma exceção, porque com ele nos deparamos com um dos poucos relatos de viagem presentes na Bíblia hebraica. Será preciso esperar as viagens de Paulo nos Atos dos Apóstolos para encontrar outro exemplo desse gênero. O relato sobre Tobias, com todas as suas peripécias, utiliza uma técnica especial para envolver o leitor. O jovem Tobias será acompanhado pelo Arcanjo Gabriel. Só o leitor, porém, sabe que se trata de um arcanjo (Tb 4,4-8). Tobias só descobrirá a identidade de seu companheiro no seu retorno (12,15-16). Desse modo, o leitor está em vantagem e pode compreender qual é a ajuda que Deus reserva aos fiéis que cumprem as obras de misericórdia.

Os livros dos Macabeus

Os livros dos Macabeus estão entre os mais recentes do Antigo Testamento porque descrevem eventos do século II a.C. (aprox. entre 200 e 134 a.C.). Não fazem parte do cânone da Bíblia hebraica, porque são transmitidos apenas em grego, e tampouco do cânone das Igrejas protestantes. No que diz respeito ao conteúdo, eles descrevem a resistência à política dos selêucidas, os soberanos helenísticos da Síria. A resistência é política, militar e religiosa. Do ponto de vista religioso, os macabeus defendem o templo e a Lei de Moisés contra os cultos e a cultura helenísticos. Temos nesses livros um exemplo de despertar de uma consciência patriótica que defende a própria identidade, a própria cultura e a própria fé contra a influência estrangeira.

Não encontramos na Bíblia nenhuma crítica propriamente dita contra o Império Persa. Nos livros proféticos tardios não há oráculos contra os persas e os medos. Ao contrário, Ciro é até saudado como messias por Is 45,1. Só o livro de Ester apresenta um notável persa hostil aos judeus. O mundo grego suscitou reações bem diferentes, sobretudo sob o domínio dos selêucidas. Os egípcios ptolemaicos aparentemente criaram menos problemas para a consciência judaica. Os livros dos Macabeus concentram-se na dominação dos selêucidas em Israel e em especial na luta contra a influência da cultura helenística, um dos meios utilizados pelos selêucidas para agregar os povos de seu imenso império.

Os macabeus podem ser comparados aos heróis ou aos guerrilheiros de alguns países ocupados por exércitos estrangeiros ou simplesmente colonizados. Muitas culturas conhecem heróis desse tipo, como El Cid na Espanha, Joana d'Arc na França, Till Eulenspiegel em Flandres, Simón Bolívar na América Latina, Andreas Hofer no Tirol ou, mais próximo de nós, o Mahatma Gandhi na Índia.

No que se refere ao estilo, os livros dos Macabeus se distanciam muito de tudo o que encontramos até agora. A influência da Grécia se faz sentir, particularmente no interesse pela política, os jogos de aliança, as rivalidades e as intrigas de corte. Também se fala muito das estratégias militares e dos campos de batalha. Estamos num mundo diferente, onde os elementos nitidamente religiosos às vezes se tornam instrumentos a serviço de interesses nacionalistas. Nem sempre é fácil separar uns dos outros.

A Bíblia cristã conservou estes livros no cânone católico por diversos motivos: o exemplo do martírio (2Mc 6,18–7,41), a oração pelos mortos (2Mc 12,41-46), a ressurreição dos mortos (2Mc 7,9; 14,46), as sanções no além (2Mc 6,26) e a intercessão dos santos (2Mc 15,12-16). Por outro lado, reencontramos nesses livros um desejo de defender os dois pilares em que se funda a identidade do Israel pós-exílico: o templo e a Lei. Enfim, os livros formam um último elo de uma longa cadeia narrativa que começa com a criação do mundo e se conclui no Novo Testamento com o evento Jesus Cristo.

A Bíblia é polifônica e nos seus livros históricos encontramos cantatas para várias vozes. Os livros não são homogêneos, mas conservam os traços de uma longa história que nada tem de linear. Os próprios livros não foram escritos de uma só vez. Foram revistos, reescritos, modificados e atualizados. Como as músicas, também são de muitos tipos diferentes. No entanto, nela encontramos em cada página um povo que busca definir melhor a sua identidade e compreender melhor o seu destino em meio às vicissitudes de uma história não raro imprevisível, com seus ritmos irregulares. Apesar de tudo, neles se apreendem, como se fosse um baixo contínuo, as notas distintas de uma esperança indefectível num Deus misterioso, Senhor do universo e das nações.

PARA APROFUNDAR

ASURMENDI, J.M. et al. *Storia, narrativa, apocalittica*. Bréscia: Paideia, 2003 [Introduzione allo studio della Bibbia 3/2].

BABINI, G. *I Libri di Tobia, Giuditta, Ester*. Roma: Città Nuova, 2001.

BALZARETTI, C. *Cronache* – Introduzione, traduzione e commento. Cinisello Balsamo (MI): San Paolo, 2013 [Nuova versione della Bibbia dai testi antichi 28].

_____. *Esdra-Neemia* – Nuova versione, introduzione e commento. Milão: Paoline, 1999 [I libri biblici – Primo Testamento 23].

BRUTTI, M. *Secondo libro dei Maccabei* – Introduzione, traduzione e commento. Cinisello Balsamo (MI): San Paolo, 2014 [Nuova versione della Bibbia dai testi antichi 32].

HERTZBERG, H.W. *I libri di Samuele* – Traduzione e commento (AT 10). Bréscia: Paideia, 2003.

MAZZINGHI, L. *Tobia* – Il cammino della coppia. Magnano (BI) – Comunità di Bose: Qiqajon, 2004.

MINISSALE, A. *Ester* – Nuova versione, introduzione e commento. Milão: Paoline, 2012 [I libri biblici. Primo Testamento 27].

NOBILE, M. *1-2 Re* – Nuova versione, introduzione e commento. Milão: Paoline, 2010 [I libri biblici. Primo Testamento 9].

ROFÉ, A. *Introduzione alla lettura della Bibbia ebraica* – 1: Pentateuco e libri storici. Bréscia: Paideia, 2011 [Introduzione allo studio della Bibbia 48].

RÖMER, T. *Dal Deuteronomio ai libri dei Re* – Introduzione storica, letteraria e sociologica. Turim: Claudiana, 2007 [Strumenti: Biblica 36].

SCAIOLA, D. *Rut* – Nuova versione, introduzione e commento. Milão: Paoline, 2009 [I libri biblici. Primo Testamento 23].

SKA, J.-L. *La biblica cenerentola* – Generosità e cittadinanza nel libro di Rut (Sguardi). Bolonha: EDB, 2013.

TUELL, S.S. *I e II Cronache*. Turim: Claudiana, 2012 [Strumenti. Commentari 57].

VÍLCHEZ LÍNDEZ, J. *Rut ed Ester*. Roma: Borla, 2004.

ZAPPELLA, M. *Tobit* – Introduzione, traduzione, commento. Cinisello Balsamo (MI): San Paolo, 2010 [Nuova versione della Bibbia dai testi antichi 30].

9

OS ESCRITOS SAPIENCIAIS E POÉTICOS

Falta percorrer uma seção da biblioteca de Israel. Seus livros pertencem a diversos gêneros literários e são muito diferentes uns dos outros. Por este motivo, prefiro apresentá-los separadamente. Temos primeiro uma série de cinco livros que, de acordo com alguns, formam um "Pentateuco sapiencial": Provérbios, Qohelet, Jó, Sirácida e Sabedoria e outro livro, desta vez inteiro, também ele dividido em cinco partes: o Saltério. Direi algumas palavras sobre o livro de Daniel, incluído entre os livros proféticos na Bíblia cristã e entre os "Escritos", ou seja, na terceira parte da Bíblia hebraica. Por fim, mergulharei nas Lamentações e no Cântico dos Cânticos, um dos livros mais poéticos, mas também mais difíceis de toda a Bíblia.

Esses livros estão entre os mais recentes da literatura veterotestamentária. O livro da Sabedoria é certamente muito recente, a ponto de alguns chegarem a datá-lo no século I depois de Cristo. De fato, foi incluído entre os livros do Novo Testamento no cânone de Muratori (cerca de 70 d.C.). Poderíamos dizer que grande parte desses livros são respostas a desafios, estímulos ou solicitações externos. Quero dizer que o povo judaico pretendeu mostrar que não era inferior a outros povos e podia competir com os seus vizinhos, como se dissesse: "Nós também" temos uma longa tradição de provérbios, como os nossos vizinhos egípcios e orientais. Na realidade, uma parte do livro é um plágio da sabedoria egípcia de Amenemope (cf. Pr 22,17-23,14). Outras partes são extraídas da sabedoria de um certo Agur (cf. Pr 30) e de um certo Lemuel (cf. Pr 31).

O livro de Qohelet se aproxima muito da filosofia dos manuais populares da época helenística, filosofia influenciada sobretudo por Epicuro e, em certas partes, pelo cético Diógenes e pela escola dos cínicos. O livro do

Sirácida é um manual de boas maneiras semelhante ao programa de educação helenístico chamado *paidèia*. O livro da Sabedoria é um bom exemplo de um gênero literário difundido na cultura helenística, especialmente no Egito: o elogio ou encômio da Sabedoria. O autor da Sabedoria quer demonstrar que Israel possui uma sabedoria que pode emular a sabedoria de outros povos, por exemplo a celebrada sabedoria grega. Ou melhor, é muito superior porque fundamenta-se na fé no único Deus verdadeiro.

O livro de Jó tem muitos paralelos na literatura mesopotâmica e egípcia. Os textos mais conhecidos são um poema sumério, *Um homem e seu deus* (também chamado *Jó sumério*), que remonta a 2000-1700 a.C.; o mais conhecido texto babilônico *Ludlul bel nemeki* (*Louvarei o senhor da Sabedoria*), também chamado *Poema do justo sofredor* ou *Jó babilônico*, um louvor ao deus babilônico Marduk (cerca de 1000 a.C.); um diálogo entre um doente e seu "consolador" chamado *Teodiceia babilônica*, escrito entre 1400 e 800 a.C.; um texto egípcio intitulado *Diálogo do homem cansado da sua existência com sua alma*, em que o homem fala do suicídio (final do III milênio a.C.). O livro de Jó sem dúvida tem sua originalidade, mas não deixa de ser verdade que o tema tratado já está presente há muito tempo nas culturas próximas no momento da redação do texto bíblico.

Conhecemos muitos hinos e orações em todo o antigo Oriente Próximo, embora se deva dizer que o número das súplicas é superior no Saltério bíblico, enquanto as outras culturas transmitiram mais hinos e louvores aos deuses. Seja como for, no caso dos Salmos, como nos outros casos, os autores bíblicos conjugam tanto o desejo de imitar como a vontade de originalidade.

O livro de Daniel pertence à literatura apocalíptica, combinando aspectos da literatura didática com alguns elementos provenientes das visões do futuro presentes em alguns livros proféticos tardios, como Ezequiel e Zacarias. Não se pode excluir que nele se possam encontrar alguns elementos de origem grega, como por exemplo a literatura ligada ao oráculo de Delfos. De todo modo, o livro de Daniel é isolado na literatura bíblica no que diz respeito ao seu conteúdo e ao seu estilo.

O livro das Lamentações, tradicionalmente atribuído a Jeremias, pertence a um gênero literário bem conhecido na Mesopotâmia desde a época suméria. São bastante conhecidos o *Lamento sobre a destruição de Ur* (primeira metade do II milênio a.C.) e o *Lamento sobre a destruição de Sumer e de Ur* (mesma época, provavelmente). Muitos motivos são comuns aos textos mesopotâmicos e aos poemas sobre a destruição de Jerusalém por obra do exército babilônico em 587-586 a.C.[60]

Enfim, chegamos ao Cântico dos Cânticos. Foi muito estudado nos últimos anos e os exegetas notaram as semelhanças com as poesias amorosas egípcias ou os típicos cantos árabes chamados *wasf*, ou seja, cantos tradicionais ligados à festa da debulha do trigo que descrevem o corpo da esposa.

Podemos concluir que, com estes livros, Israel quis mostrar que não tinha nada a invejar aos seus grandes vizinhos, o Egito, a Mesopotâmia ou, mais tarde, a Grécia. Tinha uma poesia, uma sabedoria e uma série de orações e de hinos que podiam fazer frente à comparação com as obras das outras culturas. Israel podia dizer aos seus membros: "Bebe água da tua cisterna e o jato que jorra de teu próprio poço!" (Pr 5,15). Ou então, para usar a linguagem de Jeremias, Israel não deve ir beber a água do Nilo ou a água do Eufrates, porque dispõe de uma fonte de água viva (Jr 2,13-18), uma fonte que corre docemente, como diz Isaías (8,7). Em outras palavras, os livros bíblicos em geral, e estes livros em particular, querem fornecer para Israel uma fonte de inspiração em diversos campos, afirmando que a tradição de Israel proporciona aos membros do povo tudo aquilo de que necessitam. Assim, não é necessário ir buscar em outros lugares ou longe dali aquilo que se encontra ao alcance da mão.

Os cinco livros sapienciais: Provérbios, Jó, Qohelet, Sirácida, Sabedoria

Os cinco livros sapienciais têm alguns pontos em comum ao lado de traços muito diferentes. O livro dos Provérbios é um dos livros bíblicos que criaram muitos problemas para os rabinos, que discutiram muito sobre sua canonicidade, assim como ocorreu a propósito de Qohelet, Ester e o Cântico dos Cânticos. O motivo é simples: há poucos elementos propriamente teológicos neste livro, que reúne mais sentenças de senso comum.

Não são muitas as partes do livro dos Provérbios que revelam verdades não acessíveis à razão humana. O livro, porém, foi atribuído ao Rei Salomão e foi provavelmente dotado de uma primeira parte (Pr 1–9) com um conteúdo mais profundo e mais rico de ensinamentos. Penso sobretudo na personificação da Sabedoria preexistente à criação (Pr 8,1-36) e aos convites da Senhora

---

60 Para mais detalhes, cf. o estudo exaustivo de F.W. Dobbs-Allsopp: *Weep, O Daughter of Zion* – A Study of the City-Lament Genre in the Hebrew Bible. Roma: Pontifício Istituto Biblico, 1993.

Sabedoria e Senhora Loucura (Pr 9,1-12.13-18). O livro se encerra com o elogio da mulher perfeita (Pr 31,10-31). Estes elementos devem ter contribuído para a aceitação do livro no cânone das Escrituras judaicas e cristãs.

O livro dos Provérbios não deve ser lido como lemos um romance nem tampouco um livro de reflexões, mas deve ser degustado lentamente.

Apenas algumas passagens, por exemplo os cap. 1–9 e a parte final, 31,10-31, oferecem composições mais longas. Alguns provérbios são pitorescos, como por exemplo Pr 15,17: "Melhor um prato de legumes com amor do que um boi cevado, e com ele o ódio", ou então "Tirar o manto em dia de frio; tal é pôr vinagre numa ferida: assim quem canta a um coração aflito" (Pr 25,20). Ou ainda este conselho sobre a fidelidade conjugal em Pr 5,15: "Bebe água da tua cisterna e o jato que jorra de teu próprio poço!" Outros provérbios são realmente mais prosaicos, como por exemplo Pr 12,11: "Quem cultiva a terra será saciado de pão, mas quem busca utopias não tem juízo". Alguns provérbios são difíceis de digerir hoje, como Pr 11,22: "Anel de ouro em focinho de porco: tal a mulher bela desprovida de senso"; Pr 19,13: "Um filho tolo é uma desgraça para o pai e as queixas da mulher são como uma goteira incessante"; Pr 19,18: "Castiga teu filho enquanto há esperança, mas não até fazê-lo morrer"; ou ainda Pr 13,24: "Quem poupa a chibata odeia o filho, mas quem o ama o castiga generosamente" (cf. 22,15; 23,13.14; 29,15.17). Certamente encontramos no livro dos Provérbios uma expressão da cultura da época e dos seus valores fundamentais. Hoje vivemos num mundo bem diferente.

Por outro lado, com a personificação da Sabedoria o Antigo Testamento atinge um dos pontos mais altos (Pr 8). A Sabedoria personificada apresenta-se como preexistente a toda a criação. Num texto bem difícil, encontramos as surpreendentes afirmações a seguir (Pr 8,30-31):

> Eu estava junto com Ele [o Criador], como Mestra de obras!
> E eu era as suas delícias dia após dia:
> brincando todo o tempo em sua presença,
> brincando sobre o orbe da terra,
> e achando as minhas delícias entre os filhos do homem.

Nesta breve passagem a Sabedoria é apresentada como a deusa egípcia Maat que, todas as manhãs, dança e alegra o deus criador ao seu despertar. No panteão egípcio, Maat é a deusa da sabedoria, da justiça e do equilíbrio no universo. Ela dança e alegra o deus criador que, em resposta, organiza e reorganiza o mundo segundo os princípios da sabedoria e da justiça. No entanto, é preciso evidenciar alguns elementos importantes na imagem egípcia e bíblica da Sabedoria que acabamos de mencionar. Antes de tudo, no texto bíblico (Pr 8,22-23), a imagem egípcia é transposta para o início da criação:

> Foi o Senhor quem me criou: eu sou o princípio dos seus caminhos, já antes de suas obras, desde sempre!
> Desde a eternidade eu fui formada,
> desde o princípio, antes das origens da terra.

O outro elemento é comum ao mundo egípcio e bíblico, ou seja, a personificação da Sabedoria que dança, brinca ou se alegra diante do Criador. De fato, o verbo hebraico pode ter esses diferentes significados. A ordem e a organização do universo são, portanto, o resultado de um "prazer", não de uma necessidade. Em outras palavras, o texto sugere que Deus cria e organiza o mundo por puro prazer, gratuitamente, sem buscar com isso nenhum benefício ou nenhuma satisfação. Deus não criou o mundo porque precisava do mundo. Estamos no mundo da gratuidade que é também o mundo da arte.

O livro de Jó nos faz entrar num universo muito mais sombrio do que o encontrado no cap. 8 de Provérbios. Jó é talvez o livro mais trágico de toda a Bíblia. Como costuma dizer Luis Alonso Schökel, que escreveu um famoso comentário sobre esse livro: "No livro de Jó há pouca ação e muita paixão". Todos conhecem as vicissitudes de Jó, rico e feliz, submetido à prova depois de um desafio ou uma aposta no céu entre Deus e satanás. Jó perde tudo: filhos e filhas, rebanhos, casas, riquezas e até a saúde. Seus amigos vão visitá-lo e ficam emudecidos por sete dias diante do que veem. Depois Jó fala e começa uma longa série de diálogos ou sobretudo de monólogos, todos sobre o mesmo tema: o porquê de uma vida no sofrimento. Há diversas maneiras de apresentar o problema, bem como diversas maneiras de explicar esse livro. Seja como for, o fato é que ele é uma reflexão sobre o sofrimento na vida humana.

Há dois aspectos essenciais a serem destacados na leitura desta obra-prima da literatura universal, não obstante a dificuldade da linguagem e do pensamento. O primeiro aspecto é o contestatário: o livro de Jó põe em questão muitos elementos da sabedoria tradicional, por exemplo a equação entre bom comportamento e felicidade, de um lado, e transgressão e infelicidade, de outro. Jó nega que exista uma ligação estreita entre o seu sofrimento e um pecado que tenha cometido. Não nega que tenha pecado em algumas ocasiões (7,20-21; 10,14-15). Rebela-se, porém, porque não há nenhuma proporção entre o seu sofrimento e qualquer um de seus pecados. Outros personagens são culpados de delitos muito graves sem sofrer suas consequências.

O segundo elemento é a reação surpreendente de Deus no epílogo. Poderíamos pensar que Deus se cansou dos discursos veementes e das invectivas de Jó que questiona a sua justiça e a sua maneira de governar o mundo. Ao contrário, Deus recrimina severamente os amigos que tentaram justificar o comportamento divino em relação a Jó, de acordo com a doutrina tradicional. Jó, ao contrário, falou de Deus com integridade (cf. 42,7). Deus, portanto, está do lado de Jó, o contestador e o rebelde. Poderíamos até dizer que, no livro de Jó, Deus compartilha a rebelião de Jó contra a injustiça e o absurdo do nosso mundo. Aliás, não seria o próprio Deus quem se rebela contra um mundo injusto e absurdo quando Jó e todos os Jós do nosso mundo se rebelam e contestam a ordem estabelecida e aceita muito facilmente? O livro de Jó é um dos antepassados do *Indignai-vos* de Stéphane Hessel[61].

O livro de Qohelet é, com o livro de Jó, um dos livros mais incômodos da Bíblia. Mesmo depois de uma rápida leitura de seus doze capítulos, o leitor entende por que a tradição rabínica hesitou muito antes de admitir as reflexões desencantadas do Qohelet no cânone das Escrituras Sagradas. Os longos discursos divinos no final do livro de Jó (Jó 38–42), assim como o epílogo em prosa, permitem corrigir as impressões dadas pelas manifestações do protagonista no decorrer dos diálogos com seus amigos eruditos. Não é o caso do livro de Qohelet, que permanece agridoce até o final. Aproxima-se da escola cínica de Diógenes e da de Pirro de Élis na Antiguidade, ou ainda do pensamento de Guilherme de Ockham na Idade Média (1285-1347) ou ao de Montaigne no Renascimento francês (1533-1592). O título moderno que, talvez, melhor traduz a mensagem do livro de Qohelet é *A insustentável leveza do ser*[62], de Milan Kundera, em especial porque pode ser ligado à famosa frase: "Vaidade das vaidades, diz Qohelet, vaidade das vaidades: tudo é vaidade" (Qo 1,2). A palavra *vaidade*, em hebraico, significa "sopro de vento", "hálito", e portanto evoca a ideia de vaporosidade, de tenuidade e, antes de tudo, de inconsistência. O livro de Qohelet propõe-se revelar precisamente a inconsistência da existência humana e, sobretudo, de tantas das nossas teorias sobre a existência humana e sobre o universo.

---

61 HESSEL, S. *Indignez-vous!* 12. ed. Montpellier: Indigènes, 2011 [ed. ital.: *Indignatevi!* Turim: Add editore, 2001] [ed. bras.: *Indignai-vos.* São Paulo: LeYa Brasil, 2011].

62 1 ed. em tradução franc.: *L'insoutenable légèreté de l'être.* Paris: Gallimard, 1982. • Ed. ital.: *L'insostenibile leggerezza dell'essere.* Milão: Adelphi, 1985. • Ed. bras.: *A insustentável leveza do ser.* São Paulo: Companhia das Letras, 2009.

Em alguns momentos, as reflexões de Qohelet alcançam as de Jó sobre a iniquidade deste mundo:

> E proclamei mais felizes os mortos que já há tempos faleceram do que os vivos que ainda existem. E, mais feliz do que ambos, aquele que ainda não nasceu, que ainda não experimentou a malvadez que se pratica sob o sol (Qo 4,2-3).

Jó amaldiçoa o dia do seu nascimento e a noite da sua concepção com tons muito dramáticos (Jó 3,3-26), enquanto Qohelet é mais tranquilo, mas não menos desiludido. Encontramos algo semelhante em algumas reflexões muito pessimistas de Cesare Pavese (1908-1950), escritas alguns meses antes de sua trágica morte: "Que morte não quer mais morrer" (*Diario*, 1º de janeiro de 1950).

Qohelet busca algum significado para dar à vida neste mundo sem fazer nenhum salto metafísico nem tampouco buscar as fontes da fé e da tradição religiosa do seu povo. Qual é, então, o sentido da vida? Qohelet o repete várias vezes, por exemplo em 9,7-9:

> Vai, come o teu pão com alegria
> e bebe teu vinho com satisfação,
> pois Deus já se compraz em tuas obras.
> Em todo o tempo sejam brancas as tuas vestes
> nem falte perfume à tua cabeça.
> Goza da vida em companhia da mulher que amas,
> em todos os dias de tua fugaz existência
> que Deus te concede sob o sol,
> porque esta é a tua parte na vida,
> e nas fadigas que suportas sob o sol.

Outras passagens semelhantes encontram-se em 2,24; 3,12-13.22; 5,17; 8,15. Pode-se propor uma interpretação simples desses textos: melhor contentar-se com as alegrias simples da vida neste mundo, sem procurar chifre em cabeça de cavalo. Ou então, como diz Dt 29,28 (29): "As coisas ocultas pertencem ao Senhor, nosso Deus, mas as coisas reveladas são para nós e para os nossos filhos, para sempre, para que sejam cumpridos todos os preceitos desta Lei"[63]. De acordo com Qohelet, a sabedoria equivale a saber limitar as próprias ambições àquilo que podemos sensatamente obter. O resto não cabe a nós. Qohelet propõe um ótimo tratamento de decapagem intelectual e moral. No fim das contas, contudo, sua mensagem é consistente com uma linha de pensamento do Evangelho, quando diz que "o Verbo se

---

63 Podemos também pensar no Sl 131: "Não se exalta, Senhor, meu coração, não se eleva soberbo o meu olhar nem acalento ideias de grandeza".

fez carne" (Jo 1,14), já que o Verbo divino se fez fragilidade e compartilhou a nossa condição, *a insustentável leveza do ser.*

Um intelectual que pensa "laicamente"

Qohelet é um intelectual que pensa "laicamente" de maneira singularmente moderna e em polêmica, ora tácita ora explícita, contra o pensamento religioso convencional. Seu único ponto de apoio religioso é a certeza de que Deus existe e que age: mas age de maneira incompreensível... É muito importante que Qohelet tenha sido incluído no cânone bíblico: isso significa que uma religiosidade tão laica, conflituosa, crítica, negadora de toda a tradição, chega a ser legitimada como "Palavra de Deus". Não devemos ver nisso algo de contraditório, e sim uma advertência implícita aos que se satisfazem com o pensamento religioso e consideram o pensamento laico uma afronta feita a Deus.

BENEDETTI, P. "In mezzo al villaggio – La dimensione della laicità nell'ebraismo". *Qol* 11-12, set.-dez./1987.

O livro do Sirácida, quando é lido depois de Qohelet, parece nos levar de volta aos lugares-comuns e ao pensamento pequeno-burguês de uma sociedade tradicional. É em parte verdadeiro, e algumas páginas são enfadonhas e soporíferas como as aulas de bom comportamento de antigamente. A intenção do livro do Sirácida, escrito por volta de 190-180 a.C., é contudo fornecer à juventude um manual de conhecimentos e de bom comportamento, com um programa semelhante ao do mundo helenístico. Este último, diferentemente do mundo assírio-babilônico e persa, utilizava não apenas a propaganda política, mas também a cultura para consolidar a unidade política dos cidadãos de um reino, ptolemaico (Egito) ou selêucida (Síria). Encontramos no livro do Sirácida uma resposta a este novo desafio: não necessitamos do programa da *paidèia* ("educação", "instrução") helenística: temos em nossa tradição uma sabedoria igual, se não superior. A grande inovação do Sirácida é provavelmente a sua identificação da Sabedoria com a Lei. No cap. 24, o Sirácida faz a Sabedoria falar de uma maneira que conhecemos depois de ter lido o cap. 8 dos Provérbios: "Ele me criou antes dos séculos, desde o princípio, e jamais deixarei de existir" (Sr 24,9). Em seguida ele acrescenta, depois de alguns versículos, esta afirmação: "Tudo isto é o livro da Aliança do Altíssimo, a Lei promulgada por Moisés, deixada como herança às assembleias de Jacó" (Sr 24,23). Desse modo, o Sirácida une toda a corrente sapiencial com a *Torah*, o Pentateuco, equiparando a sabedoria com a Lei de Moisés. O movimento tem uma dupla consequência. De um lado, nele encontramos uma tentativa de suavizar aquilo que a corrente sapiencial podia ter de contestatário e de irreverente para torná-la mais condizente com o que Israel considera a sua tradição mais autêntica. Por outro lado, e talvez o próprio Sirácida não tivesse consciência do que fazia, confere à *Torah* um novo caráter, mais especulativo e mais dinâmico, o de uma busca da verdade e da retidão. A *Torah* não é apenas uma série de preceitos a serem observados; aproxima-se mais de uma série de respostas, mesmo que parciais, às perguntas fundamentais sobre o sentido da vida e sobre a arte de viver.

O livro do Sirácida também é interessante por outros motivos. O primeiro é que o Sirácida é o único livro da tradição bíblica que traz a assinatura do seu autor: "Uma doutrina de inteligência e de ciência, eis o que condensou neste livro Jesus, filho de Sirá, filho de Eleazar, de Jerusalém, que espalhou como chuva a sabedoria do coração" (Sr 50,27). O segundo é que o original hebraico logo foi traduzido para o grego pelo neto do autor, que nos deixou um prólogo com algumas indicações interessantes a respeito da "biblioteca nacional de Israel". Já por volta do ano 132 a.C., ela continha três seções, a Lei (*Torah* ou Pentateuco), os profetas e "os outros escritos" (Prólogo 8-10 e 23-25; cf. Lc 24,44). Enfim, o Sirácida não faz parte do cânone hebraico das Escrituras Sagradas talvez por ser demasiado recente, ou então porque nele encontramos algo mais parecido com a literatura rabínica do que com as próprias escrituras. Não se deve excluir que o seu sucesso nas comunidades cristãs tenha tido alguma influência sobre sua rejeição por parte das comunidades judaicas. Apesar disso, é frequentemente citado pelos rabinos, assim como pelo Novo Testamento. Por outro lado, foram encontrados em Qumran alguns fragmentos em hebraico do original e, em 1964, uma longa seção (Sr 39,27–44,17), sempre em hebraico, na famosa Fortaleza de Massada. Antes, em 1896, quase dois terços do texto hebraico haviam sido encontrados por acaso na *geniza* ("despensa", "depósito") de uma antiga sinagoga do Cairo. Temos também diversas versões gregas, siríacas e latinas. O título latino, *Ecclesiasticus*, provém da Igreja latina e remonta a São Cipriano. A diversidade que reina na tradição textual demonstra muito bem que o livro continuou por muito tempo a ser revisto, modificado e complementado.

Mudamos novamente de registro quando passamos ao livro da Sabedoria, provavelmente a obra mais recente de todo o Antigo Testamento, ao menos no cânone da Igreja Católica. Para um bom número de comentadores, o livro é composto por três partes principais. A primeira trata do destino humano, especialmente da sorte dos justos e dos ímpios (Sb 1–5). A segunda apresenta o Rei Salomão em busca da sabedoria (Sb 6–9). Enfim, a terceira descreve a Sabedoria em ação na história (Sb 10–19). Nesses capítulos encontramos um dos primeiros exemplos de leitura midráshica – ou seja, um comentário homilético – do relato do Êxodo, em especial das pragas do Egito (Ex 7–12) e da travessia do mar (Ex 14). A leitura midráshica está presente sobretudo a partir de Sb 11,4. Ali encontramos também uma cadente polêmica contra a idolatria.

O livro une os meios da célebre retórica helenística com alguns traços próprios da propaganda régia do antigo Oriente Próximo, isto é, o autoelogio, presente sobretudo no discurso de Salomão e no encômio da Sabedoria em Sb 7,22–8,16. Por outro lado, a lógica é bem diferente daquela que encontramos em Iseu ou em Demóstenes. A argumentação muitas vezes se desenvolve em círculos concêntricos em torno de uma ideia central, como por exemplo a imortalidade nos cap. 1–5; ou, então, o livro retoma elementos tradicionais para comentá-los, como os relatos do Êxodo: não podemos nos esquecer de que, com toda a probabilidade, o livro da Sabedoria foi escrito em Alexandria, no Egito. O objetivo último dos discursos no livro da Sabedoria aparece claramente nesta passagem, em que o autor comenta, de um lado, a praga das trevas (Ex 10,20-23) e, de outro, a coluna de fogo que acompanha Israel (Ex 13,21-22) durante a noite na qual Israel atravessa o mar, perseguido pelos egípcios (cf. Ex 14,20.24). Eis o texto:

> O mundo todo recebia do alto uma luz brilhante e se entregava livremente aos trabalhos; somente sobre eles [os egípcios] se estendia uma pesada noite, imagem das trevas que lhes estavam reservadas. Mais que as trevas, eles eram seu próprio peso.
>
> Entretanto, havia plena luz para teus santos: os egípcios ouviam sua voz e não viam as pessoas e os proclamavam felizes por não terem sofrido; rendiam-lhes graças por não lhes fazerem mal, embora maltratados, e pediam-lhes perdão pela hostilidade. Em lugar de trevas, deste aos teus uma coluna luminosa para lhes servir de guia numa rota desconhecida, um sol inofensivo na gloriosa migração. Aqueles mereciam ficar sem luz, prisioneiros das tre-

vas, pois retiveram cativos os teus filhos, os quais transmitiriam ao mundo a luz inextinguível da Lei (Sb 17,19–18,1-4).

As trevas cobrem os egípcios, opressores e idólatras, enquanto a luz é reservada ao povo dos santos, Israel. A lição final, contudo, está em Sb 18,4, onde a luz de que se fala em toda a passagem é identificada com a *Torah*, a Lei. Desse modo, o autor pretende convencer os seus concidadãos de que a verdadeira luz é a da *Torah*. Quem observa a *Torah* vive na luz e quem não a conhece vive nas trevas, como os egípcios que terminam afogados no mar. A seu modo, o autor da Sabedoria é um precursor de Filo de Alexandria e de muitos Padres da Igreja de língua grega, que aprenderam a filosofia, e ainda mais, a arte retórica nas escolas helenísticas, para depois verter a mensagem bíblica nestes esplêndidos vasos gregos.

Método e olhar dos sábios de Israel

Se os profetas – assim como Moisés, no Pentateuco – baseiam-se numa palavra recebida diretamente de Deus e os apocalípticos, em visões celestes que revelam aos eleitos o sentido da realidade, os sábios de Israel, por sua vez, consideram que é possível chegar a Deus através da experiência crítica da vida cotidiana; isso é verdadeiro particularmente para os autores dos livros dos Provérbios, de Jó, do Qohelet. Seu método de pesquisa segue, portanto, padrões empíricos, nem dogmáticos nem moralistas; os sábios orientam-se mais pela observação direta ("Eu vi", como várias vezes afirma o Qohelet) e pelo desejo de compreender a realidade. Eles também têm a consciência de que nenhuma experiência pode ser totalizante ou merece ser transformada em dogma (cf. o livro de Jó). Desse modo, a sabedoria bíblica torna-se uma verdadeira "arte de viver", uma busca contínua do sentido da vida.

Os sábios bíblicos deixaram-nos alguns livros; no mundo antigo, o ato de escrever não é um simples registro de textos nem uma palavra escrita para que todos possam conhecê-la; trata-se, antes, de um conhecimento reservado para poucos – ou seja, aqueles poucos que sabiam ler e escrever –, um conhecimento que confere à palavra escrita um valor sagrado. Como demonstram as passagens que encerram os livros do Qohelet e de Ben Sirá, ela se propõe como uma verdadeira hermenêutica da palavra oral que nos abre uma janela

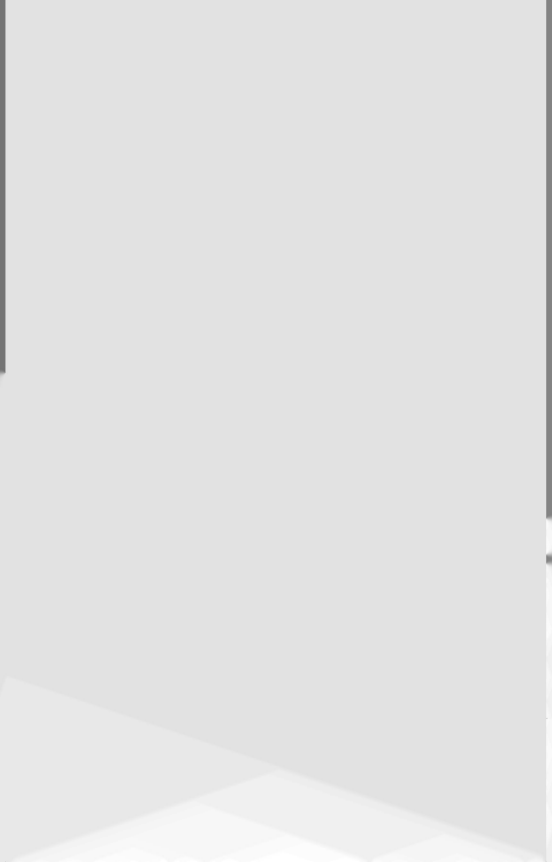

Há na literatura patrística uma encantadora introdução aos Salmos da qual apresento um breve resumo. Trata-se da *Carta a Marcelino*, de Santo Atanásio de Alexandria (296-373)[64]. O texto foi extremamente popular na Antiguidade e, como um bom vinho, não perdeu nada do seu *bouquet*.

Para Atanásio, o que caracteriza o Saltério é que ele contém em si toda a diversidade dos outros livros bíblicos:

> Como vês [Marcelino], cada um [dos] livros [bíblicos] é como um pomar que cultiva um tipo especial de fruto. Em comparação, o Saltério é um pomar em que, além do seu fruto especial, se cultiva também parte de todos os outros (*Carta*, 2).

A afirmação é fundamentada em dois momentos. Numa primeira parte, Atanásio mostra que encontramos nos Salmos referências a toda a história da salvação (*Carta*, 3–9). Para nós, hoje, será um pouco mais difícil encontrar nos Salmos todas as alusões que antecipam a vida, a morte e a ressurreição de Cristo (*Carta*, 5–9). Certamente era uma maneira habitual de ler a Escritura em geral e os Salmos em particular na época patrística.

A história do universo e a história de Israel estão presentes sobretudo nos chamados salmos históricos, por exemplo os Salmos 78, 105, 106, 111, 114, 135 e 136. Os outros salmos, como sabemos, raramente levam em conta as tradições oficiais de Israel, porque provêm sobretudo da devoção popular. São, portanto, uma fonte muito importante de informações neste campo da religião de Israel.

Por outro lado, acrescenta Atanásio numa segunda parte, mais longa (*Carta*, 10–33), o Saltério é um espelho do espírito humano:

> Entre todos os livros [bíblicos], o Saltério decerto tem uma graça verdadeiramente especial, uma seleção de qualidade digna de consideração, porque, além das características que compartilha com os outros [livros bíblicos], tem uma maravilha própria e particular, pois no interior dele estão representados e retratados os movimentos da alma humana em todas as suas grandes variedades. É como um quadro em que vês a ti mesmo retratado e, observando-o, podes compreender e consequentemente plasmar a ti mesmo seguindo o modelo fornecido (*Carta*, 10).

A última parte do parágrafo é particularmente relevante porque vislumbra uma das funções essenciais dos Salmos: "plasmar" a alma segundo modelos fornecidos por uma longa tradição de oração:

---

64 Existe uma tradução em italiano de Lisa Cremaschi, da comunidade de Bose: ATANASIO DI ALESSANDRIA. *L'interpretazione dei Salmi* – Ad Marcellinum in interpretatione Psalmorum. Bose: Qiqajon, 1995 [com intr. e notas].

Nele [o Saltério] encontras pintados todos os movimentos de tua alma, suas mutações, seus altos e baixos, suas quedas e retomadas. Por outro lado, seja qual for a tua necessidade ou tribulação particular, do mesmo livro podes selecionar uma forma de palavras que se adaptem à situação, de modo que não é um simples ouvir e continuar, mas aprender a maneira de remediar o teu mal (*Carta*, 10).

Atanásio antecipa aquilo que alguns estudos modernos denominam a função catártica (purificadora e libertadora) de certos tipos de literatura. Os Salmos, de acordo com Atanásio, fornecem remédios para curar os males da alma. O remédio é a linguagem dos Salmos, que ensinam a expressar todos os estados de espírito em forma de oração, elevando do simples sentimento para o alto, para Deus. Sentimentos primários como o ódio aos inimigos ou o desejo de vingança, por exemplo, são transformados e progressivamente transfigurados pela linguagem da oração quando o orante confia a sua sorte à justiça de Deus:

Estás cercado de inimigos? Então eleva o teu coração a Deus e canta o Sl 25, e certamente verás os pecadores afugentados. Caso persistam, sem aplacar o seu instinto homicida, então abandona o juízo do homem e ora a Deus, o Único Justo, pois Ele sozinho julgará segundo a justiça bíblica, usando os Salmos 26, 35 e 43 (*Carta*, 17).

Desse modo, o Saltério ensina "com quais palavras pode ser expressa a contrição", "com quais palavras manifestar a nossa esperança em Deus", "o Salmo não apenas nos exorta a ser gratos, mas nos fornece as palavras certas a dizer [nesta ocasião]", "também [no caso da perseguição] os Salmos providenciam palavras com que tanto os que fogem da perseguição quanto os que a sofrem podem se dirigir adequadamente a Deus, e faz o mesmo para aqueles que foram libertados da perseguição", "com que tipo de palavras a Sua Majestade pode ser propriamente confessada. De fato, para cada circunstância da vida, veremos que estes divinos cantos se adaptam e atendem às necessidades de nossa alma em todas as ocasiões" (*Carta*, 10). Enfim, acrescenta Atanásio, o Saltério tem a particularidade de utilizar uma linguagem humana ao alcance de todos:

Com este livro, todavia, embora alguém leia as profecias sobre o Salvador com reverência e temor reverencial, no caso de todos os outros salmos é como se alguém lesse as próprias palavras; e quem as ouve é movido nos sentimentos, como se dessem voz aos seus mais recônditos pensamentos (*Carta*, 11).

Enfim, Atanásio recomenda cantar os Salmos com inteligência. Entre as razões dadas, uma me parece sobressair:

[...] porque cantar os Salmos exige tanta concentração de toda a essência de um homem neles que, ao fazê-lo, sua habitual desarmonia mental e a consequente confusão do corpo é resolvida, como se as notas de diversas flautas fossem unidas pela harmonia num único efeito (*Carta*, 19; cf. 19-21).

A música tem como efeito criar harmonia interior. "La musique adoucit les moeurs", "music soothes the savage breast", "a música suaviza os costumes", "a música nos torna mais civilizados".

Concluindo, penso que é difícil encontrar uma maneira mais eficaz para descrever a função do Saltério. O uso dos Salmos na liturgia e na oração pessoal ou comunitária confirma, se necessário, a correção do que Atanásio nos diz.

Um microcosmos simbólico

Os salmos são antes de tudo poesia. A oração tem um "pré-texto" próprio, que é ancorado não apenas no *Sitz im Leben* das formas literárias, mas também no *Sitz im Mensch*, ou seja, na própria humanidade, nas suas estruturas simbólicas, imagéticas, poéticas. As líricas dos salmos são também um canto radical do homem e do espírito, com seu exuberante repertório simbólico, verdadeiro "jardim da imaginação" (Eliot"). "A vocação do espírito" – escrevia C. Lévi-Strauss – "é insubordinação à existência e à morte; a imaginação e a fé guiam sua revolta". A verdadeira teologia dos salmos não deveria ignorar a força de provocação dos grandes eixos simbólicos, em torno dos quais se organizam os arsenais metafóricos e poéticas de cada carme: leia-se, por exemplo, a sucessão de símbolos, "imbricados" livremente uns com os outros, presente no Sl 58 ou, então, examine-se o rigoroso equilíbrio entre paisagem simbólico-cósmica e paisagem psicológica do Sl 69,2-4. C. Geffré tinha razão quando escrevia: "Se por dogmática se entende a inteligência da fé, talvez seja necessário deixar de pensar que só a linguagem formal é 'séria' em teologia. Idealmente, uma teologia simbólica deveria reunir num belo discurso as referências simbólicas, a reflexão especulativa e a presença do debate contemporâneo".

RAVASI, G. *Il libro dei Salmi* – 1. Salmi (1-50). 11. ed. Bolonha: EDB, 2008, p. 30 [1. ed. 1985].

Lamentações

O livro das Lamentações conheceu os seus momentos de glória litúrgica e musical durante o período que precedeu a reforma litúrgica do Concílio Vaticano II. Naquela época existia o chamado *Ofício das trevas* (em latim *Officium Tenebrarum* ou *Tenebrae*) que geralmente se celebrava nas paróquias às quartas, quintas e sextas-feiras à noite, e não na manhã do dia seguinte, porque na realidade se tratava do ofício das Matinas e das Laudes. Era uma liturgia eloquente que continha algumas das obras-primas do canto gregoriano[65].

O Ofício previa o canto de alguns salmos, precisamente das Lamentações, de responsórios, seguidos pelo *Benedictus* e pelo *Miserere* (Sl 51). O canto era acompanhado por um rito particular. Um candelabro utilizado apenas para a ocasião era munido de quinze velas e, após o canto de cada salmo ou cântico, apagava-se uma vela. Das quinze, ficava acesa uma só, a última, que não era apagada após o canto do *Benedictus*, e sim escondida atrás do altar. Esta vela simbolizava Cristo, preso e levado a julgamento. Sua luz, porém, não se apagara; era apenas invisível por algum tempo. Naquele momento, a igreja estava imersa na escuridão total e o celebrante, batendo um bastão no supedâneo, convidava todos a deixá-la, fazendo barulho com as matracas[66], com pedaços de madeira, ou ainda com os tamancos, para imitar o estrépito da turba que veio prender Jesus.

Para voltar ao livro das Lamentações, é constituído por cinco cantos quase iguais em tamanho e provavelmente compostos por autores diferentes. Os quatro primeiros são poemas alfabéticos, ou seja, nos quais cada estrofe começa com uma letra do alfabeto hebraico, em ordem. O quinto canto, mais curto, contém vinte e dois versículos, que é o número das letras do alfabeto hebraico. Nas nossas bíblias, as Lamentações estão colocadas logo depois do livro de Jeremias e são atribuídas ao profeta na Septuaginta e na Vulgata (tradução latina de São Jerônimo). Na Bíblia hebraica, por sua vez, ele faz parte dos chamados "cinco rolos" (Rute, Cântico dos Cânticos, Qohelet, Lamenta-

---

65 Há outras obras-primas musicais dedicadas ao *Ofício das Trevas*, p. ex., os autores renascentistas, Carlo Gesualdo da Venosa (1566-1613) e Tomás Luis de Victoria (1548-1611) e a obra-prima da música barroca francesa de François Couperin (1668-1733), *Leçons de Ténèbres*. Agradeço a Federico Giuntoli por estas preciosas informações.

66 As matracas eram usadas na igreja durante o Tríduo Pascal no lugar dos sinos e sinetes, em sinal de luto, depois do *Glória* da Quinta-feira Santa até o Domingo de Páscoa, e circulava-se com matracas nas ruas das paróquias para o *Angelus* e antes das funções sagradas.

ções, Ester). A atribuição a Jeremias fundamenta-se em 2Cr 35,25: "Jeremias compôs uma lamentação sobre Josias; todos os cantores e todas as cantoras falam de Josias, em suas lamentações, até hoje; isso tornou-se uma tradição em Israel. E eis que elas estão consignadas nos cânticos fúnebres". Como se pode notar, o texto fala da morte de Josias e não da destruição de Jerusalém.

Na liturgia sinagogal, as Lamentações são cantadas no nono dia do mês de *Av* (julho/agosto) para comemorar a destruição do primeiro e do segundo templos de Jerusalém, que aconteceu no mesmo período para ambos. O livro de Jeremias alude a uma liturgia de penitência no lugar do templo destruído (Jr 41,5), numa nota em que se diz que "vieram oitenta homens de Siquém, Silo e Samaria com barbas raspadas, vestes rasgadas e talhos no corpo, conduzindo consigo oferendas e incenso para ofertarem no templo do Senhor". Significa que uma certa forma de culto continuava no lugar do templo depois de sua destruição. As pessoas vinham do antigo Reino do Norte, de Siquém, Silo e até de Samaria. Pode-se imaginar que as Lamentações tenham sido compostas nessas ocasiões.

O livro de Zacarias é ainda mais preciso quando fala de uma pergunta feita por pessoas vindas de Betel (o grande rival do Templo de Jerusalém) aos sacerdotes do templo reconstruído:

> Betel havia enviado Sareser, alto oficial do rei, com seus homens para suplicar ao Senhor e perguntar aos sacerdotes do templo do Senhor dos exércitos e aos profetas: "Devo continuar a fazer luto e abstinência no quinto mês, como eu fazia há muitos anos?" (Zc 7,2-3).

O quinto mês é precisamente o mês em que a sinagoga celebra um dia de jejum e canta as Lamentações.

O gênero literário das Lamentações é bem conhecido no antigo Oriente Próximo, como vimos. No mundo grego, podemos pensar no coro final da tragédia de Ésquilo, *Os persas* (472 a.C.), que encena a reação das mulheres da Pérsia quando vêm a saber da derrota de seu rei, Xerxes, na batalha naval de Salamina contra Atenas e seus aliados (480 a.C.).

Há um fio condutor nas Lamentações: a catástrofe foi causada pelo próprio YHWH, o Deus que reside no Templo de Jerusalém. As Lamentações insistem várias vezes na ira de Deus que irrompe contra a sua cidade pecadora. Deus se comporta como inimigo e é precisamente Ele que sitia e destrói a cidade. Eis a passagem mais clara a esse respeito (Lm 2,3-6):

> Na violência do seu furor,
> quebrou todo o poder de Israel.
> Ao aproximar-se o inimigo,

retirou o apoio de sua mão
e provocou um incêndio em Jacó
que devora tudo que o cerca.
Retesando o arco, qual inimigo,
firmou o braço como adversário,
e tudo quanto os olhos encantava
Ele destruiu.
Na tenda da filha de Sião,
lançou o fogo do seu furor.
Semelhante a um inimigo
o Senhor destruiu Israel.
Demoliu seus edifícios,
abateu suas fortificações.
Sobre a filha de Judá acumulou
dores sobre dores.
Como jardim, forçou sua tenda
e devastou o lugar da reunião.
O Senhor aboliu em Sião
as festas e os sábados,
no furor de sua ira
rejeitou reis e sacerdotes.

Afirmar que o Deus nacional se lança contra a sua cidade e o seu povo por estar furioso não é um traço característico de Israel. Uma antiga estela descoberta na Jordânia atual, que remonta ao século IX a.C., a chamada Estela de Mesha, rei de Moab, contém uma afirmação semelhante: "Omri era rei de Israel, e oprimiu Moab por muitos dias porque Chemosh [o deus nacional de Moab] estava furioso com sua terra". Diversos textos mesopotâmicos contêm afirmações semelhantes.

Também na tragédia de Ésquilo se atribui a derrota dos persas à intervenção de um "demônio" hostil: "[...] foi um demônio que quis destruir o nosso exército e carregou os pratos da balança com sortes de peso desigual" (*Persas*, 87). Além disso, o mensageiro que anuncia a derrota à rainha da Pérsia alude à "vingança divina", tema similar ao da ira de Deus: "Quem deu início a todo aquele desastre, ó Senhora, foi a vingança divina que não perdoa, ou um demônio malvado vindo quem sabe de onde" (*Carta*, 87). No diálogo final entre o coro e o Rei Xerxes, este último considera o demônio como inimigo, assim como YHWH que se lança contra Jerusalém: "Elevem o brado [...] atormentado do sofrimento: o demônio! Foi ele que se voltou contra mim" (*Carta*, 97).

Considerar Deus como inimigo e como autor da catástrofe ocorrida tem duas consequências importantes. Primeiro, evita-se ter de reconhecer a fraqueza do próprio Deus, incapaz de defender a sua cidade e o seu templo contra os inimigos. A culpa não é de um Deus impotente: a culpa é de uma cidade pecadora e infiel (Lm 1,5.8.14.18; 2,14; 3,42; 4,6.13; 5,7.16). A segunda consequência está em relação direta com a primeira. Deus, se é a causa do desastre, pode também remediar a situação. Se, ao contrário, tivesse sido derrotado pelos inimigos ou, pior ainda, pelos deuses dos inimigos, já não teria condições de intervir. Por isso as Lamentações se dirigem a Deus para lhe pedir que desista de sua ira, que perdoa e salve a sua cidade. Estes acentos predominam na quinta Lamentação, mas também estão presentes nos primeiros cantos (cf. Lm 1,20-21; 2,18-22; 3,19-27.40-41.55-66; 4,21-22; 5,1.19-22). Só quem destruiu pode reconstruir. Uma passagem, entre diversas outras, evidencia bem esta ligação entre os dois aspectos da ação divina (Lm 3,31-33):

> Porque o Senhor não repele
> os humanos para sempre.
> Após castigar, tem piedade,
> segundo seu grande amor.
> Não se alegra seu coração
> em humilhar e afligir os homens.

O mesmo Deus castiga e tem compaixão. Além disso, o castigo tem valor educativo e incita à conversão (cf. Lm 3,40-42). São também as últimas palavras do livrinho (Lm 5,20-22):

> Por que persistir em esquecer-nos?
> Por que nos abandonar para sempre?
> Reconduze-nos a ti, Senhor, e nós voltaremos.
> Renova nossos dias como nos tempos de outrora.
> Ou terás nos rejeitado para sempre,
> irritado contra nós sem medida?

O livro de Baruc

O livro de Baruc vem imediatamente depois das Lamentações na Vulgata e na Bíblia católica. Na Septuaginta, temos uma ordem diferente: Jeremias – Baruc – Lamentações. Em contrapartida, Baruc está ausente do cânone hebraico e das bíblias das Igrejas reformadas por ter sido transmitido apenas numa versão grega. Algumas partes, porém, remontam, com toda probabilidade, a um original hebraico, como a oração de Br 1,15–3,6. Um pequeno fragmento do texto grego foi encontrado em Qumran. A data de composição é muito tardia, por volta da metade do século I a.C., e isso pode explicar a sua exclusão do cânone hebraico.

O livro se compõe de: uma introdução (1,1-14); uma oração em que o povo confessa os seus pecados e expressa a sua esperança num futuro melhor (1,15–3,6); um poema que identifica a Sabedoria com a Lei (3,9–4,4) e um texto profético em que a cidade de Jerusalém personificada se dirige aos exilados e o profeta encoraja a ter esperança na vinda dos tempos messiânicos.

O livro é atribuído a Baruc, secretário de Jeremias (cf. Jr 32,12.16; 36,4.8.32; 43,3.6; 45,1). Ao que parece, tornou-se muito popular depois da destruição do templo em 70 d.C. por obra dos romanos. Tudo isso explica por que na "biblioteca bíblica" o livro é colocado ao lado das Lamentações.

O livro de Daniel

Entre os livros bíblicos que ficam isolados em suas estantes está, sem dúvida, o livro de Daniel. Nas bíblias cristãs, Daniel é o quarto dos grandes profetas e segue Ezequiel, com o qual tem alguma afinidade porque ambos valorizam as visões. Na Septuaginta é o último livro do Antigo Testamento porque nela os doze profetas menores precedem os quatro profetas maiores. Na Bíblia hebraica, ao contrário, geralmente encontra-se isolado entre Ester e Esdras.

O livro de Daniel teve muito sucesso nos primeiros séculos cristãos, séculos de perseguições, e muitas vezes é fonte de inspiração para os afrescos daquela época. Isso explica em grande parte por que foi incluído entre os livros proféticos pelos cristãos que nele buscavam consolo nos tempos difíceis. Por outro lado, contém duas profecias importantes: a visão do misterioso "Filho do Homem" (Dn 7,9-14) e uma profecia sobre a ressurreição dos mortos (Dn 12,2-12). O livro de Daniel prepara especialmente a vinda do Messias e o anúncio da ressurreição. Por esse motivo encontra-se, na Septuaginta, precisamente no limiar do Novo Testamento.

O livro se subdivide em duas partes principais. A primeira é constituída por longos relatos (Dn 1–6): Daniel e seus três companheiros a serviço de Nabucodonosor; o sonho de Nabucodonosor; a adoração da estátua de ouro e os três companheiros de Daniel na fornalha; a loucura de Nabucodonosor; o banquete de Baltasar; Daniel no fosso dos leões. A segunda parte contém uma série de visões de Daniel (Dn 7–12): os quatro animais; o carneiro e o bode; as setenta semanas; o tempo da ira e o tempo do fim. À visão das setenta semanas alude Alessandro Manzoni no poema *A ressurreição*: "[...]

Quando, absorto em seu pensamento, / leu os dias numerados, / e dos anos ainda não nascidos / Daniel se lembrou".

A este primeiro bloco deve-se acrescentar dois relatos presentes apenas na versão grega da Septuaginta: o relato de Susana e dos dois anciãos (Dn 13; na Septuaginta, porém, o capítulo forma uma unidade isolada que precede o livro de Daniel) e o de Bel e o dragão (Dn 14), assim como a oração de Azarias (3,24-45.46-50) e o cântico dos três jovens na fornalha (3,51-90), também eles presentes apenas na Septuaginta.

O livro foi composto na primeira metade do século II a.C., antes da morte de Antíoco IV Epífanes em 164 a.C., como se depreende de alguns indícios presentes sobretudo em Dn 10,1–11,39. Dn 2,4a–7,28 está escrito em aramaico e o restante, ou seja, a introdução e a conclusão, em hebraico. É provável que todo o livro tenha sido escrito em aramaico, a *língua franca* da época, e depois traduzido parcialmente para o hebraico, a língua sagrada dos antepassados na época dos macabeus. Tentava-se dar ao livro um valor adicional para incluí-lo mais facilmente entre os livros "sagrados". No entanto, o Sirácida não cita Daniel, embora cite outros livros em sua época considerados inspirados.

O texto grego é conhecido em duas versões, a primeira é a dos grandes códigos da Septuaginta e a segunda é de Teodósio[67], mais próxima do texto hebraico e aramaico. Enfim, duas dezenas de fragmentos provenientes do livro de Daniel foram encontradas em Qumran.

Os relatos da primeira parte (Dn 1–6) não formam uma verdadeira sequência e podem ser lidos em qualquer ordem. Temos apenas episódios, não temos um verdadeiro enredo, e o único fio condutor que une os acontecimentos é a presença de Daniel ou dos seus três companheiros. As visões (Dn 7–12) têm certa semelhança com as de Ezequiel e de Zacarias. Têm também ligações com o gênero literário dos oráculos do mundo helenístico, por exemplo, os oráculos de Delfos ou os oráculos sibilinos[68].

O livro une dois gêneros literários: o didático e o apocalíptico. O primeiro utiliza relatos para inculcar algumas lições importantes para a sobrevivência das comunidades judaicas da *diáspora* ("dispersão"), em especial como resistir às tentações das culturas pagãs. O segundo tem como objetivo encorajar o povo a perseverar nas adversidades e nas perseguições, porque

---

67 Erudito judeu de cultura helenística que viveu no século I ou II.

68 Para uma ed. em ital., cf. MONACA, M. *Oracoli sibillini*. Roma: Città Nuova, 2008.

o juízo divino, nos últimos tempos, restabelecerá a justiça em favor dos seus fiéis. As visões deixam vislumbrar o triunfo dos justos e a condenação dos ímpios.

O livro de Daniel é o único remanescente nas estantes da biblioteca bíblica de uma ampla literatura apocalíptica. Outros escritos foram descartados porque, provavelmente, o povo judeu quis evitar a inclusão em suas Escrituras de textos que pudessem incitar à rebelião armada, especialmente depois das amargas experiências de 70 e de 135 d.C.

Em épocas subsequentes haverá muitos exemplos de literaturas semelhantes, a começar pelo Apocalipse do Novo Testamento. Poderíamos até dizer que a *Divina Comédia* de Dante Alighieri é, em certa medida, um tipo de "apocalipse", porque revela a sorte eterna de inúmeros personagens conhecidos. Dante cita explicitamente o cap. 2 de Daniel na visão do "Velho de Creta":

> Sua cabeça é feita do ouro,
> e de pura prata são os braços e o peito,
> e de cobre dali até onde começam as pernas;
> o resto é todo de ferro,
> exceto o seu pé direito que é de argila
> sobre o qual apoia a maior parte de seu peso
> (*Inferno*, XIV, 103-111).

Mais importante, porém, é que Dante tenta apresentar um juízo sobre o seu mundo que se quer definitivo em conformidade com critérios aceitos na cultura de sua época, o cristianismo medieval. Seja como for, trata-se de uma viagem para o além, para o mundo oculto aos nossos olhos, que só pode ser descoberto com um guia especial, semelhante aos anjos de Daniel: neste caso, primeiro Virgílio e, em seguida, Beatriz:

> Agora, por teu bem, eu tenho o intento
> de levar-te comigo; e serei teu guia,
> pela estância do eterno sofrimento,
> onde ouvirás os desesperados gritos,
> verás os antigos espíritos sofredores,
> que à segunda morte bradam;
> e verás aqueles que se comprazem
> no fogo, porque ainda esperam algum dia
> ir ao encontro dos bem-aventurados.
> Se lá quiseres subir, um ditoso
> espírito, melhor te será guia:
> com ele te deixarei quando partir
> (*Inferno*, I, 112-123).

Daniel, como Dante, está profundamente desiludido com um mundo injusto e violento. Os relatos e as visões pretendem restabelecer a justiça e reorganizar o mundo de acordo com critérios aceitos pelo autor e, para usar o vocabulário de Umberto Eco, por seu "leitor-modelo"[69], aquele leitor ideal que o autor quer formar segundo as suas convicções. Daniel e Dante não podem mudar o mundo em que vivem e, portanto, se projetam para um além, oculto aos olhos das pessoas comuns, mas considerado mais real do que o nosso mundo ilusório, um além onde reinam os valores pisoteados pelos déspotas e pelos malvados do nosso mundo.

O Cântico dos Cânticos

Chegamos à última seção da biblioteca bíblica e descobrimos, sozinho em sua estante envernizada, o livro que talvez seja o mais fascinante e o mais misterioso de toda a Bíblia: o Cântico dos Cânticos. Na tradição antiga, assim como na exegese moderna, podemos encontrar todas as opiniões e também o contrário delas a respeito desse livro. Há comentários inesquecíveis, como o de São João da Cruz, e reflexões depreciativas, como as de Voltaire (1694-1778), que comparava o Cântico a uma "canção digna de um corpo de guarda dos granadeiros". O grande Rabino Akiva (Lod, 40 – Tiberíades, 137), um dos fundadores do judaísmo rabínico, lamentava que o Cântico fosse utilizado nos salões de banquete. Tomou a sua defesa, porém, dizendo:

> O universo inteiro vale menos que o dia em que o Cântico dos Cânticos foi entregue a Israel, porque, embora todas as Escrituras sejam santas, o Cântico dos Cânticos é o Santo dos Santos (*Mishna Yadayim* 3,5).

Para o Rabino Akiva, o Cântico tinha a mesma santidade que a parte mais sagrada do Templo de Jerusalém.

Outra citação rabínica que encontramos com frequência nos comentários sobre o Cântico provém do famoso Saadia Gaon (882-942), célebre por seus estudos sobre a gramática hebraica, entre outras coisas. Na abertura de seu comentário ao Cântico, ele escreve:

> Deves saber, irmão, que encontrarás grandes dificuldades na interpretação do Cântico dos Cânticos e que, se se diferenciam tanto umas das outras, é porque o Cântico se assemelha a uma fechadura cujas chaves estão bem escondidas[70].

---

69 ECO, U. *Lector in fabula* – La cooperazione interpretativa nei testi narrativi. Milão: Bompiani, 1979.

70 SAADIA GAON. *Comentário ao Cântico*. A obra foi escrita em judeu-árabe e existe apenas uma tradução em hebraico. Para o texto original em judeu-árabe com a versão em hebraico, de Rabbi Rabbi Yosef Kafih [Disponível em www.hebrewbooks.org].

A afirmação é válida ainda hoje. Ali há ao menos três aspectos obscuros. Primeiro, não sabemos se o Cântico deve ser interpretado de modo literal, como coletânea de cantos de amor profano, ou então em perspectiva alegórica, ou seja, como expressão do amor de Deus por seu povo Israel, ou ainda em perspectiva mais histórica, como o amor de Salomão por sua esposa. Há outras propostas, embora as citadas sejam as mais frequentes. Segundo, não existe nenhum acordo sobre a estrutura do Cântico. Muitos falam de uma estrutura dialógica, mas nem sempre é fácil distinguir a voz da esposa daquela do esposo, ou ainda do coro ou de outros personagens, como a mãe, os irmãos, os meninos e as meninas, os pastores etc. Terceiro, não existe acordo sobre a unidade de composição. Alguns veem nos oito capítulos um todo orgânico e harmonioso, outros consideram que se trata de uma coletânea de poemas justapostos, à semelhança do *Cancioneiro* de Francesco Petrarca, mas um *Cancioneiro* sem separação entre os poemas e com composições sem uma estrutura identificável como, por exemplo, o soneto.

Podemos pensar que no futuro próximo não haverá nenhuma solução para essas perguntas se, depois de mais de vinte séculos, gerações de especialistas buscaram inutilmente a chave para abrir a porta do Cântico. Talvez precisemos averiguar se estamos fazendo as perguntas certas e se não tentamos abrir a casa do lado errado, onde não existe porta.

A dificuldade de compreensão da estrutura do Cântico permanecerá, uma vez que as diversas vozes de quando em quando se sobrepõem, passando facilmente de um registro para outro. Também é difícil dizer se o Cântico forma ou não uma unidade. O tema tratado tem muitas ramificações e, além disso, a lógica da poesia dificilmente pode ser reduzida à lógica cartesiana.

Deve-se dizer o mesmo da interpretação. Temos de contrapor, por exemplo, a interpretação mística e alegórica à puramente erótica, uma vez que o poema se presta a diversas interpretações e é, de fato, polivalente e polissêmico?

Ele fala de amor, embora jamais aluda ao casamento, à família e menos ainda à geração de filhos. Parece que o amor do dileto e da sua dileta é o único horizonte do Cântico. O sentimento que une os amantes é tão forte que se torna quase autossuficiente. "Os apaixonados estão sozinhos no mundo", como se diz em francês. Bernardo de Claraval (1090-1153) fala do amor em termos semelhantes: "*Verus amor seipso contentus est. Habet praemium, sed id quod amatur* (O amor encontra a sua alegria em si mesmo. Tem sua satisfação naquilo que ama)" (*De diligendo Deo*, VII,17). Ou ainda: "*Is [amor] per se sufficit, is per se placet, et propter se. Ipse meritum, ipse praemium est sibi. Amor praeter se non requirit causam, non fructum. Fructus ejus, usus ejus. Amo, quia amo; amo, ut amem* ([O amor] basta-se a si mesmo, por si e para si se compraz. Ele é mérito e prêmio para si mesmo. O amor não exige nenhuma causa e nenhum fruto fora de si mesmo. Seu fruto é feito de amar. Amo porque amo, amo por amar)" (*Comentário ao Cântico dos Cânticos*, LXXXIII, 4). Poderíamos acrescentar: "O amor é a interpretação de si mesmo". Estamos além das distinções habituais, por exemplo entre amor humano e divino, entre amor secular e amor místico, entre amor profano e amor sagrado, entre amor terreno e amor eterno. É amor verdadeiro ou não é amor. As outras distinções não têm muita importância. Por outro lado, poderíamos citar a Primeira Carta de João, que diz: "Deus é amor" (1Jo 4,8). Neste caso, quem ama de um amor autêntico vive uma experiência que abole as fronteiras habituais das nossas experiências. Por isso, a única linguagem que se adequa a tal experiência é a da poesia ou da música, porque sugere em vez de descrever ou denotar.

O próprio Cântico sugere tal interpretação:

> As grandes águas não extinguirão o amor,
> nem as torrentes poderão arrastá-lo.
> Se alguém oferecesse todos os bens de sua casa
> em troca do amor, só mereceria desprezo (Ct 8,7).

De acordo com esse versículo, o amor não tem preço. Isso significa que ele não faz parte do mundo quantitativo, do mundo do útil ou do inútil. Faz parte do mundo da gratuidade onde as coisas têm valor em si mesmas e nos abrem o caminho do infinito.

Os ritos do amor

Em torno do Cântico se estende um verdadeiro planeta poético, religioso, sociocultural, o do amor que produziu cantos, usos, costumes, ritos e arte.

O Cântico é uma região desse planeta com contornos diversificados e com morfologia às vezes homogênea. A presença da deusa do amor, fecundadora e calipígia, aparece já na Europa neolítica, triunfa nas culturas primitivas, tem sua esplêndida celebração na cidade mais antiga do mundo (com Jericó), Çatal Hüyük, na Turquia, com o afresco das "sete cavernas" de 8 metros de comprimento e 1 de altura, que foi descoberto nos anos de 1960 por J. Mellaart e só se tornou famoso numa análise mais específica com uma vasta documentação sobre o tema. A simbologia ressurgirá depois numa infinidade de variações: a Grande Mãe, a energia sexual e a fecundidade, a luta vida-morte, o ovo primordial etc. Atingirá áreas diferentes, impulsionada por instâncias universais. A exemplificação seria infinita; citamos apenas alguns emblemas ao acaso. Poderíamos estudar certos costumes matrimoniais ainda em vigor como, por exemplo, os dos *ghedéo*, uma população da Etiópia Sul-ocidental. Poderíamos identificar os motivos poéticos e simbólicos dos cantos nupciais, como faz Colombo, que na sua apresentação do Cântico se vale da contribuição de um confrade missionário em Mogadíscio, V. Tresoldi, para oferecer uma antologia de "cantos de *amor somalis*".

Poderíamos seguir o ritual arcaico das atuais núpcias morávias, assim como o descreve o famoso romancista Milan Kundera. Ou então poderíamos remontar até as raízes da poesia chinesa, ao *Livro das Odes* que contém 305 canções populares que vão de 1753 a aproximadamente 600 a.C., muitas vezes dedicadas aos ritos do amor, como a bela "Oração a Tchong" onde encontramos os motivos, presentes também no Cântico, da hostilidade dos irmãos, da mulher comparada a um cultivo (videira no Cântico; sândalo e amoreiras na lírica chinesa), da feminilidade semelhante a um jardim intransponível etc. Poderíamos continuar, para descobrir, no final, a persistência de alguns módulos literários e ideais ligados à experiência universal do amor humano.

RAVASI, G. *Il Cantico dei cantici* – Commento e attualizzazione. 8. ed. Bolonha: EDB, p. 45-46 [1. ed. 2002].

O caminho para o monte

As páginas percorridas até agora pretendem oferecer ao leitor uma planta da biblioteca bíblica que é também a biblioteca nacional de Israel. Uma planta tem o objetivo de orientar, indicar as seções da biblioteca, permitir que se encontrem os livros. A planta, porém, é como um guia turístico: é um convite à viagem e à aventura. Os melhores guias, contudo, são aqueles que não dizem tudo, mas despertam o desejo de descobrir, de ir além daquilo que é descrito. Por isso, permito-me citar, nesta breve conclusão, um conselho de São João da Cruz, no seu desenho em que descreve a subida do Monte Carmelo. Ele traça um caminho e indica com muito cuidado quais são as virtudes a praticar para progredir na longa subida para Deus. Procura-se, obviamente, quais são as virtudes a serem praticadas ou as iniciativas a serem tomadas para percorrer a última parte do percurso, aquela decisiva, que permite que o fiel alcance a meta definitiva. É grande a surpresa ao constatar que São João não traça nenhum caminho para chegar ao cume. Contenta-se em escrever uma única frase enigmática: *"Ya por aquí no hay caminho que para el justo no hay ley*, 'Por aqui não existe caminho porque para o justo não existe lei'". Podemos aplicar o princípio à leitura da Bíblia: a última parte, a decisiva, quando o leitor mergulha nas páginas, disseca o texto em busca do significado profundo das palavras e das imagens, é um caminho que cada um deve traçar por si só.

PARA APROFUNDAR

BONORA, A. & PRIOTTO, M. et al. *Libri sapienziali e altri scritti*. Leumann (TO): Elledici, 1997.

CRENSHAW, J.-L. *Old Testament Wisdom* – An Introduction. 3. ed. Louisville (KY): Westminster John Knox Press, 2010.

GILBERT, M. *Les cinq livres des sages*: Les Proverbes de Salomon; Le livre de Job; Qohélet ou l'Ecclésiaste; Le livre de Ben Sira; La Sagesse de Salomon. Paris: Du Cerf, 2003.

LORENZIN, T. *Esperti di umanità* – Introduzione ai libri sapienziali e poetici. Leumann (TO): Elledici, 2013.

MARCONCINI, B. *Daniele* – Nuova versione, introduzione e commento. Milão: Paoline, 2004.

_____. *Daniele* – Un popolo perseguitato ricerca le sorgenti della speranza. Bréscia: Queriniana, 1982.

MAZZINGHI, L. *Il Pentateuco sapienziale: Proverbi Giobbe Qohelet Siracide Sapienza* – Caratteristiche letterarie e temi teologici. 2. ed. Bolonha: EDB, 2015.

MORLA ASENSIO, V. *Libri sapienziali e altri scritti*. Bréscia: Paideia, 1997 [org. A. Zani].

PINTO, S. *I segreti della Sapienza* – Introduzione ai Libri sapienziali e poetici. Cinisello Balsamo: San Paolo, 2013.

ROFÉ, A. *Introduzione alla lettura della Bibbia ebraica* – 2: Profeti, salmi e libri sapienziali. Bréscia: Paideia, 2011.

SKA, J.-L. *L'Antico Testamento spiegato a chi ne sa poco o niente*. Cinisello Balsamo: San Paolo, 2011.

TOWNER, W.S. *Daniele*. Turim: Claudiana, 2007.

VON RAD, G. *La sapienza in Israele*. Turim: Marietti, 1975.

10
OS LIVROS PROFÉTICOS

Os livros proféticos da Bíblia hebraica se subdividem em duas grandes seções. Os chamados "profetas anteriores" correspondem aos nossos livros históricos: Josué, Juízes, 1-2 Samuel e 1-2 Reis. A tradição hebraica os atribui a Josué, considerado por Sirácida 46,1 sucessor de Moisés na função profética, e aos profetas Samuel e Jeremias. Como vimos na apresentação desses livros, neles encontramos uma história do povo de Israel escrita segundo critérios diferentes daqueles das histórias conhecidas no antigo Oriente Próximo ou, ainda mais, daquelas escritas na Grécia. Não são crônicas enxutas dos eventos ou panegíricos dos soberanos, mas uma leitura crítica dos acontecimentos que defende uma tese fundamental: a sorte do povo de Israel depende sobretudo da sua fidelidade à Lei do seu Deus e Senhor.

O segundo grupo de livros proféticos se chama, na tradição hebraica, "profetas posteriores". Subdividem-se em "profetas maiores", que são três: Isaías, Jeremias e Ezequiel; na Bíblia cristã, a eles se acrescenta Daniel; e na segunda parte os doze "profetas menores": Oseias, Joel, Amós, Abdias, Jonas, Miqueias, Naum, Habacuc, Sofonias, Ageu, Zacarias e Malaquias. Os doze profetas menores formam um só "rolo" provavelmente já na época do Sirácida, por volta do ano 180 a.C., porque ali se fala desses "doze profetas" em 49,10.

Nesta seção falaremos obviamente apenas dos profetas posteriores, maiores e menores. Responderemos a uma pergunta principal: Quem são os profetas de Israel? Qual é o papel deles? Como definem a si mesmos? Qual é a sua relação com outras instituições, como por exemplo a monarquia?

As diferenças entre dois cânones

Para a Bíblia hebraica, os livros proféticos começam com o livro de Josué segundo este esquema: *profetas anteriores* (Josué, Juízes, 1-2 Samuel, 1-2 Reis); *profetas posteriores* (Isaías, Jeremias, Ezequiel, doze profetas: Oseias, Joel, Amós, Abdias, Jonas, Miqueias, Naum, Habacuc, Sofonias, Ageu, Zacarias, Malaquias).

Para a Septuaginta, os livros proféticos são, na ordem: Oseias, Amós, Miqueias, Joel, Abdias, Jonas, Naum, Habacuc, Sofonias, Ageu, Zacarias, Malaquias, Isaías, Jeremias (Baruc, Lamentações, Carta de Jeremias), Ezequiel, (Susana) Daniel (Bel e o dragão).

As diferenças substanciais dos dois cânones são as seguintes:

• A Septuaginta não considera os "profetas anteriores" entre os livros proféticos.

• A Septuaginta inclui entre os profetas Daniel, que na Bíblia hebraica é considerado entre os Escritos. As Lamentações, colocadas depois de Jeremias, na Bíblia hebraica fazem parte dos cinco rolos (juntamente com Rute, Cântico, Qohelet, Ester).

• Baruc, a Carta de Jeremias, Susana, Bel e o dragão existem apenas na Septuaginta e são considerados entre os deuterocanônicos (chegaram até nós apenas em grego).

• A disposição dos livros: os católicos seguem o cânone da Septuaginta (exceto no que diz respeito à ordem dos livros), enquanto os protestantes seguem o da Bíblia hebraica, considerando apócrifos os deuterocanônicos. Nos livros históricos fala-se de muitos profetas: Natan, Gad, Elias, Eliseu, e outros. Eles geralmente são separados dos chamados profetas escritores não tanto pela diversidade de sua função, mas porque as palavras destes últimos foram transmitidas e reunidas num livro específico. Estes profetas, por sua vez, são distinguidos em profetas maiores (Isaías, Jeremias, Ezequiel e Daniel) e menores. A diferença consiste apenas na importância atribuída aos primeiros e na amplitude do material que nos foi transmitido.

Classificando os profetas de acordo com o período de sua atividade, obtemos o seguinte quadro:

• Século VIII: Amós, Oseias, Isaías, Miqueias.

• Século VII: Naum, Habacuc, Sofonias, Jeremias (entre os séculos VII e VI).

• Século VI: durante o exílio: Ezequiel, Dêutero-Isaías (Is 40–55); depois do exílio: Ageu, Zacarias, Terceiro Isaías.

• Séculos V-IV: Abdias, Malaquias.

• Século IV: Joel, Jonas.

• Século II: Daniel.

A classificação temporal proposta é hipotética e refere-se ao suposto período de atividade do profeta, não ao livro a ele atribuído, cuja redação é sempre posterior. Daniel continua a ser um caso à parte. SPREAFICO, A. *La voce di Dio* – Per capire i profeti. Nuova edizione. Bolonha: EDB, 2014, p. 10-11.

Dois conselhos paralelos ou rivais?

Podemos tomar como ponto de partida desta breve análise um relato do Primeiro Livro dos Reis, onde assistimos a um confronto entre duas concepções do profetismo. Trata-se do relato de 1Rs 22, que descreve as vicissitudes de uma campanha militar do Rei Acab em Ramot de Galaad. O relato termina com a morte do rei, ferido mortalmente durante a batalha.

A parte da narrativa que nos interessa é a primeira, a preparação da campanha militar. Segundo um ritual difundido no antigo Oriente Próximo, o rei consulta as divindades para saber qual será o resultado da expedição. Os conselheiros não são estrategistas, e sim profetas. A esse respeito é suficiente lembrar na Bíblia 1Rs 21,13.22.28 e sobretudo 2Rs 3,11 onde se pede o conselho de um profeta, Eliseu, durante a campanha contra Moab. Eliseu será consultado ou dará um conselho outras vezes num contexto militar (2Rs 6,8-23; 6,32–7,2; 8,12; 13,14-19).

Voltando ao nosso texto, o rei consulta os seus profetas, quatrocentos ao todo. Às vezes se lê que estes eram profetas de Baal. Não se afirma, porém, que sejam idênticos aos profetas de Baal que aparecem na cena do sacrifício do Monte Carmelo e que eram quatrocentos e cinquenta (1Rs 18,22). Em 1Rs 22, o Rei Acab consulta YHWH e os profetas respondem em nome de YHWH, Deus de Israel (1Rs 22,6): "O rei de Israel reuniu os profetas, cerca de quatrocentos, e perguntou-lhes: 'Atacarei Ramot de Galaad ou devo desistir?' Responderam os profetas: 'Sobe, e o SENHOR [YHWH] a entregará nas mãos do rei'".

A este ponto o Rei Josafá de Judá, aliado e provavelmente também vassalo do rei de Samaria – algo que, obviamente, a Bíblia hebraica não diz – pede para ver outro profeta de YHWH, ou seja, outro profeta do próprio YHWH (1Rs 22,7). Deve-se insistir no fato de que todos os profetas que aparecem neste relato são profetas de YHWH. Não se diz por que o Rei Josafá insiste para ouvir uma opinião diferente. Talvez a unanimidade não o convença. Ou então se trata de uma estratégia narrativa para introduzir outro profeta, Miqueias, filho de Jemla (1Rs 22,8). Estamos numa narrativa, de fato, e não numa reportagem ou numa crônica precisa dos fatos ocorridos.

Chega, portanto, o Profeta Miqueias, filho de Jemla. É preciso um pouco de tempo e certa insistência antes que o profeta fale claramente. Nesse meio-tempo, os outros profetas insistem de diversas maneiras para convencer o rei que o seu projeto era bom. 1Rs 22 é interessante sob mais de um ponto de vista porque contém a cena mais completa de consulta antes de uma campanha militar. Em outro contexto, nas leis sobre a guerra em Dt 20,1-20, não se fala de consultar os profetas. Um sacerdote incentiva as tropas (20,3-4), mas os profetas não são nem sequer mencionados.

Os profetas de Acab acompanham seu conselho com um gesto que, segundo a mentalidade da época, devia ser eficaz. Vale a pena citar o texto todo (1Rs 22,10-12):

> O rei de Israel e Josafá, rei de Judá, estavam sentados, cada um no seu trono, vestidos com seus trajes, à entrada da porta de Samaria, e todos os profetas profetizavam diante deles. Sedecias, filho de Canaana, fez para si chifres de ferro e disse: "Assim fala o SENHOR: com isto ferirás os arameus até exterminá-los". Os demais profetas profetizavam o mesmo, afirmando: "Sobe a Ramot de Galaad, que serás bem-sucedido; o SENHOR a entregará nas mãos do rei".

Notamos uma vez mais a menção ao Senhor (YHWH), o Deus de Israel. O profeta mencionado pelo nome, Sedecias, tem um nome revelador, porque significa "YHWH é a minha justiça". Trata-se, portanto, de um profeta do Deus de Israel. Seu gesto tem um alcance evidente: o exército de Acab atacará e chifrará o exército inimigo, assim como um touro ataca e chifra o seu rival. Os chifres são o símbolo de força vencedora, como por exemplo em Dt 33,17, que fala da tribo de José: "Seus chifres são chifres de búfalo[71]. Com eles ferirá os povos, todos juntos até os confins da terra".

O que responderá o Profeta Miqueias, filho de Jemla? Observemos que o relato contrapõe Miqueias, um indivíduo, aos quatrocentos outros profetas. Temos um profeta isolado diante de um grupo numeroso, compacto e unânime. Miqueias é isolado, assim como Elias, que enfrenta os quatrocentos e cinquenta profetas de Baal em 1Rs 18,19. O contraste certamente é intencional. Por outro lado, o mensageiro que foi procurar o profeta insiste para que ele diga o mesmo que os outros profetas:

---

71 O "búfalo" mencionado algumas vezes na Bíblia é muito provavelmente um "auroque" (*Bos taurus primigenius*), um bovino de grandes dimensões, agora extinto.

O mensageiro que fora chamar Miqueias disse-lhe: "Todos os profetas, sem exceção, anunciaram boas coisas; que teu oráculo seja igual ao deles, predizendo coisas favoráveis!" (1Rs 22,13).

Miqueias, todavia, quer conservar a sua liberdade de expressão: "Pela vida do SENHOR! Eu direi o que o SENHOR me falar" (1Rs 22,14). A resposta é introduzida por uma fórmula de juramento e o profeta afirma que seu único ponto de referência será Deus, não a opinião dos profetas. Outra maneira de afirmar a sua independência daquela que poderíamos chamar a opinião pública ou a da maioria.

O Rei Acab terá de insistir antes de ter uma resposta clara. E eis o que diz Miqueias:

> "Vi todo Israel disperso sobre as montanhas, como ovelhas sem pastor; e disse o SENHOR: 'Eles não têm mais senhor; que retornem em paz, cada um para a sua casa'" (1Rs 22,17).

Em outras palavras, Miqueias prevê uma amarga derrota de Acab diante de seus inimigos. O Rei Acab certamente não fica feliz com tal perspectiva. Miqueias acrescenta então uma justificativa da sua profecia que vale a pena ler com atenção (1Rs 22,19-23):

> Miqueias disse: "Escuta a palavra do SENHOR! Vi o SENHOR sentado em seu trono, e todo o exército dos céus a seu redor, à sua direita e à sua esquerda. O SENHOR disse: 'Quem enganará Acab, para que suba e caia em Ramot de Galaad?' Uns responderam isto, outros aquilo. Apresentou-se, então, um espírito e, inclinando-se perante o SENHOR, declarou: 'Eu o enganarei!' E o SENHOR indagou: 'Como?' 'Irei e me tornarei espírito mentiroso na boca de todos os seus profetas.' Respondeu o SENHOR: 'Tu o enganarás, serás bem-sucedido; vai e faze assim'. Assim o SENHOR enviou um espírito de mentira à boca de todos estes teus profetas; o SENHOR decretou a tua desgraça!"

O ponto mais importante desta cena está no início: o Profeta Miqueias, filho de Jemla, assiste ao conselho divino. Existe, portanto, um contraste deliberado entre duas cenas de consulta. A primeira é aquela que conhecemos. O Rei Acab e seu aliado, o Rei Josafá, consultam os profetas no pátio diante da porta de Samaria. A outra tem lugar no céu. Deus em pessoa delibera com seus conselheiros sobre a melhor maneira de convencer Acab a declarar guerra, uma iniciativa que lhe será fatal. Miqueias assiste a esta última deliberação e pode falar dela porque estava presente.

Um segundo elemento é essencial: as decisões do conselho divino influem diretamente naquilo que acontece no conselho do Rei Acab. Os profetas de Acab dizem exatamente aquilo que foi decidido no céu, no conselho divino. Miqueias, portanto, assistiu a um conselho mais importante do que o do Rei Acab, um conselho que permite compreender o que acontece na terra, na corte de Acab.

Miqueias pagará caro por sua temeridade. Será esbofeteado por seu colega Sedecias que contesta até a autenticidade do que Miqueias afirma: "Por onde terá o espírito do SENHOR se escapado de mim para te falar?" (1Rs 22,24). Além disso, Miqueias será preso, comerá apenas pão e beberá apenas água, até o retorno do rei, são e salvo, do campo de batalha (1Rs 22,27). O que não acontece porque o rei será ferido mortalmente durante o conflito armado e morrerá logo depois. Como acontece com frequência nos relatos bíblicos, ninguém, porém, se preocupa em ir libertar Miqueias da prisão e em confirmar a veridicidade da sua profecia. O leitor sabe, e isso é mais do que suficiente.

Voltemos um instante à nossa narrativa para resumir a situação. Temos um contraste deliberado entre duas assembleias: de um lado, um conselho à porta de Samaria e, de outro, um no céu. No primeiro conselho temos quatrocentos profetas, com Sedecias, filho de Canaana, e no outro os conselheiros de Deus, anjos ou espíritos. A este segundo conselho, porém, assiste também Miqueias, filho de Jemla. O primeiro grupo encoraja o Rei Acab a declarar guerra e prediz sua vitória. No conselho divino, ao contrário, procura-se convencer o rei a fazer a guerra sabendo bem que perecerá na batalha. Enfim, um espírito divino propõe a solução: fazer com que o conselho do rei seja ludibriado e pregue uma falsidade ao rei.

Tudo se desenvolve como planejado. Sem dúvida, um leitor crítico poderia se perguntar como o Rei Acab, avisado sobre o que foi determinado no céu, não muda de ideia. O relato quer mostrar que o rei se deixa enganar sem opor nenhuma resistência porque segue o conselho que mais o agrada. Além disso, manda prender o Profeta Miqueias. Miqueias, filho de Jemla, tinha razão, enquanto os quatrocentos profetas estavam errados, e por isso são chamados "profetas da mentira" (cf. 1Rs 22,22).

O pensamento profético

O profeta é o herdeiro natural e legítimo da *Torah*. Considerando tal relação, os profetas sabem que uma implicação fundamental da fé em Deus é a disponibilidade e a dedicação às criaturas. É um fato que a pregação dos profetas parece orientada particularmente na direção da dimensão *horizontal* da existência humana.

A razão disso deve ser buscada no fato de que os profetas são homens que vivem no tempo e na história e que, consequentemente, conhecem bem os homens com seus problemas e sua psicologia; que aprenderam, portanto, que a tecla em que se deve insistir é a tecla do social, visto, numa perspectiva religiosa distorcida e hipócrita, como menos necessário que a dimensão *vertical* da observância. Assim, o profeta procura contestar esse modo de pensar, ressaltando que essas duas dimensões têm valor e são reciprocamente complementares. O profeta é um personagem trágico que vive de maneira dramática o chamado ou investidura divina, não raro pagando pessoalmente, em termos de sofrimento e de angústia, por esse dever de pregar verdades incômodas e impopulares, por não poder se entregar à aquiescência, à cegueira, ao esquecimento.

LARAS, G. *"Ricordati dei giorni del mondo"* – Storia del pensiero ebraico dalle origini all'età moderna. 2 vols. 2. ed. Bolonha: EDB, 2014, I, p. 33-34.

Profecia verdadeira e profecia mentirosa

Podemos aprofundar o caso e tentar compreender melhor qual é a diferença entre profecia verdadeira e profecia mentirosa. À primeira vista, poderíamos dizer que Deus certamente é mais poderoso do que o rei e que, por conseguinte, uma decisão divina prevalece sobre uma decisão humana, até mesmo a de um soberano. O problema, porém, é compreender como diferenciar os diversos tipos de profecias. O relato mostra que o rei não é capaz de fazer a diferença. Do contrário, não teria confiado em Sedecias e nos quatrocentos profetas. Em outras palavras, Miqueias, filho de Jemla, *afirma* que assistiu ao conselho divino. Contudo, não oferece nenhuma prova disso e, provavelmente, seria difícil atestar uma coisa como essa.

A definição de profeta

Na linguagem atual, um profeta ou uma profetisa é um anunciador de coisas futuras, uma espécie de adivinho. Os termos profetizar, profecia, profético e profeticamente têm a mesma conotação. Na Bíblia, porém, o profeta (em hebraico, *nabi*) não é alguém que adivinha o futuro, mas uma pessoa imersa no presente e comprometida com o seu povo. Por isso denuncia as injustiças sociais e as conspirações políticas, luta contra a corrupção religiosa e defende os oprimidos, mantendo-se sempre fiel aos desígnios de Deus. Para dizer a verdade, alguns textos bíblicos apresentam o profeta como uma pessoa capaz de revelar mistérios ocultos e prever o futuro. Podemos mencionar alguns exemplos: Samuel consegue encontrar as jumentas perdidas de seu pai Saul (1Sm 9,6–7,20); Aías, de Silo, mesmo sendo cego, sabe que a mulher disfarçada que vai visitá-lo é a esposa do Rei Jeroboão e prediz o futuro de seu filho doente (1Rs 14,1-16); Elias prevê a morte iminente do Rei Ocozias (2Rs 1,16-17); Eliseu sabe que seu servo aceitou dinheiro secretamente do ministro sírio Naaman (2Rs 5,20-27), sabe onde se encontra o acampamento dos arameus (2Rs 6,8-9) e sabe que o rei decidiu matá-lo (2Rs 6,30-31).

Todos esses exemplos, contudo, pertencem à primeira época do profetismo bíblico, ou seja, antes do século VIII a.C. Embora em certos momentos os profetas tenham revelado coisas ocultas ou feito previsões sobre acontecimentos futuros, sua missão principal sempre foi a de iluminar o presente com a Palavra de Deus e orientar seus contemporâneos para que seguissem o caminho certo.

CALDUCH-BENAGES, N. *I profeti, messaggeri di Dio* – Presentazione essenziale. Bolonha: EDB, 2013, p. 9-10 [trad. F. Iodice].

Não obstante, o relato sugere que existem critérios para distinguir um profeta verdadeiro de um falso. Em primeiro lugar, existem critérios negativos. Por exemplo, a unanimidade ou a maioria não são critérios seguros. Ao contrário, deveriam ser motivo de desconfiança. Em segundo lugar, o relato mostra que os profetas procuram sobretudo dizer aquilo que o rei quer ouvir. O beneplácito do rei é mais importante do que uma análise acurada e uma reflexão séria sobre a situação. Em poucas palavras, os falsos profetas carecem de clarividência. Defendem os próprios interesses, ou seja, não querem perder o favor do rei. Em comparação, a sorte do povo é um valor secundário, e certamente não vem em primeiro lugar na escala de suas preocupações.

Por fim, compreende-se que o Profeta Miqueias está disposto a sofrer as consequências. Depois de ter falado de maneira destemida, vê-se na prisão, reduzido a pão e água. Arriscou e não teve medo de arriscar; isso certamente o diferencia dos outros profetas.

A cena de 1Rs 22, como dissemos, é emblemática sobre a posição dos profetas. Poderíamos dizer que em Israel houve muitos profetas semelhantes a Sedecias, filho de Canaana, e a seus companheiros, enquanto poucos outros têm a mesma estatura de Miqueias, filho de Jemla. São os profetas de que o Antigo Testamento se recorda, contudo, porque, em retrospectiva, o povo hebreu reconheceu neles uma voz diferente, aquela que vinha do conselho divino.

Os verdadeiros profetas, membros do conselho divino

Acrescentamos um elemento importante na nossa investigação: como no caso de 1Rs 22, os profetas intervêm frequentemente sobre problemas da atualidade. São consultados para decisões a serem tomadas de imediato, sobre a política a ser adotada ou sobre medidas a aplicar. Só raramente encontramos nos profetas reflexões mais gerais sobre o destino da humanidade e do universo. Estamos mais imersos nos eventos da história do que no mundo abstrato das ideias platônicas. Por esse motivo os profetas muitas vezes são consultados pelos soberanos ou pelos dirigentes de uma nação. É nesse contexto que se fala do "conselho divino", onde se tomam decisões sobre a sorte do país, da nação ou das nações.

Reencontramos a temática que acabamos de mencionar em diversos livros proféticos. Trata-se do conteúdo dos grandes livros proféticos que registram o testemunho de pessoas que conseguiram se sobrepor aos interesses locais, transitórios ou particulares. Conseguiram defender valores e interesses mais elevados, com perspicácia e clarividência. São a ilustração de uma afirmação, muitas vezes repetida por Alcide de Gasperi, que provém, na realidade, de um teólogo e pregador estadunidense, James Freeman Clarke:

> O político pensa nas próximas eleições, o homem de Estado pensa nas próximas gerações; um político busca o sucesso de seu partido, um homem de Estado o do país[72].

---

72 Eis a citação completa em inglês: "A politician [...] thinks of the next election; a statesman of the next generation. A politician looks for the success of his party; a statesman for that of the country" (CLARKE, J.F. "Wanted, a Statesman!" In: HALE, E.E. (org.). *Old and New*. Boston (MA): Lee & Shepard, 1876, II, n. 6, p. 644).

Um primeiro exemplo é fornecido pelo livro de Amós. Num breve oráculo, o profeta afirma que não pode deixar de falar quando se trata dos interesses superiores do povo, ou seja, na linguagem dos profetas, quando Deus revela o seu desígnio aos seus servidores, os profetas (Am 3,3-8):

> Andam juntos dois homens, sem antes ter combinado?
> Ruge o leão na floresta sem ter uma presa? Rosna o leãozinho em sua toca sem ter uma caça?
> Cai o pássaro por terra no laço sem a armadilha? Porventura o laço se ergue do chão sem a sua presa?
> Soa a trombeta na cidade sem que o povo estremeça? Acontece porventura desgraça em uma cidade sem a intervenção do SENHOR?
> [Na verdade o SENHOR, DEUS, não faz coisa nenhuma sem revelar seu segredo aos profetas, seus servidores.]
> O leão rugiu: quem não teria medo? O Senhor, DEUS, falou: quem deixaria de profetizar?

Não há causa sem efeitos nem efeitos sem causa. Um profeta profetiza e a causa deve ser buscada no conselho de Deus. Deus toma uma decisão e o profeta não pode fugir à sua tarefa de avisar o povo. "Não podemos calar sobre o que vimos e ouvimos", dirão Pedro e João diante do Sinédrio (At 4,20). O elemento a ser enfatizado, contudo, é o acento colocado em "Deus", porque o profeta defende uma causa superior às causas comumente defendidas neste mundo. Ele vai buscar suas motivações além das preocupações mais imediatas dos seus contemporâneos. Sobretudo, o profeta não menciona o rei ou os poderosos deste mundo: Amós fala em nome de Deus e não defende as decisões do rei ou dos seus oficiais.

Em outra passagem o Profeta Amós se desculpa por agir por interesses pessoais. A passagem talvez se preste a mais de uma interpretação e foi discutida. Não obstante, o conteúdo do trecho é bem claro, na minha opinião. Trata-se de Am 7,10-17, a controvérsia entre Amasias, sacerdote de Betel, e o Profeta Amós. O sacerdote, responsável pelo santuário régio e bem conhecido em Betel, denuncia o Profeta Amós ao Rei Jeroboão II e lhe pede para afastar o profeta do lugar porque se permitiu criticar o culto e a política do rei. Como sabemos, o Profeta Amós era muito sensível às questões de justiça.

Há outro elemento essencial: Amós é originário de Técoa, pequena cidade ao sul de Belém, no reino de Judá, e portanto precisou de uma "autorização de permanência" para viajar ao Reino do Norte. O Sacerdote Amasias intima-o a voltar para casa para ali prover o seu sustento:

Vidente, vai-te embora! Foge para Judá! Come por lá o teu pão, e profetiza para lá. Mas em Betel, para de profetizar! Porque é um santuário do rei e residência régia (Am 7,12-13).

Amasias quer que Amós seja expulso, por considerá-lo *persona non grata*. A resposta de Amós é igualmente clara:

> Eu não sou profeta, nem filho de profeta; sou vaqueiro e cultivo sicômoros. Foi o SENHOR quem me tirou de detrás do rebanho e me disse: "Vai, profetiza ao meu povo, a Israel" (Am 7,14-15).

O texto suscitou muitas discussões, mas penso que o significado mais óbvio é o seguinte. Amós tinha um bom trabalho no reino de Judá: era vaqueiro, provavelmente um criador de gado de grande porte e um cultivador de sicômoros, árvore que fornece ração para os animais (cf. Am 1,1; 2Rs 3,4). Em outras palavras, era um homem abastado, com uma boa situação. Não é, portanto, por interesse que mudou de profissão e se tornou profeta em outro reino, o de Samaria (Israel). Há outras motivações, bem diferentes, e o leitor consegue saber quais são elas lendo com atenção os oráculos do profeta. Foi defender a causa dos fracos contra os poderosos, dos oprimidos contra os opressores, dos pobres contra seus exploradores.

Há uma passagem do livro de Isaías que segue a mesma direção. O trecho talvez não seja muito conhecido, mas vale a pena citá-lo (Is 8,11-17):

> Pois assim me falou o SENHOR, quando sua mão me segurou, prevenindo-me a não seguir o caminho deste povo: "Não chameis de conspiração tudo o que este povo chama de conspiração; e não temais o que ele teme, nem vos assusteis. É o SENHOR dos exércitos que vós proclamareis santo, a Ele é que é preciso temer e venerar. Ele se tornará um santuário, uma pedra de tropeço e um rochedo que faz cair para as duas casas de Israel; uma cilada, um laço, para os habitantes de Jerusalém. Muitos tropeçarão, cairão e se quebrarão, ficarão presos ao laço e serão capturados". Eu recolho este testemunho, eu selo esta revelação entre os meus discípulos. Confio no SENHOR, que oculta sua face à casa de Jacó; nele espero.

O primeiro elemento da vocação de Isaías, de acordo com esse texto, é o que poderíamos chamar de anticonformismo: o profeta deve ser crítico em relação à opinião pública. Não deve compartilhar os temores e as suspeitas das pessoas comuns, e deve desconfiar dos falatórios. Só Deus deve ser temido – ou seja, venerado e respeitado. O importante, a meu ver, é a distância que o Profeta Isaías toma daquilo que "o povo" pensa. Não é escravo da moda, dos falatórios, dos movimentos de multidão, das correntes de opinião. Seu juízo baseia-se em valores diferentes que garantem a sua independência de pensamento.

O profeta sela seu testemunho e o confia a seus discípulos que poderão verificar a autenticidade de suas palavras quando chegar o momento (Is 8,16). O profeta não duvida da veracidade do que diz porque se apoia no Senhor, ou seja, não depende das instáveis opiniões dos poderosos ou dos grupos de pressão.

Uma frase do Profeta Miqueias resume muito bem o que dissemos até aqui:

> Se houvesse um homem correndo atrás do vento e inventando mentiras: "Eu vaticino para ti vinho e bebidas fortes", esse seria o vaticinador deste povo (Mq 2,11).

O oráculo emprega um verbo hebraico que significa "falar", "babar", "fazer escorrer", "fazer brotar", "destilar". Poderia ser traduzido desta forma:

> Se alguém que corre atrás do vento e espalha mentiras destilasse estas palavras: "Eu vaticino para ti vinho e bebidas fortes!", para este povo ele seria um destilador de palavras [um profeta].

O povo deseja ouvir apenas quem é pródigo a seus olhos e prediz aquilo que lhe agrada, neste caso bebidas inebriantes. Poderíamos dizer: discursos inebriantes. O critério de verdade, diríamos hoje, é o ibope, o índice de audiência ou a popularidade. O verdadeiro profeta, contudo, não se deixa enganar. Procura analisar a situação com critérios mais sólidos, com mais lucidez e mais acuidade.

Reencontramos uma posição semelhante, e com palavras ainda mais fortes, no livro do Profeta Jeremias. Nesse livro, que nos informa sobre os últimos momentos da cidade de Jerusalém, entre 596 e 586 a.C., percebemos uma tensão não indiferente entre diversos grupos de profetas. O Profeta Jeremias polemiza frequentemente com adversários, profetas e sacerdotes, que se recusam a ver o quanto a situação é grave. As passagens mais significativas a esse respeito encontram-se em Jr 23,17-24:

> Dizem aos que me desprezam: "O SENHOR disse: Tereis paz"; e aos que seguem a dureza de seu coração eles dizem: "Nenhum mal vos atingirá". Quem viu e olhou sua Palavra? Quem atentou à sua Palavra, e a ouviu? Desencadeia-se o furacão da ira do SENHOR, tormenta furiosa cai na cabeça dos ímpios. Não retrocederá a ira do SENHOR até que execute e cumpra os seus planos. No porvir entendereis claramente. Não enviei estes profetas, e eis que correm! Não lhes falei, e eis que profetizam! Se assistiram ao meu conselho, que façam meu povo ouvir minhas palavras, convertendo-o de seu mau caminho e de suas perversas obras. "Sou Deus somente de perto?", diz o SENHOR, "não sou Deus também de longe? Oculta-se

alguém no esconderijo sem que eu o veja?", diz o SENHOR. "Acaso eu não preencho o céu e a terra?", diz o SENHOR.

Observemos que, tanto para Jeremias como para Miqueias, filho de Jemla, o verdadeiro profeta assiste ao conselho divino e não segue a opinião corrente. Os falsos profetas, segundo Jeremias, querem tranquilizar o povo minimizando os perigos que ameaçam a cidade de Jerusalém. Os habitantes de Jerusalém não querem ouvir falar de emergência. Não têm nenhuma vontade de mudar de opinião e, sobretudo, de comportamento. Querem, antes de tudo, preservar sua tranquilidade, mesmo que tenham de adotar a política do avestruz. Os falsos profetas os confortam em tal atitude, enquanto Jeremias não hesita em enfrentar a situação. Compreende que as decisões da corte régia estão equivocadas. O Rei Sedecias se rebelou contra o rei de Babilônia e se recusou a respeitar o seu juramento de vassalo diante dele, contando com o apoio do Egito. Para Jeremias, a decisão terá consequências catastróficas para Jerusalém e para o reino de Judá. Infelizmente, a história deu razão a Jeremias. Sua análise da situação estava certa por não ser influenciada pelas falsas expectativas do povo. Em palavras mais atuais, Jeremias não se deixou enganar pelas pesquisas de opinião.

Poderíamos mostrar que outros grandes profetas seguem todos a mesma linha, desde o Profeta Elias, que se define como aquele que "está na presença de YHWH" – e não diante do rei (1Rs 17,1; 18,15; cf. Eliseu em 2Rs 3,14; 5,16), até a quarta visão de Zacarias, na qual o profeta vê, no céu, o Sumo Sacerdote Josué receber as vestes sacerdotais (Zc 3,1-7). Os profetas se elevam acima dos interesses, das esperanças e das opiniões comuns para compreender qual é "o desígnio de Deus", o verdadeiro interesse de seu país e de seu povo. Têm um sentido muito agudo do presente e dos caminhos do futuro. Para retomar, em conclusão, uma imagem proposta pelo Profeta Ezequiel, que foi atuante na Babilônia durante o exílio, poderíamos dizer que o verdadeiro profeta é uma sentinela (Ez 3,17-21; 33,1-9; cf. Is 21,6.11-12). Enquanto todos dormem, a sentinela percorre as muralhas da cidade e sua tarefa é avisar dos perigos que se aproximam, das caravanas que despontam no horizonte ou dos mensageiros que trazem boas notícias. Vê primeiro os habitantes da cidade, adormecidos, e avisa quem deve despertar no momento oportuno. Os profetas de Israel foram sentinelas, sobre as muralhas de suas cidades, que vislumbraram de longe a aproximação das tragédias que ameaçavam seu povo e, nos primeiros raios do alvorecer, avistaram as centelhas de esperança para um futuro melhor: "Sentinela, como vai a noite? Sentinela, como vai a noite?" (Is 21,11).

Administração e economia

O relato do livro dos Reis não tem muito interesse em fornecer informações sobre a administração e a economia do reino de Israel. Mas um lote de uma centena de *ostraka* (SSI I 2) descobertos em 1910 num cômodo do palácio real de Samaria fornece dados de primeira mão. Trata-se de "guias de transporte" para carregamentos de vinho e azeite, provenientes das fazendas palatinas (definidas como *kerem* ou *gat*) e destinadas ao palácio real. As guias trazem a data de uma época de um reinado de um rei cujo nome não é citado. Como o ano mais alto citado é o 17, as guias podem ser atribuídas aos reinados "longos" de Acab (improvável), de Joacás ou de Jeroboão II. As fazendas palatinas estavam distribuídas pelo território circunjacente à capital, por um raio de cerca de vinte quilômetros. A afluência de azeite e vinho, comparada com a descoberta na Samaria do século IX de abundante vasilhame fino de mesa de tipo fenício, ajuda a configurar uma corte real acostumada a bons níveis de luxo. Adotou-se a esse respeito a denúncia do luxo dos notáveis de Samaria, levantada por Amós na época de Jeroboão II.

A polêmica populista de Amós contra a classe dirigente de Samaria insiste no luxo exagerado (as casas e as camas de mármore, os excessos no uso de vinho e azeite, a música), na opressão fiscal em prejuízo do povo, na servidão por dívidas, na falta de justiça ("na Porta", que era o lugar destinado à atividade judiciária), na fraude comercial (pesos e balanças adulterados, taxas de juros reguladas pelo calendário mais conveniente ao credor) [...].

LIVERANI, M. *Oltre la Bibbia* – Storia antica di Israele. Roma/Bari: Laterza, 2003, p. 140.

PARA APROFUNDAR

ABREGO DE LACY, J.M. *I libri profetici*. Bréscia: Paideia, 1996 [org. A. Zani. Bréscia: Paideia] [Introduzione allo studio della Bibbia 4].

ANTHONIOZ, S. *Le prophétisme biblique*: De l'idéal à la réalité. Paris: Cerf, 2013 [Lectio Divina 261].

BLENKINSOPP, J. *Storia della profezia in Israele*. Bréscia: Queriniana, 1997 [Biblioteca biblica 22].

KRATZ, R.G. *I profeti di Israele*. Bréscia: Queriniana, 2006.

MARCONCINI, B. et al. *Profeti e apocalittici*. Leumann [TO]: Elle Di Ci, 1994 [Logos – Corso di studi biblici 3].

McCONVILLE, J.G. *Dictionary of the Old Testament*: Prophets. Leicester: InterVarsity Press, 2012.

ROFÉ, A. *Introduzione alla lettura della Bibbia ebraica – 2*: Profeti, salmi e libri sapienziali. Bréscia: Paideia, 2011 [Introduzione allo studio della Bibbia 49].

_____. *Introduzione alla letteratura profetica*. Bréscia: Paideia, 1995.

SICRE DÍAZ, J.L. *Profetismo in Israele*: Il Profeta – I Profeti – Il messaggio. Roma: Borla, 1995.

SKA, J.L. *L'Antico Testamento spiegato a chi ne sa poco o niente*. Cinisello Balsamo (MI): San Paolo, 2011 [Guida alla Bibbia].

SPREAFICO, A. *La voce di Dio* – Per capire i profeti. Bolonha: EDB, 1998 [2. ed. 2014] [Studi biblici 33].

_____. *I profeti*. Bolonha: EDB, 1993 [Lettura pastorale della Bibbia 27].

SWEENEY, M.A. *Reading Prophetic Books* – Form, Intertextuality, and Reception in Prophetic and Post-Biblical Literature. Tübingen: Mohr Siebeck, 2014 [FAT 2.89].

11
Teologia do Antigo Testamento

Um dos problemas mais difíceis para o leitor do Antigo Testamento diz respeito à moralidade das figuras bíblicas. A dificuldade aumenta quando os relatos bíblicos afirmam que Deus, com toda verossimilhança, ratificou decisões que o leitor moderno (e antigo) dificilmente poderia aprovar. O exemplo clássico é o relato de Gn 27, que narra como Jacó se apropriou da bênção paterna com a ajuda da mãe Rebeca, enganando Isaac e Esaú. São Paulo, na Carta aos Romanos, cita a esse respeito uma reflexão do Profeta Malaquias que continua a surpreender: "Amei Jacó e odiei Esaú" (Ml 1,2-3). É verdade que a expressão semitizante pode ser traduzida: "Preferi Jacó a Esaú". No entanto, a dificuldade permanece: Será que Deus prefere os desonestos e os trapaceiros? Deus não deve estar acima das partes e defender a justiça? Ou então Deus não seria imparcial, como afirma com tanta frequência o próprio Paulo?

O problema foi tratado de várias maneiras. Alguns invocaram a mentalidade de uma época mais primitiva. Outros negaram que exista qualquer moral num relato que quer ser antes de tudo irônico. Jacó pregou uma bela peça em Esaú, e todo israelita conta com muito prazer esta história sobre o antepassado de seus vizinhos edomitas. Outros, enfim, procuraram, na medida do possível, justificar aquela "esperteza". O próprio relato bíblico incentiva a tomar esse caminho. De fato, diversas passagens tendem a desacreditar Esaú. O episódio do prato de lentilhas (Gn 25,27-34), que antecede o da bênção (Gn 27), certamente tem a função de preparar o leitor para o episódio seguinte, em que Esaú perde definitivamente qualquer possibilidade de ser o herdeiro da promessa. O episódio do prato de lentilhas põe em cena um Esaú ganancioso, pouco reflexivo, que afirma preferir satisfazer a própria fome a conservar o seu direito de primogenitura (25,32). Outros textos falam dos casamentos de Esaú, que desagradam os parentes (26,34.35; 27,46). Enfim, a simpatia do leitor diminui muito quando este último vem a saber que o primogênito quer matar o irmão caçula (27,41). Ainda assim, isso não impede que nos perguntemos: A manobra de Rebeca e de Jacó é justificada?

Sternberg propôs uma solução simples do problema[73], distinguindo no relato dois eixos, o da informação e o da simpatia. Tal solução, além de oferecer diversas vantagens, abre também um caminho que conduz diretamente às afirmações paulinas. No plano da informação, o relato de Gn 27 é uma espécie de "narrativa em teses", que quer demonstrar por que Jacó, e não Esaú, é o herdeiro da promessa. A promessa divina passará, portanto, aos descendentes de Jacó, ao passo que os de Esaú não terão direito a ela. Prescindindo por enquanto do aspecto da moralidade, é importante, do ponto de vista da "informação", observar como os personagens reagem. Ora, aquele que deseja a qualquer preço abençoar Esaú, ou seja, Isaac, reconhece ele mesmo que a bênção, uma vez dada, não pode ser retirada: "Dei-lhe a bênção, e abençoado ficará" (27,33). O longo diálogo entre Isaac e o primogênito (27,34-38), com toda a sua força dramática, tem, afinal, o mesmo objetivo: demonstrar a impossibilidade de voltar atrás. Queira-se ou não, as palavras pronunciadas em favor de Jacó são irrevogáveis. Esaú recorrerá a todos os meios para reverter a situação em seu favor, mas não conseguirá. O "fato" da bênção permanece; resiste aos sentimentos, por mais justificados que eles sejam. Em termos mais abstratos, o relato leva a atingir um nível de "realidade" que não obedece às exigências humanas, nem sequer a uma exigência tão fundamental como a da justiça.

Do ponto de vista da "simpatia", as coisas são diferentes. Não se trata de saber qual é o "fato" apresentado pelo relato, mas de se perguntar sobre o "como" da ação. Ora, aqui o texto não é claro. De um lado, de fato, ele mostra, sem nenhuma tentativa de desculpá-lo, o "engano" tramado por Rebeca e por Jacó, que abusam de um velho quase cego. O tom é objetivo e em nenhum momento o narrador se permite um juízo explícito sobre a ação. Mas os detalhes fornecidos pela narrativa, bem como a reação de Isaac e de Esaú diante do fato consumado, não permitem duvidar: aquele ato é indesculpável, os culpados deverão pagar pelo mal feito e o leitor não pode deixar de simpatizar com as vítimas. Mesmo não contendo nenhum juízo explícito a respeito, a narrativa mostra como Jacó sofre as consequências de tal intriga:

---

73 Cf. STERNBERG, M. *The Poetics of Biblical Narrative* – Ideological Literature and the Drama of Reading. Bloomington: Indiana University Press, 1985, p. 164s. e 171.

ele parte para um exílio de vinte anos e será enganado da mesma maneira como enganou.

Desse modo, o relato do Gênesis conjuga o "princípio de realidade" com o "princípio de moralidade". A história dos dois gêmeos mostra como cada um dos dois princípios comanda o desenrolar da ação. No entanto, também mostra – e este é o ponto mais importante – que o "princípio de realidade" prevalece sobre o "princípio de moralidade". Em outros termos, a história da salvação não está inteiramente submetida ao princípio da justiça distributiva e da moralidade das ações humanas. Deus não escolhe apenas os "justos" e não é obrigado a isso. Deus escolhe quem quer e ninguém pode "limitar" a liberdade divina. A realidade da história é construída sobre essas escolhas divinas que podem, em certos momentos, parecer arbitrárias e "injustas". Em termos paulinos, a salvação é um dom da graça, a justificação é obtida por meio da fé e, em última instância, não pode ser fruto das nossas obras. Citando o texto de Malaquias: "Amei Jacó e odiei Esaú", São Paulo quer lembrar aquele paradoxo ou "realismo bíblico".

É preciso constatar que a moral não ocupa o primeiro lugar na religião dos patriarcas. Este aspecto, que pode ser surpreendente, é de fato uma das características daquela religião que agora temos de examinar mais de perto.

Religião privada e religião oficial

Alguns estudos sobre a religião de Israel colocaram em evidência uma diferença interessante sobre as diversas maneiras de abordar a figura de Deus. Todo leitor da Bíblia terá observado, por exemplo, que os Salmos falam pouco dos grandes acontecimentos da história da salvação e que a "história" enquanto tal ocupa pouco espaço na literatura sapiencial. Mas também é verdade que existem algumas diferenças importantes entre a religião dos patriarcas e aquela inaugurada por Moisés. Quais são elas?

Em princípio, a religião dos patriarcas se distingue de outras formas da religião de Israel por duas características principais. De um lado, a questão da moral é secundária. Deus não "julga", e menos ainda condena os antepassados de Israel por seu comportamento. A moral certamente não está ausente, mas não vem em primeiro lugar. O aspecto da eleição se sobrepõe a todos os outros. Deus escolheu Abraão, Isaac e Jacó, e os apoia em todas as circunstâncias. Se, de um lado, Deus julga e condena mais de uma vez em Gn 1–11 e julgará Israel rebelde no deserto, de outro o leitor tem como que a impressão de que Deus suspende o seu juízo durante toda a história patriarcal.

O segundo aspecto é um corolário do primeiro. Na história patriarcal, a aliança é incondicionada e as exigências da "Lei" são mínimas. Deus não põe condições para a sua escolha dos patriarcas; só mais tarde, com Moisés, aparecem a aliança condicionada, a moral, a Lei e a possibilidade de uma maldição para quem é infiel. Como explicar tal fenômeno? A religião dos patriarcas não é necessariamente uma religião mais antiga, ou seja, da época em que o povo era formado por clãs nômades, uma vez que as mesmas características se encontram em outras partes da Bíblia. Trata-se, antes, da devoção pessoal e familiar: no limitado universo da família ou do clã, isto é, da família ampliada, Deus apoia de maneira incondicional aqueles que escolheu e permanece o Deus do clã em qualquer circunstância. Os vínculos que unem Deus ao clã seguem o modelo daqueles que unem os vários membros da família; eles são "dados" pela natureza: cada um nasce numa família sem tê-la escolhido. Aqueles laços de sangue não podem ser suprimidos e é preciso cometer um ato muito grave para ser excluído da família. Do mesmo modo, a relação com Deus é "dada", faz parte da existência. Deus "faz viver", é antes de tudo o Deus criador, o Deus da natureza que dá a prosperidade, defende dos inimigos, abençoa os seus, doa-lhes uma numerosa descendência e os apoia em todas as suas atividades.

A religião de Moisés, ao contrário, já não é a religião de uma família, nem sequer ampliada; é a religião de uma nação e de agora em diante se falará de "religião oficial". Se numa família os laços são estabelecidos pela natureza, numa nação eles devem ser criados, e portanto serão fruto da liberdade. Ora, quem diz "liberdade", diz "responsabilidade", "escolha", "aliança", "convenções", "lei". A autoridade já não é aquela do *paterfamilias* ou dos pais, pois quem pode considerar-se "pai de toda a nação"? Esta nova situação obriga a realizar um salto de ordem jurídica e teológica.

No plano jurídico, a vida em comum de um povo supõe que ele se dote de instituições, de uma forma de governo, de regras de vida comum e de uma autoridade judiciária capaz de resolver os conflitos que surgem entre os indivíduos ou entre as famílias. Também aqui a autoridade familiar já não é suficiente, uma vez que os conflitos implicam mais famílias ou membros de diversas famílias.

No plano teológico, também a figura de Deus assume outro aspecto. Deus é sempre o criador da vida e o Deus da natureza, mas agora se torna sobretudo o árbitro da história. Ele envolve o seu povo na aliança, dá a ele uma Lei e o chama à responsabilidade. É o Deus que liberta o seu povo e exige dele uma resposta livre. A sobrevivência do povo depende da fidelidade ao seu Deus e da observância da Lei. Desta vez o apoio de Deus é condicionado pela resposta do povo.

Os dois aspectos, religião privada e religião oficial, caminham paralelos sem se anular, uma vez que a nação não suprime os indivíduos ou as famílias. O equilíbrio entre as duas, contudo, é delicado, os conflitos ou as confusões são inevitáveis. Os profetas, por exemplo, lutarão muito para formar em Israel uma "consciência coletiva". Seus apelos podem ser interpretados como a vontade de fazer com que o povo passe da simples religião privada para a oficial e coletiva. Não é possível aplicar sem nenhuma modificação os axiomas da religião privada à oficial. O Deus de Israel não é exatamente o Deus de uma grande família, que apoia o seu povo sem jamais "julgar" o seu comportamento. Deus é fiel, mas também é exigente. A sorte do povo depende dessa consciência coletiva e se, no fim das contas, os dois reinos de Israel e de Judá desapareceram em duas catástrofes nacionais, isso aconteceu, de acordo com os profetas, porque aqueles dois povos foram incapazes de desenvolver uma religião adulta, baseada na justiça e no direito, e não apenas nos interesses privados ou nos das grandes famílias. Não foi possível criar um sentimento de solidariedade coletiva e um sentido da responsabilidade de dimensões nacionais. A falta de maturidade teológica e humana foi a causa principal do exílio[74].

Por outro lado, quando é preciso devolver a esperança ao povo desencorajado, os profetas retomam as imagens do Deus criador e do Deus dos patriarcas, cujo amor é incondicional[75]. Assim, religião privada e religião oficial correspondem a dois momentos dialéticos da teologia de Israel: o fundamento, o "dado" ou a "graça", e a religião dos patriarcas ou religião familiar. Sobre tal alicerce se constrói a religião oficial, feita de liberdade, de moralidade, de justiça e de responsabilidade individual e coletiva. Quais são

---

74 Também aqui os textos são numerosos. Citamos apenas Jr 5,1-6: em Jerusalém, ninguém "defende o direito", por isso a cidade será destruída. Durante o exílio, a mesma problemática reaparece em Ez 33,23-29. Os habitantes da Jerusalém em ruínas invocam a figura de Abraão, dizendo: "Abraão estava só quando recebeu a posse da terra. Somos muitos e a nós foi dada a terra como propriedade". Ezequiel refuta as pretensões deles, acusando-os de terem cometido numerosos delitos. A posse da terra não está ligada unicamente às promessas patriarcais, depende da observância de uma lei moral.

75 O Segundo Isaías (Is 40–55) fala frequentemente do Deus criador e menciona explicitamente Abraão (41,8) ou Abraão e Sara (51,2) para devolver a esperança aos exilados.

os grandes princípios desta "religião" ou "moral" oficial? É o momento de nos perguntar sobre esse ponto.

O princípio de responsabilidade

As culturas do antigo Oriente Próximo, da Mesopotâmia e do Império Hitita transmitiram-nos diversas coletâneas de leis. As leis do Antigo Testamento, especialmente as da Bíblia, são igualmente bem conhecidas[76]. Contudo, se já o Antigo Testamento é pouco valorizado, as leis indubitavelmente estão entre os elementos menos considerados da Bíblia. No entanto, elas contribuem para a compreensão da mentalidade bíblica e sobretudo para descobrir quais são os princípios fundamentais sobre os quais se edificou a sociedade de Israel. Tal compreensão ajudará a abordar alguns pontos importantes da teologia neotestamentária, entre outros a ressurreição de Jesus Cristo.

Um ponto essencial em que o direito do antigo Oriente Próximo e o direito bíblico se distanciam do direito ocidental contemporâneo é a noção de "responsabilidade", noção bastante controvertida. No direito romano e ocidental, a noção de responsabilidade é antes de tudo subjetiva e individual. De fato, esse direito diferencia claramente "culpa" e "dano". Quando é vítima de um dano, uma pessoa não tem automaticamente direito a um "ressarcimento" ou a uma "indenização". Para que isso se verifique é preciso antes de tudo provar quem é o "responsável" pelo dano (responsabilidade subjetiva). Se se demonstra que alguém é culpado, este apenas é obrigado à pena e ao ressarcimento (responsabilidade individual).

No direito bíblico e no do antigo Oriente Próximo, as coisas são bem diferentes. A responsabilidade é muito mais "objetiva" e "coletiva". "Objetiva" porque se ocupa em primeiro lugar dos danos causados à vítima, ou seja, do "objeto" do delito. A infração ou o dano criam uma situação de injustiça, isto é, um desequilíbrio; assim, é preciso recorrer a todos os meios para "restabelecer a justiça" e, portanto, "ressarcir" a vítima. Trata-se de um direito imprescritível. Em outros termos, é pouco importante saber se o dano foi causado intencionalmente ou não; o que conta é que a vítima recupere o que perdeu e que haja *restitutio in integrum*. Nesse sentido, fala-se de "responsabilidade objetiva". Por outro lado, a primeira responsável pela justiça é a

---

76 Citaremos sobretudo os três "códigos" do Pentateuco, o "código da aliança" (Ex 21–23), a "lei da santidade" (Lv 17–26) e o "código deuteronômico" (Dt 12–26); para a Mesopotâmia, o famoso "código de Hamurabi".

189

coletividade e não o indivíduo. Assim, ela deverá se encarregar de indenizar as vítimas. Certamente, poderá obrigar o "culpado" a assumir as próprias responsabilidades, mas ainda assim é claro que a vítima deverá receber uma compensação por aquilo que perdeu. Se o culpado não pode ser identificado, a comunidade deverá se encarregar de tal tarefa.

Citemos alguns exemplos. O primeiro delito mencionado pela Bíblia é o homicídio de Abel (Gn 4). O relato se desenvolve segundo o esquema de um caso judiciário. A primeira parte descreve o delito (4,1-8); em seguida, Deus conduz a sua investigação (4,9-10) e pronuncia a sentença contra o culpado (4,11-12). Este último apresenta um pedido de misericórdia (4,13-14) e Deus acrescenta uma cláusula à sentença para protegê-lo (4,15). A narrativa, à primeira vista, se encerra no vers. 4,16, que menciona o exílio de Caim. Ora, essa impressão é enganosa porque corresponde exatamente à mentalidade jurídica romano-ocidental antes descrita: o leitor está satisfeito porque o culpado foi descoberto e punido. Foi feita justiça, portanto. O leitor ocidental não se põe a questão do "direito objetivo", do direito das vítimas, que no caso específico são os pais de Abel. Ora, no mundo bíblico, é absolutamente necessário que a justiça seja restabelecida em favor deles. Como? Certamente não é possível ressuscitar Abel. Mas o final de Gn 4 permite encontrar o elemento que ainda falta: "Adão se uniu de novo à mulher, que deu à luz um filho e o chamou Set. 'Porque – disse – Deus me concedeu outra descendência no lugar de Abel, porque Caim o matou'" (Gn 4,25)[77]. O texto não pode ser mais explícito: Set assume o lugar de Abel. Trata-se, portanto, de uma "compensação" ou de um "ressarcimento", pelo qual o próprio Deus se encarrega. Para a mentalidade jurídica do Antigo Testamento, a narrativa não pode encerrar-se com o castigo do culpado, que é um problema de direito penal; é necessário resolver o problema de direito civil e encontrar um jeito de anular, o mais possível, o dano sofrido pela vítima. Certamente, o direito bíblico leva em conta a intenção quando se trata de estabelecer a responsabilidade do culpado, mas o direito da vítima continua a ser prioritário.

Esta preocupação em favor da vítima é bastante evidente, por exemplo, numa série de leis sobre os ressarcimentos (Ex 21,33–22,14). Cada uma daquelas leis prevê quando e como o dano causado deve ser reparado. A lei quase nunca se preocupa em saber se o dano foi causado intencio-

---

77 Talvez se trate de um acréscimo tardio. Procuramos interpretar o texto assim como está e compreender o objetivo do versículo.

nalmente ou não, e muito pouco em saber como é preciso proceder para identificar o culpado. Sua intenção é primordialmente especificar se é necessário compensar a vítima e como. Ex 22,4-5 oferece um claro exemplo de tal mentalidade:

> Se alguém danificar um campo ou uma vinha levando o seu gado a pastar em campo alheio, dará como indenização o melhor que tiver no seu campo ou na sua vinha. Se irromper um incêndio e se alastrar pelos espinheiros, devorando as pilhas de espigas, ou a messe ou todo o campo, aquele que ateou o fogo pagará integralmente os danos.

A lei não diz quem deve apresentar queixa, não se pergunta se o dano foi causado intencionalmente ou por negligência, ou quem deverá constatar os fatos e pronunciar a sentença. A única coisa que especifica é a indenização da vítima.

O livro de Jó oferece outro exemplo interessante de tal princípio. Por que Deus responde a Jó? De acordo com muitos autores, o Senhor aparece na tempestade no momento em que Jó ultrapassou os limites. Ele se mostrou presunçoso e Deus lhe dá uma lição de humildade. Mas esta interpretação apresenta algumas dificuldades. Podemos nos perguntar, por exemplo, quem é aquele Deus que permanece em silêncio até que Jó implore um sinal da sua presença e que se manifesta assim que sua honra divina está em jogo. Assim, a presunção de Jó conseguiria obter aquilo que seus apelos à justiça não haviam conseguido arrancar. É esse o caso? Nossa interpretação baseia-se no texto final. Ora, nesse relato, Deus está longe de castigar Jó por qualquer culpa cometida. Ao contrário, ele lhe "restitui" aquilo que tinha perdido: "Depois o SENHOR restabeleceu Jó no seu antigo estado, quando este orava pelos seus amigos, e deu-lhe o dobro do que possuía antes" (Jó 42,10). Jó volta a ser rico (42,12) e tem de novo sete filhos e três filhas (42,13-15; cf. 1,2). Se Deus é assim, não apenas reconhece a "justiça" de Jó, mas repara a injustiça que lhe fora feita. A presença de tal epílogo, que pode ser motivo de espanto, obedece, portanto, a uma lógica natural no mundo bíblico: a vítima deve ser restabelecida no seu direito.

Se é assim, é preciso extrair daí outra consequência. O herói do livro permaneceu fiel ao seu Deus, até nos excessos do seu lamento. Deus estava com ele, Deus estava presente quando Jó se rebelava e lançava suas invectivas. Mesmo sem poder desenvolver este ponto, consideramos possível afirmar que, na rebelião de Jó, surge enfim a rebelião do próprio Deus contra a injustiça. A descrição dos dois monstros que só Deus consegue dominar é uma imagem do combate que Ele conduz incessantemente contra as forças do caos. A luta de Jó faz parte de tal combate, e é isso que a justifica.

No Novo Testamento tal princípio permite compreender alguns aspectos particulares do mistério da ressurreição. Por que Deus ressuscitou Jesus? Alguns textos afirmam claramente que era preciso "restabelecer a justiça" em favor do inocente que havia sido injustamente condenado. Se, por tal injustiça, ele perdeu a vida, é normal que a vítima inocente seja "ressarcida". Obviamente, a "restituição", como no caso de Jó, vai muito além daquilo que se podia imaginar, e a ressurreição não é uma simples "reanimação". No entanto, de acordo com os princípios da responsabilidade objetiva, era preciso esperar que "se fizesse justiça". No nosso caso específico, esse aspecto das coisas é tão importante que dá a impressão de que se esquece de castigar os culpados. O texto mais claro encontra-se em At 3,13-15:

> O Deus de Abraão, de Isaac e de Jacó, o Deus de nossos pais glorificou seu servo Jesus, que vós entregastes às autoridades e rejeitastes diante de Pilatos, enquanto este estava decidido a libertá-lo. Vós, porém, rejeitastes o Santo e o Justo, pedindo em troca a libertação de um assassino. Sim, matastes o autor da vida, mas Deus o fez ressurgir dentre os mortos. Disso nós somos testemunhas.

Esse texto contrapõe claramente a injustiça cometida para com Jesus Cristo e a reação divina. Foi cometida uma injustiça e Deus intervém para restabelecer a justiça em favor da vítima. Também aqui, os princípios do "direito civil", ou seja, o ressarcimento da vítima, prevalecem sobre o "direito penal". Neste como em outros pontos, o Novo Testamento está em perfeito acordo com o Antigo.

Direito à vida e direito de propriedade

Sempre no mundo do direito, uma comparação entre as leis bíblicas e as do antigo Oriente Próximo mostra que existem diferenças essenciais entre elas. Uma dessas diferenças é a importância atribuída à vida humana em relação à propriedade. Na Bíblia a vida é sagrada e não se transige em relação a esse princípio; aqui prevalece o direito penal. No antigo Oriente Próximo, ao contrário, o princípio da sacralidade da vida está muito menos presente; aliás, na maioria dos casos as sanções mais severas estão reservadas aos delitos contra a propriedade.

As leis bíblicas sobre o "boi que chifra" fornecem uma primeira ilustração de tal princípio. Essas leis, bastante curiosas para o leitor moderno, tratam de incidentes que deviam ser frequentes numa época em que os rebanhos desfrutavam de uma enorme liberdade e em que a maioria da população se dedicava aos trabalhos agrícolas e pastoris. Na Bíblia, as leis referentes ao "boi que chifra" preveem a lapidação do boi que matou uma pessoa e proibição de comer a carne do animal (Ex 21,28)[78]. A vítima pode ser um homem ou uma mulher (21,28), um filho ou uma filha (21,31), um escravo ou uma serva (21,32): o boi deve ser sempre lapidado[79]; do mesmo modo, pouco importa que seja a primeira vez ou que já tenha manifestado uma tendência perigosa anteriormente, deve ser morto. Por sua vez, o direito da Mesopotâmia, que contém muitas similaridades com aquela lei, nunca prevê nenhuma pena para o animal. Ora, a perda de um boi era um dano considerável na época, como mostra o fato de que se alguém roubava um boi tinha de restituir cinco (Ex 21,37).

Também o proprietário de um boi deve ser lapidado quando sabe que o próprio animal costuma "ferir com os chifres" e não toma precauções (Ex 21,29). Ele pode pagar um resgate. Muito provavelmente, sua possibilidade de fazê-lo está ligada às circunstâncias atenuantes: o proprietário não cometeu pessoalmente o delito e o fato aconteceu sem que ele soubesse; é apenas culpado de negligência. Isso não impede que as leis mostrem o quanto é forte a reação em caso de morte violenta. Nem sequer a carne do animal pode ser consumida: ela se tornou "tabu" por causa do sangue derramado.

Este princípio da sacralidade da vida comporta o nivelamento das diferenças sociais. Elas não desaparecem, ao contrário. No entanto, é surpreendente que em muitos casos as leis bíblicas utilizem uma linguagem "inclusiva": mencionam explicitamente "o pai e a mãe", "o homem e a mulher", "o filho e a filha", "o escravo e a serva"[80]. A vida como tal é sagrada e as diferenças sexuais ou sociais desaparecem diante de tal realidade. A ideia de que todos são iguais diante de Deus e diante da lei já está latente nesses textos jurídicos.

---

78 A versão "boi" é tradicional, mas provavelmente trata-se de um touro, mais agressivo do que o boi. Em hebraico existe uma única palavra para "touro" e "boi".

79 É de admirar sobretudo que a lei preveja o mesmo castigo no caso em que o boi chifre crianças. Cf. FISHBANE, M. *Biblical Interpretation in Ancient Israel*. Oxford: University Press, 1985, p. 210-213. No mesmo caso, as leis da Mesopotâmia preveem um castigo substitutivo: a execução de um filho ou de uma filha do culpado.

80 Pai e mãe: Ex 21,15.17 (cf. o Decálogo, Ex 20,12; Dt 5,16). • Homem ou mulher: Ex 21,28-29; Lv 13,29.38; 20,27; Nm 5,6; 6,2; Dt 17,2.5; 29,17. • Filho ou filha: Ex 21,31. • Escravo ou serva: Ex 21,20.26.27.32; cf. Dt 15,12.

Um texto tardio (Gn 9,5-6) enuncia claramente o princípio da sacralidade da vida e o justifica vinculando-o à doutrina da "imagem de Deus".

> Mas eu pedirei conta do sangue de cada um de vós. Hei de vingá-lo nos animais selvagens e no homem; a cada um de seus semelhantes pedirei conta da vida do homem. Quem derramar o sangue de um homem, por outro homem terá seu sangue derramado. Porque à imagem de Deus o homem foi feito.

O texto, mesmo que recente, ainda assim expressa um axioma que é concretamente verificável nos textos mais antigos. O homem foi feito à imagem de Deus, e por isso a vida humana é sagrada. Quem destrói a imagem de Deus comete um "sacrilégio". Quer seja um homem livre ou um escravo, um homem, uma mulher ou uma criança, trata-se sempre da imagem de Deus, e a sanção é a mesma. A isso se acrescenta a ideia de que o sangue é sagrado e pertence apenas a Deus. Quem derrama o sangue, portanto, deverá prestar contas disso a Deus, quer se trate de um homem ou de um animal. Nas leis do antigo Oriente Próximo, em contrapartida, as penas previstas para os delitos de sangue diferem, dependendo da classe social a que pertence a vítima: pessoa livre, funcionário público ou escravo.

Em relação aos danos à propriedade, observa-se exatamente o contrário. Na Bíblia há apenas um caso em que o ladrão pode ser condenado à morte: se surpreendido em plena noite[81]; se surpreendido em pleno dia, ao contrário, não é permitido atentar contra sua vida. As leis relativas ao furto geralmente falam de indenização das vítimas, mas não preveem penas para o culpado. As leis dos outros códigos do antigo Oriente Próximo, por sua vez, preveem a pena capital para muitos delitos contra a propriedade. Por exemplo: invadir uma casa, aproveitar-se de um incêndio para saquear ou cometer um furto à noite. As leis assírias preveem a pena capital para uma mulher que roube o próprio marido.

Esta diferença de avaliação pode ser explicada antes de tudo com uma diferença teológica. As condições econômicas e sociais também podem ter desempenhado certo papel. Nos impérios da Mesopotâmia ou no hitita, o poder estava ligado ao nascimento e à propriedade; era, portanto, natural que as classes dirigentes procurassem proteger seus privilégios. Para Israel, o problema era a sobrevivência do povo em condições muitas vezes precárias por estar ameaçado de impérios potentes, com populações muito numerosas ou capazes de reunir poderosos exércitos. Por isso o Deus dos patriarcas é

---

81 O texto não fornece explicações; talvez seja preciso invocar o princípio da legítima defesa.

aquele que promete uma numerosa descendência; por isso também os profetas do pós-exílio prometem a Israel que poderá novamente se multiplicar[82]. Nessas circunstâncias particulares, Israel desenvolveu uma mentalidade jurídica que ressaltava os princípios mais essenciais do direito, aqueles que são indispensáveis para a sobrevivência de um povo. Esse é o seu maior mérito.

O Novo Testamento herdou essa ideia, que reencontramos, por exemplo, no Sermão da Montanha: "Porventura não vale a vida mais que o alimento, e o corpo mais que a roupa?" (Mt 6,25), ou na bem conhecida frase: "Que adianta ao homem ganhar o mundo inteiro, se com isso perder a própria alma [vida]?" (Mt 16,26).

Esses poucos exemplos tinham o objetivo de mostrar que, se existem dois testamentos, a Bíblia é uma só. Não é de admirar, portanto, que o Novo Testamento retome por contra própria elementos essenciais do Antigo para construir a sua teologia.

PARA APROFUNDAR

BOVATI, P. *Ristabilire la giustizia* – Procedure, vocabolario, orientamenti. Roma: PIB Press, 1986 [2. ed. 1997] [AnBib 110].

FERRARI, S. *Lo spirito dei diritti religiosi* – Ebraismo, cristianesimo e Islam a confronto. Bolonha: Il Mulino, 2002.

GARRONE, D. "Antico Testamento e diritti umani: alcune riflessioni". *Protestantesimo*, 60, 2005, p. 283-292.

GREENGUS, S. *Laws in the Bible and in Early Rabbinic Collections*: The Legal Legacy of the Ancient Near East. Eugene (OR): Cascade Books, 2011.

JACKSON, B.S. *Studies in the Semiotic of Biblical Law*. Sheffield: Academic Press, 2000 [Jsots 314].

MIES, F. (org.). *Bible et droit* – L'esprit des lois. Bruxelas: Presses Universitaires Namur-Lessius, 2001 [Le livre et le rouleau 12].

PAJARDI, P. *Un giurista legge la Bibbia* – Ricerche e meditazioni di un giurista cattolico sui valori giuridici del messaggio biblico ed evangelico. Pádua: Cedam, 1990.

WEINFELD, M. *The Place of the Law in the Religion of Ancient Israel*. Leiden-Boston (MA): Brill, 2000 [VTS 100].

---

82 Cf., p. ex., Is 54.

12
Antropologia do Antigo Testamento

A Bíblia contém poesias, mas nela não encontramos nada semelhante à *Poética* de Aristóteles. Esse tipo de reflexão é estranho ao mundo bíblico. Por isso é preciso interpretar os textos e tornar explícito um pensamento que, na maioria dos casos, permanece quase sempre implícito. A reflexão será o resultado de um longo trabalho de exegese, e não a "matéria-prima" fornecida pelos textos bíblicos.

Há diversas explicações para esse fato. A primeira e mais importante é provavelmente de tipo histórico. Israel nunca foi uma nação importante e nunca conheceu longos tempos de paz e de prosperidade. Por esse motivo, não foi possível desenvolver uma cultura "reflexiva" porque a classe dirigente, em particular os "intelectuais", ou seja, os escribas, deviam responder a problemas urgentes e não tinham o tempo necessário para abordar problemas mais distantes da realidade cotidiana.

Essa observação pode ser corroborada por muitos exemplos. Falarei apenas de três aspectos da índole bíblica. Antes de tudo, a reflexão bíblica sobre a condição humana é mais coletiva do que individual. Segundo, essa reflexão é mais concreta do que abstrata. Terceiro, ela se serve mais da narração do que do discurso filosófico.

Coletividade e indivíduo

O mundo antigo prefere pensar no plural do que no singular, e o mundo bíblico não é exceção em relação a esse ponto. O individualismo é uma invenção moderna e em grande parte remonta ao Renascimento. Suas raízes podem ser encontradas no pensamento grego clássico e é conhecido, por exemplo, o dito de Protágoras de Abdera: "O homem é a medida de todas as coisas: daquelas que são enquanto são, daquelas que não são, enquanto não são" e é famosa a discussão a esse respeito no *Teeteto* de Platão (151-152). Um pensamento semelhante, nascido entre os intelectuais da alta burguesia grega, é impensável na Bíblia, não apenas porque o antigo Israel não pôde desenvolver uma cultura e, sobretudo, um pensamento filosófico iguais aos da Grécia, mas também porque o mundo bíblico tem demasiada consciência da fragilidade da condição humana. O indivíduo conta pouco diante de Deus, do universo e da sociedade. "O que é o homem para que te lembres dele? O que é o filho do homem, para que com ele te preocupes?", diz por exemplo Sl 8,5 refletindo a maneira habitual de pensar na Bíblia.

No mundo bíblico, o indivíduo não pode sobreviver por muito tempo sem o apoio de seu grupo de pertencimento, ou seja, da sua família ampliada. O homem forte é alguém que pertence a um clã forte e numeroso. A resposta de Gedeão ao anjo do Senhor, que o convida a salvar o seu povo das incursões dos madianitas, é característica dessa mentalidade: "Oh, meu Senhor, com que salvarei Israel? Eis que meu clã é o mais insignificante de Manassés, e eu sou o menor na casa de meu pai" (Jz 6,15). Ter muitos filhos, uma preocupação onipresente na Bíblia, explica-se como desejo de não se ver sozinho para enfrentar as vicissitudes da vida. Ser numerosos significa ser fortes e dispor de "garantias" em caso de perigo. O Sl 127, para citar um texto entre muitos outros, oferece uma bela ilustração dessa ideia: "Os filhos são uma bênção do Senhor, dádiva sua o fruto das entranhas. Como as flechas na mão do combatente, assim são os filhos em plena mocidade. Feliz aquele pai que com tais flechas consegue guarnecer a sua aljava! Não será confundido ao enfrentar à porta da cidade os inimigos" (Sl 127,3-5). Os filhos da juventude, de acordo com esse salmo, são um baluarte contra os "inimigos", ou seja, os adversários nos frequentes litígios e rivalidades que marcam a vida das aldeias e pequenos centros da época. O salmo compara os filhos com as flechas da aljava, e esta imagem guerreira certamente não é escolhida ao acaso.

A importância da coletividade é essencial se queremos compreender o pensamento bíblico sobre a pessoa humana. O Deus da Bíblia não cria indivíduos distintos e isolados como as mônadas de Leibniz. Deus cria a humanidade, ou seja, uma sociedade. Poderíamos interpretar nesse sentido a famosa frase de Deus em Gn 2,18: "Não é bom que o homem esteja só". Em palavras simples, poderíamos dizer que para o Deus de Gn 2,18 o individualismo e o isolamento são "contra a natureza". Na verdade, muitos textos mostram que o isolamento é um dos sinais que anunciam a aproximação da morte. O Sl

88,19 é talvez o texto mais explícito a esse respeito: "[Senhor], de parentes e amigos me privaste, só tenho como companhia as trevas [a morte]".

Quem estuda a antropologia bíblica, em especial a condição de criatura do ser humano no mundo e diante de Deus, deve lembrar-se que este ser é, no mundo bíblico, um ser "plural", um ser coletivo ou comunitário. Esquecer ou negligenciar esse aspecto significa amputar a antropologia bíblica de uma de suas dimensões essenciais.

Concreto e abstrato

O pensamento bíblico é mais próximo da concretude da experiência do que da abstração filosófica. Por esse motivo, é difícil encontrar na Bíblia uma reflexão articulada e sistemática sobre a condição humana. É verdade que há algumas considerações de tipo sapiencial sobre o tema, por exemplo no livro do Sirácida[83], a fragilidade da condição humana é um tema recorrente nos Salmos e nos livros sapienciais[84]. O fato é inegável e demonstra cabalmente que o mundo hebraico era capaz de refletir sobre essas questões. O problema, contudo, não é o da presença da problemática como tal, mas o da linguagem. A Bíblia prefere uma metáfora a um raciocínio, uma reflexão concisa à maneira de um aforismo a um tratado. A ideia é sugerida, não explicitada, e cabe ao leitor aceitar o convite a prolongar a reflexão.

Podemos comparar, por exemplo, o *Fédon* de Platão, o diálogo dedicado à questão da imortalidade da alma, com esta observação de Qo 9,4: "Enquanto alguém desfruta a companhia dos vivos ainda alimenta esperanças; melhor um cão vivo do que um leão morto". Platão raciocina, discute, objeta, argumenta, prova. Qohelet se contenta em "fazer pensar". Nesse breve versículo, sugere que a vida, mesmo a de um cão, vale mais do que a morte. Um morto, mesmo de condição superior (o leão), perdeu tudo quando perdeu a vida. Até a vida numa condição inferior, a de um cão, é superior à condição de um corpo desfalecido. A explicação abstrata do princípio oculto na máxima de Qohelet, contudo, perde muito do seu impacto porque não consegue traduzir melhor o que sugere a dupla oposição entre "leão" e "cão" de um

---

83 Cf. Sr 16,24–17,10; 18,1-14.

84 Cf. Sl 8,5; 144,3; Jó 7,17-18. A Bíblia compara de bom grado a vida humana à erva que cresce e seca em pouco tempo: Is 40,6-7; Sl 37,2; 90,5-6; 103,15-16; Jó 14,1-2. Compara-a também a um sonho: Is 29,8; Sl 73,20; Jó 20,8; Sb 5,14. Para uma longa meditação sobre a fragilidade humana, cf. Sl 90.

lado, "morto" e "vivo" de outro. O leão é indiscutivelmente superior ao cão. A vida, por sua vez, não tem comparação com a morte; por isso, as duas oposições se cruzam, e a segunda anula a primeira: a condição do cão *vivo* deve ser indubitavelmente preferida à do leão *morto*. O significado é inseparável do intricado jogo das imagens.

Cito um segundo exemplo dessa maneira típica de pensar, extraindo-o do livro de Jó. No final dessa obra, quando Deus aparece ao protagonista para responder aos seus desafios e aos seus veementes questionamentos, assistimos a uma brilhante argumentação divina sobre o mistério da criação. O leitor moderno quase sempre permanece insatisfeito porque Deus não parece responder de modo algum às questões existenciais de Jó. Para o leitor bíblico, porém, a resposta divina é transparente: "Deste ordens à manhã algum dia de tua vida, e mostraste à aurora o seu lugar, para que agarrasse os cantos da terra e dela os ímpios fossem sacudidos?" (Jó 38,12-13).

Deus pergunta a Jó se este alguma vez conseguiu fazer com que o dia começasse atendendo ao seu desejo. Trata-se obviamente de uma pergunta retórica e a resposta é evidente. O vers. 13, porém, acrescenta um aspecto importante. No mundo bíblico, a manhã é o momento em que o mundo do bem e da luz se sobrepõe ao do mal e das trevas. Desse modo, Deus pergunta a Jó se este último alguma vez conseguiu pedir à aurora que agarrasse a terra, a sacudisse e a livrasse dos ímpios como se sacodem as migalhas de uma toalha de mesa. A resposta é claramente: "Não".

Gostaria de observar que as imagens usadas por Jó 38,12-13 unem de modo inseparável dois universos de significados, duas isotopias, para usar uma linguagem mais técnica: de um lado, o mundo "físico" da alternância do dia e da noite e, de outro, um mundo "moral" em que a "justiça" da manhã segue os abusos da noite. A imagem da aurora que sacode a terra como uma toalha de mesa para livrá-la dos ímpios evoca em poucas palavras uma dupla série de conceitos interligados. Tudo tem o objetivo de demonstrar qual é a distância incomensurável que separa o Criador da criatura, no mundo físico e naquele de ordem moral.

Narrativa e reflexão

Outro aspecto central do pensamento bíblico, ligado ao que acabamos de dizer, é a predileção bíblica pela narrativa. Não encontramos na Bíblia um tratado de teologia sobre o "Deus criador", e sim narrativas de criação.

Não encontramos tampouco tratados de teologia sobre a redenção, e sim relatos que descrevem as intervenções de Deus em favor do seu povo. A Bíblia prefere a linguagem narrativa provavelmente porque ela está mais próxima da experiência e é muito apreciada num mundo popular em que o pensamento é mais concreto do que abstrato. O relato é, em poucas palavras, uma maneira de compartilhar a experiência, real ou imaginária. Os tempos e os ritmos da narrativa são os tempos e os ritmos da própria experiência, de uma experiência reconstruída e revivida pelo leitor no tempo da sua leitura. Um exemplo será suficiente para corroborar o que afirmamos, exemplo que provém de Is 5,1-7. Trata-se do bem conhecido "cântico da vinha":

> Quero cantar para o meu dileto um cântico de amor para a sua vinha. Tinha meu amigo uma vinha sobre uma fértil colina. Amanhou a terra, desempedrou-a, e plantou cepas de alta qualidade. No meio ergueu uma torre e escavou um lagar. Ele esperava uvas doces, mas ela lhe deu uvas azedas. Agora, habitantes de Jerusalém, e vós, povo de Judá, sede juízes, vos suplico, entre mim e minha vinha. Que poderia eu fazer pela vinha que não tenha feito? Eu esperava uvas doces, por que somente uvas azedas? Pois bem! Mostrar-vos-ei o que farei de minha vinha: tirarei sua sebe e ela será pastada, derrubarei seu muro e ela será pisada. Seja destruída, sem poda nem cultivo! Sobre ela: espinhos e sarças! Vedarei às nuvens de chover sobre ela. Pois a vinha do Senhor dos exércitos é a casa de Israel, e o povo de Judá é a planta de alta qualidade. Ele esperava equidade, e há sangue derramado; esperava o direito, e é o grito de pavor.

Com esse cântico, o profeta pretende persuadir os habitantes de Jerusalém e de Judá de sua perversidade. Trata-se, portanto, de um requisitório, de uma acusação sem meios-termos. O profeta faz as vezes do "ministério público" e seus interlocutores são os acusados. No entanto, o profeta não recorre à linguagem jurídica e não se apresenta como acusador. Apresenta-se mais como trovador ou menestrel, e propõe um cântico de amor que, pelo que podemos saber, fazia parte do repertório conhecido por sua corporação. O cântico, bastante simples, ao menos à primeira vista, logo se revela um "texto em camadas", ou seja, um texto com vários níveis de significado.

O cântico narra, no primeiro nível, a história de um viticultor pouco feliz porque, malgrado todo o cuidado tomado e toda a energia gasta por sua vinha, ela não dá os frutos esperados. O viticultor decide então destruir a sua vinha. O segundo nível, talvez menos perceptível para o leitor moderno, mas evidente para o leitor antigo, é o significado oculto da imagem: o cântico da vinha é na realidade um cântico de amor que utiliza uma metáfora bem conhecida da antiga poesia egípcia e bíblica. Nesse contexto, a vinha só pode ser a esposa e o viticultor o esposo. O cântico descreve, portanto, um amor desiludido. A esposa não corresponde à expectativa do esposo que, em decorrência disso, a castiga. Já nessa fase, o leitor pode se perguntar de onde vem o desapontamento do esposo porque permanecemos no nível das imagens e o poema não oferece, até a conclusão, nenhuma "chave" para resolver o enigma.

O cântico continua e descreve a ação punitiva do viticultor contra a sua vinha: se é inútil, pode destruí-la sem hesitar demais e os ouvintes só podem aprovar a sua atitude. Estamos seguramente num mundo masculino e "machista", e os ouvintes do profeta indubitavelmente são todos homens, e muitos são casados. A reação diante do cântico já está decidida, portanto: a mulher que trai as esperanças do marido deve ser castigada, assim como a vinha improdutiva deve ser destruída. A lição é óbvia e todos necessariamente estão de acordo com ela.

Um ínfimo detalhe, porém, suscita perplexidade quando chegamos ao final do vers. 6, onde o viticultor/esposo diz: "Vedarei às nuvens de chover sobre ela". Quem é o viticultor ou o marido que pode dar ordens às nuvens? O leitor/ouvinte pode pensar numa linguagem hiperbólica. O marido desiludido enlouquece ou então, num excesso de raiva, pensa até mesmo que pode dominar as nuvens. Pode-se também pensar numa convenção da linguagem poética. O poeta se dirige às nuvens para lhes pedir que não façam chover sobre sua vinha, condenando-a assim à improdutividade.

Se passamos ao último nível de significado, as coisas se complicam e, ao mesmo tempo, abre-se outra porta de interpretação. No antigo Oriente Médio a "chuva" tem diversos significados, todos ligados ao mundo da fecundidade. Pode-se pensar, portanto, que o marido pede ao céu que recuse à mulher a fecundidade e a condene à esterilidade forçada. Resta um ponto difícil de interpretar: quem dá a chuva é, na realidade, o deus da fecundidade, e também é ele que pode "dominar as nuvens". Encontramos, por exemplo, esta formulação entre as maldições que encerram o código deuteronômico e que estão presentes em outros tratados de vassalagem: "O céu, acima da tua cabeça, será de bronze; e a terra, debaixo dos teus pés, será de ferro. O Senhor enviará, por chuva, para teu país, pó e areia que descerão do céu sobre ti até seres aniquilado" (Dt 28,23-24).

O leitor, graças a esse indício, vislumbra na "parábola" uma terceira linha de interpretação: o viticultor não é um marido qualquer, mas é o próprio Deus. A vinha, portanto, só pode designar a "esposa" de Deus, ou seja, o povo, segundo as convenções da linguagem profética[85]. Tudo isso provavelmente aflorou à mente dos ouvintes de Isaías quando o profeta elimina todas as dúvidas a esse respeito e lhes fornece todas as chaves para interpretar o seu cântico: "Pois a vinha do Senhor dos exércitos é a casa de Israel, e o povo de Judá é a sua planta predileta. Ele esperava equidade, e há sangue derramado; esperava o direito, e é o grito de pavor".

Um último elemento merece ser destacado: no final da parábola, os "maridos" que ouviam o relato com certa complacência e extraíam dele um prazer maldisfarçado, de repente se veem na pele da vinha/mulher que eles tinham condenado sem pensar demais. A estratégia de Isaías certamente é muito habilidosa. De um lado, seus ouvintes/leitores descobrem que o cântico encenava a história deles e que eles eram um dos dois personagens principais. De outro, devem abandonar a posição de juízes para descer e tomar lugar no banco dos réus. Enfim, os maridos quase intocáveis se encontram no lugar da esposa indefesa, vilipendiada e desprezada por eles mesmos.

Concluamos dizendo que o profeta dispunha de diversos meios. Isaías, porém, não é nem Demóstenes nem Cícero, e sua cultura tampouco é a da *Ética a Nicômaco*, de Aristóteles. Seu discurso escolhe, portanto, uma maneira de argumentar bastante comum na própria cultura: a narrativa parabólica. A narrativa como tal é uma das formas preferidas da Bíblia para transmitir as verdades mais fundamentais da fé e da vida.

PARA APROFUNDAR

BUSI, G. *Simboli del pensiero ebraico* – Lessico ragionato in settanta voci. Turim: Einaudi, 1999.

CHOURAQUI, A. *Il pensiero ebraico*. Bréscia: Queriniana, 1989.

DUPONT, J. *Il metodo parabolico di Gesù*. Bréscia: Paideia, 1978.

FORESTI, F. *Linee di antropologia veterotestamentaria* – Con appendice bibliografica. Roma: Teresianum, 1981.

FUSCO, V. *Oltre la parabola* – Introduzione alle parabole di Gesù. Roma: Borla, 1983.

---

85 Cf., p. ex., Am 5,2; Os 2,4-22; Is 1,21-23.

MANDEL, G. *Le parabole nel Corano* – Analisi e paragoni evangelici. Cinisello Balsamo (MI): San Paolo, 1999.

NOTLEY, R.S. & SAFRA, Z. (orgs.). *Parables of the Sages*: Jewish Wisdom from Jesus to Rav Ashi. Jerusalém: Carta, 2011.

RAURELL, F. *Lineamenti di antropologia biblica*. Casale Monferrato (AL): Piemme, 1986.

SCHIPPER, J. *Parables and Conflict in the Hebrew Bible*. Cambridge: Cambridge University Press, 2009.

SCHOTTROFF, L. *Le parabole di Gesù*. Bréscia: Queriniana, 2007.

SKA, J.-L. *L'argilla, la danza e il giardino* – Saggi di antropologia biblica. Bolonha: EDB, 2000 [Quaderni di Camaldoli. Meditazioni 10].

TALMON, S. *Literary Motifs and Patterns in the Hebrew Bible: Collected Studies* – 1: Conceptual Motifs Relating to History, Time, and Chronology; 2: Collections and Themes and Their Signification. Winona Lake (IN): Eisenbrauns, 2013.

_____. *Literary Studies in the Hebrew Bible: Form and Content* – Collected Studies. Jerusalém/Leiden: Magnes Press-Brill, 1993.

WOLFF, H.W. *Antropologia dell'Antico Testamento*. Bréscia: Queriniana, 1975 [2. ed. 2002].

QUADRO CRONOLÓGICO

PERÍODOS ARQUEOLÓGICOS, HISTÓRICOS E POLÍTICOS EM ISRAEL/PALESTINA

8500-4300 a.C.	**Neolítico**	Habitações em cavernas;
8500-6500	Pré-cerâmico A-B	primeiros assentamentos e
6500-4300	Com cerâmica	pequenas cidades (Jericó)
4300-3200 a.C.	**Idade do Cobre**	Início da metalurgia (cobre); numerosas cidadezinhas; santuários locais; surgimento da escrita cuneiforme
3200-1200 a.C.	**Idade do Bronze**	Assentamentos e cidades em
3200-2000	Idade do Bronze Antiga	todo o território cananeu;
2000-1500	Idade do Bronze Média	3100: escrita hieroglífica;
1500-1150	Idade do Bronze Recente	1900: código de Hamurabi; 1800: Epopeia de Gilgamesh; 1400: escrita alfabética; ca. 1200: "êxodo" (?); depois de 1200: assentamentos na região de colinas da Cananeia
1150-587 a.C.	**Idade do Ferro**	
1150-1000	I Idade do Ferro (Época dos Juízes)	Assentamentos de popula-ções provenientes do mar
1000-587	II Idade do Ferro	Surgimento da monarquia em Israel; 980: construção do templo; 933: separação entre o Reino do Norte (Israel/ Samaria) e o Reino do Sul (Judá/Jerusalém); 885-720: dinastia omrida (Norte); 720: conquista assíria da Samaria; 587: conquista babilônica de Jerusalém/destruição do templo
587-333 a.C.	**Período babilônico-persa**	
587-539	Período babilônico	Exílio babilônico

205

539-333	Período persa	538: edito de Ciro; 520-515: construção do segundo templo; reconstrução de Jerusalém; redação por escrito da maioria dos livros bíblicos; depois de 398: canonização do Pentateuco
332-63 a.C.	**Período helenístico**	Conflitos entre ptolomeus e selêucidas
164-63	Período asmoneu	167-141: revolta dos macabeus; 164: rededicação do templo; 63: Pompeu conquista Jerusalém
63 a.C.-324 d.C.	**Período romano**	
63-37 a.C.		A Síria se torna uma província romana; desenvolvimento do assentamento qumrânico; conflitos entre fariseus e saduceus
37 a.C.-70 d.C.	Período herodiano	Herodes rei; restauração e ampliação do templo; 6 a.C.: nascimento de Jesus; a partir de 45 d.C.: viagens de Paulo; 66-74 d.C.: primeira revolta judaica (70: destruição de Jerusalém, 74: conquista de Massada)
70-135	Judeia, província imperial	100: "Concílio de Jâmnia" (cânone hebraico); 132-135: segunda revolta judaica (Bar Kochba)
135-324	Jerusalém como Élia Capitolina	313: edito de Milão
324-638 d.C.	**Período bizantino**	325: primeiro concílio ecumênico em Niceia; o cristianismo se torna religião de Estado

GEORG FISCHER. *Conoscere la Bibbia* – Una guida all'interpretazione. Bolonha: EDB, 2013, 200-201 [org. de Simone Paganini].

A TERRA DO ANTIGO TESTAMENTO

No Antigo Testamento são citados cerca de 620 nomes de localidades, tanto na região palestina como na zona transjordânica. O significado deste grande número de indicações de caráter geográfico: lugarejos, aldeias e localidades, que já no período em que os textos foram escritos não existiam mais ou eram desconhecidos, é evidentemente de ordem teológica. A revelação divina é inserida no espaço e no tempo, é localizável e datável. Esse espaço geográfico tem fronteiras bem precisas: a bacia do Mediterrâneo Oriental, a região mesopotâmica e o planalto do atual Irã. Todos os acontecimentos narrados no interior do Antigo Testamento se desenvolvem neste território, que havia sido o berço das maiores civilizações da Antiguidade. Os personagens principais viveram na região palestina que, no decorrer da história, é denominada de maneiras diferentes: no início é a terra de Canaã, durante o período monárquico é dividida em dois estados independentes: Judá ao sul e Israel ao norte; em seguida, depois do exílio babilônico, a região faz parte da Província de Semerina e, sob o domínio romano, é um protetorado vinculado à província romana da Síria. No decurso das narrações aparecem personagens e povos que vêm da Pérsia, do Egito, da Península Árabe, da Etiópia (Kus), da Ásia Menor, da Grécia e das ilhas do Mediterrâneo. Grande parte das narrativas e dos livros proféticos do Antigo Testamento é ambientada na região palestina. Esta se estende das encostas do maciço do Hermon ao norte, de onde brota o Jordão (em hebraico: "água que escorre para baixo"), até o Deserto do Negev ao sul. A oeste a região é delimitada pelo Mar Mediterrâneo, enquanto a fronteira natural ao leste é o Rio Jordão. O Mar Mediterrâneo é tanto uma fronteira natural quanto uma passagem para outras culturas e povos, que no decorrer da história chegaram às suas margens da Palestina, às vezes com intenções pacíficas, muito mais frequentemente com objetivos expansionistas. A região palestina sempre foi um território de passagem que une Ásia, Europa e África.

PAGANINI, S. *La Bibbia che Gesù leggeva* – Breve introduzione all'Antico Testamento. Bolonha: EDB, 2013, p. 221.

Mapas

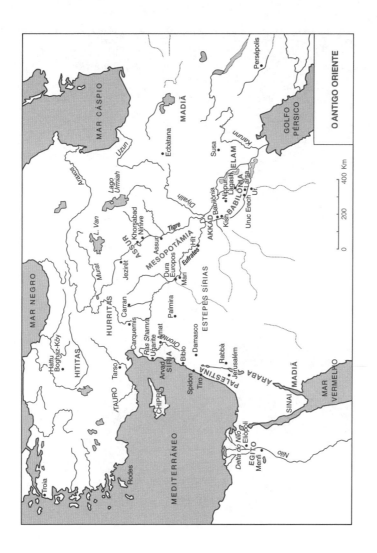

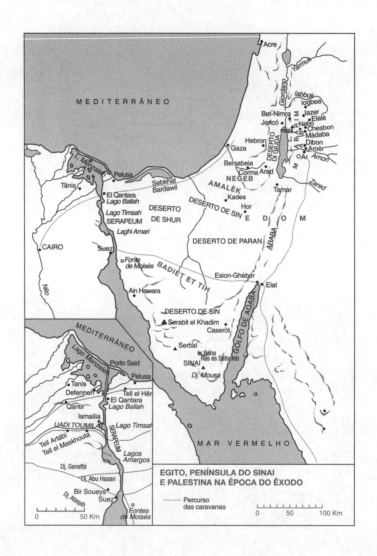

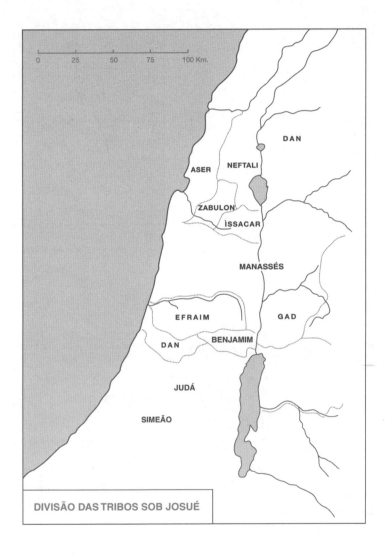

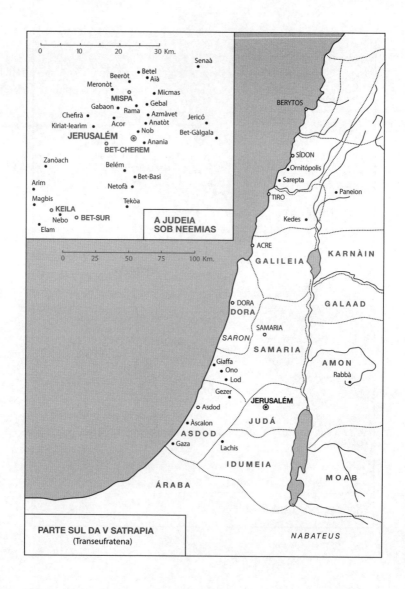

GLOSSÁRIO

Acróstico: composição na qual as consoantes de um verso formam uma expressão de sentido completo. No Antigo Testamento é comum sobretudo o acróstico alfabético, em que no início, em 22 versículos, aparecem as 22 consoantes do alfabeto hebraico.

Alegoria: metáfora, descrição de um conceito mediante uma imagem. Um texto ou uma expressão tem um sentido mais profundo, oculto sob o sentido literal.

Amuleto: pingente muitas vezes adornado com inscrições de símbolos ou de palavras, que protege e dá força a quem o usa.

Antropomorfo (grego: "com forma humana"): definição da apresentação de conceitos ou seres não humanos, sobretudo divindades, em forma humana.

Apocalíptica: corrente judaica desenvolvida no decorrer dos dois primeiros séculos a.C., que esperava e se preparava de maneira intensa para o fim do mundo. Esta espera estava ligada à chegada do Reino de Deus, que seria precedida por um juízo com uma clara separação entre os justos, que seriam salvos, e os ímpios, que seriam condenados.

Apócrifo (grego: "oculto"): identifica sobretudo escritos de caráter religioso do primeiro judaísmo ou do cristianismo da Antiguidade, que – pelos mais diversos motivos – não chegaram a fazer parte da Bíblia.

Baal (hebraico: "senhor"): título honorífico e nome próprio da maior divindade cananeia, responsável pelo tempo atmosférico, pela tempestade e pelo raio.

Cânone: identifica, nas ciências bíblicas, uma coletânea de escritos de autoridade e obrigatórios, e por isso "santos" no interior de determinada comunidade.

Codex Leningradensis: manuscrito hebraico de 1008, é o mais antigo manuscrito que contém o texto completo da Bíblia hebraica.

Código de Alepo: manuscrito hebraico que remonta à primeira metade do século X. Composto em Jerusalém e dali, passando pelo Cairo, levado para Alepo. A maior parte do Pentateuco, bem como o final do Cântico e os livros do Qohelet, Lamentações, Ester, Daniel, Esdras e Neemias infelizmente se perderam.

Código sacerdotal (P): fonte hipotética do Pentateuco, que alguns exegetas pensam que se desenvolveu por volta de 550 a.C. na comunidade dos exilados na Babilônia.

Concordância: índice de todas as palavras que aparecem no interior da Bíblia com a indicação de todas as passagens em que o termo em questão retorna. Muitas vezes esta lista é ulteriormente estruturada segundo a função gramatical do termo analisado.

Deuteronomista: termo que identifica textos bíblicos escritos seguindo a teologia e adotando a linguagem do Deuteronômio.

Diáspora: indica a situação – escolhida ou forçada – dos judeus, que vivem fora de Israel. Nesse sentido, fala-se dos judeus da diáspora a partir da destruição do Reino do Norte em 722 a.C.

Eloísta: fonte hipotética do Pentateuco, que se teria desenvolvido a partir do ano 800 a.C. no Reino do Norte e seria reconhecida em virtude do uso do nome divino "Elohim".

Estela: bloco de pedra elevado com lados normalmente lisos; no antigo Oriente, com ou sem inscrições, como estela cultual, representa uma divindade; como estela de recordação ou de memória, por sua vez, traz inscrições ou imagens e serve para louvar as obras de um regente ou de uma pessoa importante.

Etiologia (grego: "ensinamento das causas"): na literatura, define uma narrativa que explica o motivo de uma tradição ou de uma circunstância.

Gênero literário: expressão que identifica unidades textuais mais amplas ou textos inteiros a partir de determinados esquemas literários ou formais; por exemplo, hinos, orações, parábolas, cartas etc.

Grego da koiné: identifica a língua grega do período helenístico e romano e se diferencia do grego arcaico. Tanto a Septuaginta como o Novo Testamento são escritos nessa língua.

Helenismo: em consequência da campanha de conquista de Alexandre Magno desenvolveram-se e expandiram-se notavelmente a cultura e o pensamento grego. A adoção das formas de vida gregas é definida como helenismo.

Henoc, livro de: escrito apocalíptico em cinco partes, no interior do qual Moisés jamais é nomeado. As partes mais antigas remontam ao século IV a.C., as mais recentes ao século I a.C.

Javista: fonte hipotética do Pentateuco, que por volta do ano 950 – ou segundo novas hipóteses também muito mais tarde – se desenvolveu no Reino do Sul e é reconhecível em virtude do uso do nome divino de YHWH.

Massorá (aramaico: "remeter"): sistema de notas à margem do texto consonântico bíblico composto entre os séculos VI e XI por estudiosos judeus. A massorá compreende também a vocalização do texto consonântico.

Massoretas: estudiosos judeus, que padronizaram a transmissão do texto bíblico, criando a (→) massorá.

Messias (hebraico: "ungido"): trata-se de um título régio e sacerdotal. Depois do fim da monarquia, esse título é ocasionalmente utilizado também para identificar uma ou também mais figuras de caráter escatológico, que teriam a tarefa de introduzir o fim dos tempos e o período messiânico subsequente. A tradução grega do termo é "*christos*".

Metáfora: identificação de um objeto mediante outro através da transposição de uma imagem em outra, com o objetivo de enriquecê-la, explicá-la, torná-la mais viva.

Método histórico-crítico: conjunto de passos metodológicos para a interpretação da Bíblia. Estes se ocupam da pesquisa das origens, da história do desenvolvimento e das redações, mas também da localização social e local dos textos.

Midrash **(hebraico: "buscar, pesquisar"):** interpretação rabínica de um texto bíblico, que tende sobretudo a uma atualização.

Mishna **(hebraico: "repetição, ensinamento"):** composta por volta do ano 200 d.C., é a primeira coletânea autorizada de leis religiosas do judaísmo.

Obra histórica deuteronomista (dtrG): termo utilizado para identificar a coletânea de livros que vão de Josué ao Segundo Livro dos Reis. Alguns exegetas consideram que também parte do Deuteronômio pertence à dtrG.

*Ostrakon***:** antigo pote de cerâmica com inscrições em tinta ou mediante entalhe.

Pentateuco (grego: "cinco recipientes" ou "cinco rolos"): termo que identifica os primeiros cinco livros do Antigo Testamento – Gênesis, Êxodo, Levítico, Números, Deuteronômio – em hebraico (→) *Torah*.

*Peschitta***:** tradução do Antigo Testamento em siríaco.

Petucha **(hebraico: "aberto"):** antigo sinal estrutural do texto hebraico, é identificado no interior do texto com a letra hebraica "*pe*". Depois desse sinal, geralmente se volta ao início e por isso o parágrafo permanece "aberto".

Pseudoepigrafia: atribuição fictícia de um escrito a um autor importante com o objetivo de conferir mais autoridade ao escrito.

Redação/redator: com "redação" se identifica o processo da reunificação, correção, comentário da nova organização de textos ou partes de textos com o objetivo de construir uma mensagem geral mais exata. Os autores desse processo são chamados "redatores".

Samaritano: texto da *Torah* transmitido pelos samaritanos. Em parte mais antigo do que o texto massorético, apresenta numerosas diferenças em relação a este.

Sentido literal: identifica a compreensão de um texto na maneira mais normal, seguindo o significado do texto, em contraste com o *sentido alegórico* (→ alegoria) ou *metafórico* (→ metáfora).

Septuaginta (LXX) (latim: "setenta"): tradução grega da Bíblia hebraica iniciada por volta do ano 250 a.C. em Alexandria por parte de escribas judeus e concluída no primeiro século d.C. O nome faz referência à lenda de que 70 (ou 72) tradutores traduziram o texto da Bíblia em 72 dias.

Setuma **(hebraico: "fechado"):** antigo sinal estrutural do texto da Bíblia hebraica, indicado por um *samech*. Identifica o início de uma nova subunidade, normalmente depois de um breve espaço deixado vazio no interior de uma linha.

Sitz im Leben **(alemão: "ambiente vital"):** a situação histórica no interior da qual se inserem a formação e o desenvolvimento de determinado texto literário e no interior da qual o texto normalmente também foi utilizado.

Talmude: obra principal do rabinismo, que reúne as interpretações de caráter legislativo da Bíblia hebraica, as compara e formula desse modo leis religiosas obrigatórias. Do Talmude chegaram até nós duas formas, uma mais extensa, chamada "babilônica", e uma mais curta, chamada "hierosolimitana".

*Tanak***:** termo criado para identificar a Bíblia hebraica. A palavra é formada artificialmente com a inicial das três partes dessa Bíblia: *tora* (lei), *nebi'im* (profetas) e *ketubim* (escritos).

Texto massorético (TM): texto hebraico criado pelos (→) *massoretas* mediante a vocalização do texto consonântico e um sistema de notas à margem, que a partir do século VIII se tornou o texto padrão da (→) *tanak*.

Topografia: compreensão e reprodução do território com sua estrutura de superfície e suas formas, mas também com a descrição dos objetos e das estruturas naturais e artificiais que podem ser reconhecidas, como cursos d'água, edifícios, estradas e caminhos, mas também limites naturais e assentamentos humanos.

Torah **(hebraico: "lei, indicações"):** termo hebraico para indicar os primeiros cinco livros do Antigo Testamento – Gênesis, Êxodo, Levítico, Números, Deuteronômio (→ *Pentateuco*).

Tradição: conteúdos estabelecidos por escrito ou transmitidos oralmente junto com as visões do mundo que a eles estão diretamente ligadas (p. ex., a "tradição do êxodo" e a ideia de uma divindade libertadora).

Vulgata (latim: "para o povo"): tradução em latim da Bíblia hebraica, composta por volta do ano 390 d.C. sob encomenda do Papa Dâmaso, por São Jerônimo.

SIMONE PAGANINI. *La Bibbia che Gesù leggeva* – Breve introduzione all'Antico Testamento. Bolonha: EDB, 2013, 233-235.

Índice

Sumário, 5

Abreviaturas dos livros bíblicos, 7

Introdução – A biblioteca de Israel, 9

1 Narrativa e exegese bíblica, 11

    Bíblia e literatura, 12

    Os princípios da leitura ativa, 15

    Relato bíblico e ficção, 17

2 Literatura clássica e poética hebraica, 24

    A recusa do estilo épico, 26

    O estilo rude da Bíblia, 31

    "O Senhor é um guerreiro", 35

3 As características da narrativa antiga, 39

    A lei da conservação: não se elimina nada, 45

    A lei da continuidade e da atualidade, 46

    A lei da economia: escreve-se apenas o necessário, 49

4 Cinco princípios para ler o Antigo Testamento, 54

    A verdade é sinfônica (Hans Urs von Balthasar), 54

    Tocar com as duas mãos: texto e contexto, 56

    "A Torah fala a língua dos homens", 59

    "A narrativa é o significado" (Hans Frei), 61

    "Primeiro a música, depois a letra" (Riccardo Muti), 65

5 Dificuldades e contradições, 69

    Atitudes contraditórias, 71

    As fraquezas dos heróis, 72

    A crueldade dos relatos de conquista, 75

    A teologia de Jó, 78

6 Formação do cânone, 83

    Os diversos cânones, 85

    O cânone do Antigo Testamento, 87

As primeiras listas de livros, 89

Cânone breve e cânone longo, 93

A formação do cânone hebraico "breve", 94

Os outros cânones hebraicos (samaritanos, saduceus, essênios), 97

Origem do cânone longo dos cristãos, 100

O cânone "breve" das Igrejas protestantes, 102

O cânone ortodoxo, 105

A ordem dos livros nos diversos cânones, 105

De um testamento ao outro, 108

7 O Pentateuco, 110

A constituição de Israel, 110

A natureza do Pentateuco: uma série de esboços, 115

8 Os livros históricos, 123

Uma história reescrita, 124

A obra da reconstrução, 133

Relatos no feminino e no masculino, 136

Os livros dos Macabeus, 138

9 Os escritos sapienciais e poéticos, 141

Os cinco livros sapienciais: Provérbios, Jó, Qohelet, Sirácida, Sabedoria, 143

O Saltério ou o *Prayer Book*, o livro dos cantos de Israel, 152

Lamentações, 156

O livro de Baruc, 159

O livro de Daniel, 160

O Cântico dos Cânticos, 163

O caminho para o monte, 166

10 Os livros proféticos, 169

Dois conselhos paralelos ou rivais?, 171

Profecia verdadeira e profecia mentirosa, 175

Os verdadeiros profetas, membros do conselho divino, 177

11 Teologia do Antigo Testamento, 184

Religião privada e religião oficial, 186

O princípio de responsabilidade, 189

Direito à vida e direito de propriedade, 192

12 Antropologia do Antigo Testamento, 196

Coletividade e indivíduo, 196

Concreto e abstrato, 198

Narrativa e reflexão, 199

Quadro cronológico, 205

A terra do Antigo Testamento, 207

Mapas, 209

Glossário, 215

CULTURAL
Administração
Antropologia
Biografias
Comunicação
Dinâmicas e Jogos
Ecologia e Meio Ambiente
Educação e Pedagogia
Filosofia
História
Letras e Literatura
Obras de referência
Política
Psicologia
Saúde e Nutrição
Serviço Social e Trabalho
Sociologia

CATEQUÉTICO PASTORAL
Catequese
Geral
Crisma
Primeira Eucaristia

Pastoral
Geral
Sacramental
Familiar
Social
Ensino Religioso Escolar

TEOLÓGICO ESPIRITUAL
Biografias
Devocionários
Espiritualidade e Mística
Espiritualidade Mariana
Franciscanismo
Autoconhecimento
Liturgia
Obras de referência
Sagrada Escritura e Livros Apócrifos

Teologia
Bíblica
Histórica
Prática
Sistemática

REVISTAS
Concilium
Estudos Bíblicos
Grande Sinal
REB (Revista Eclesiástica Brasileira)
SEDOC (Serviço de Documentação)

VOZES NOBILIS
Uma linha editorial especial, com importantes autores, alto valor agregado e qualidade superior.

VOZES DE BOLSO
Obras clássicas de Ciências Humanas em formato de bolso.

PRODUTOS SAZONAIS
Folhinha do Sagrado Coração de Jesus
Calendário de mesa do Sagrado Coração de Jesus
Agenda do Sagrado Coração de Jesus
Almanaque Santo Antônio
Agendinha
Diário Vozes
Meditações para o dia a dia
Encontro diário com Deus
Guia Litúrgico

CADASTRE-SE
www.vozes.com.br

EDITORA VOZES LTDA.
Rua Frei Luís, 100 – Centro – Cep 25689-900 – Petrópolis, RJ
Tel.: (24) 2233-9000 – Fax: (24) 2231-4676 – E-mail: vendas@vozes.com.br

UNIDADES NO BRASIL: Belo Horizonte, MG – Brasília, DF – Campinas, SP – Cuiabá, MT
Curitiba, PR – Fortaleza, CE – Goiânia, GO – Juiz de Fora, MG
Manaus, AM – Petrópolis, RJ – Porto Alegre, RS – Recife, PE – Rio de Janeiro, RJ
Salvador, BA – São Paulo, SP